JN087262

財閥のマネジメント史

誕生からバブル崩壊、令和まで

武藤泰明

日本経済新聞出版

はじめに

INTRODUCTION

学者が書く論文は、何がわかったのかについて説明します。未だ何がわかっていないかについて書くこともありますが、いずれにせよ、何がわかっていて何がわからないのかは、書く前からわかっている。

でも、論文以外の文章は、そうでもないと言ってよいでしょう。言語学者の金田一秀穂さんは、わからないから書くのだと言います。塩野七生さんも同じことを言っていたと思います。書いてみて、自分が知りたかったこととその答えがわかる。

その意味では、本書は論文ではありません。わからないことから出発しています。そして書いているうちに、わかっていないことがさらにたくさんあることにどんどん気づいていく。

書いているうちにわかってきたこともあります。いくつか例をあげてみたいと思います。

明治維新は、誰と誰が戦っていたのか

実は戦っていたのは日本と西欧列強でした。極論すれば、幕府開明派の危機感は、勤皇派に対してのものではなかったということです。さらに言えば、徳川方と勤皇派の戦いは、徳川方にとって、どうでもいいとは言いませんが第一優先ではなかった。もしこれが徳川方と勤皇派の戦いだったなら、もう少し激しくなっていたのではないか。そしておそらくその過程で、北海道から九州までの４つの島が、列強によって少なくとも４つに分割統治されていたかもしれません。つまり、植民地になっていてもおかしくなかった。

当事者たちの危機感の契機は、アヘン戦争（１８４０―42年）でした。日本は漢字も学問も中国からもらっています。つまり中国は優れた先進国だったはずが英国との戦争に負けました。そして鋼鉄製の巨大な蒸気船を見て、武士たちは一瞬のうちに、戦っても負けることを理解します。攘夷を空想し続けたのは、内陸にいて巨大船を見たことのない京のお公家さんたちでした。

産業論として重要なのは、この結果として、幕府が開国して産業の急速なキャッチアップを目指したことです。そしてその努力は、維新政府にもみごとに引き継がれて

いきました。

江戸から明治への切り替わりの過程で、江戸期の産業資本（豪商）は新勢力に入れ替わった

三井という例外があるために解説が面倒になるのですが、ほとんどの豪商が幕末から明治初期にかけて潰れ、あるいは凋落していきます。理由は、明治維新には「戦争に勝利した統治者がいない」ことです。

戦争というと、勝った側が負けたほうの財産や権益を奪って分配します。だから勝ち組についた商人は栄え、負け組は消えていくのですが、あいにく明治維新では、明治政府が徳川方に勝ったわけではありません。だから徳川方も勤皇派も、商人に資金を出させるのですが見返りを渡せないんです。商人たちは、勝ちと負けのある賭け事をしていたつもりだったでしょう。でもこのゲームには、「勝ち」はありませんでした。

三井は何度も危機に直面した

三井が例外だと書きました。たしかに、江戸時代の豪商で、第二次世界大戦前には最大の財閥になっています。でも幕府や政府に付き合って、これほど大変な思いをし

た会社はほかにないのではないか。

まず幕府からは、大金の上納を命じられます。三井は三野村利左衛門という新興の両替商に依頼して勘定奉行に掛け合い（三野村と勘定奉行の小栗忠順は旧知）、大幅に減額してもらって破綻を免れます。

明治維新後、生き残った他の豪商2社と一緒に今度は政府に大金を上納し、見返りとして公金を取り扱います。でも国の方針変更で急な返金を求められて2社は破綻、三井は外国銀行から借りて国に納めるのですが今度は外銀に返済できなくなり、何と国に返済してもらう。こうなるとなおさら国の言うことを聞かざるを得ない。

並行して、中央銀行を設立することを国（渋沢栄一）から依頼されます。中央銀行が呉服商を持っているわけにもいかないというので祖業というべき越後屋を切り離します（三越、三井の越後屋です）。でも伊藤博文が外遊から戻ってきて反対し、中央銀行の話はなかったことになります。

そして三井は伊藤の方針に従い、紙幣を発行する第一国立銀行（名前は国立ですが民間）を設立するのですが、渋沢が頭取の上に総監というポストを設けてこれを支配する。三井は結局、第一国立銀行とは別に三井銀行を設立しているので、では何のために第一国立を設立したのかというと、どうもよくわからないところがあります。合理的な判断というより、国との付き合いという印象です。

その三井銀行は、政府要人への融資、あるいはその「口利き」による融資で不良債権が増えて危機を迎え、福沢諭吉の甥の中上川彦次郎を招いて経営再建を果たします。

また政府に言われて海運会社を設立するのですが、その後政府が三菱に肩入れして（というより三井の海運が好調で政府の傭船に応じられなかったため）三井は失敗します。そしてもう一度海運会社をつくって三菱に対抗し、最終的には2社が合併するのですが、これが三菱系になっていく。何だか「踏んだり蹴ったり」という印象ですが、それでも三井は大きくなっていったところが大したものなのでしょう。

財閥は「関連多角化」もしている

後発国の財閥の基本的な行動原理は「非関連多角化」です。自分たちにも国にも、技術や知識がありません。それが開国で250年分が一気に入ってきます。そのなかから、儲かるビジネスを選んで始めればよかった。だから多角化する事業は相互に関係がないはずでした。

でも初期の三菱を見ていると、海運から始まり、燃料の石炭を事業にし、石炭からタールができて化学、海運だから船舶修理、やがて造船、商品輸送なので荷為替金融というように、それぞれの事業を始めることに理由があります。

もちろん、参入した事業について十分な経営資源があるわけではなかったと思います。でも関連する事業を展開していくことにある程度必然性がありました。時代の状況に応じて非関連多角化をしながら、実は関連多角化も進めていたと考えるべきなのでしょう。

財閥は解体されなかった

解体されたのは財閥本社でした。解体がみごとなほど素早く実行されたのは、連合国、とくに米国が戦争に勝つことを前提として、日本についての分析を戦時中に進めていたからです。でもその後の東西冷戦、そして朝鮮半島の緊張と中国共産党の建国によって、西ドイツと日本は西側を支援するという役割を与えられ、結果として戦前からの大企業が存続・復活することになりました。東西の緊張がもう少しゆっくり始まっていたら、日本の産業はこんなにも早く復活しなかったのだと思います。

組織能力は移転することができる

日本企業は高度成長から石油危機、バブル崩壊を経た後、国による制度整備のおかげもあって企業再編を進めていきました。そしてその過程でわかってきたのは、現代企業の重要な経営資源の一つである組織能力を、再編によって他社に移転することができるという点です。

これまでの常識は、長期雇用と年功序列という雇用慣行の下で形成された組織能力は移転しにくい、できないというものでした。その典型がトヨタ生産方式です。

しかし本書の検討のなかで生まれた仮説は、「トヨタ自動車を買収する会社があればトヨタ生産方式を手に入れることができるはずだ」というものです。実際には、トヨタは買収されていないのでその生産方式も移転されません。しかしトヨタ以外の会社のなかには、つまり一般的には、企業再編とともに組織能力が移転されている例を見つけることが難しくありません。

そしておそらく、このような「再編による能力移転」は、買収する側の会社が、される側の能力に学ぶ、尊重することから実現されていくはずです。したがって、再編の当事者である会社どうしは、互いに仲が良くなければなりません。そう考えるなら、財閥系の企業集団が持つ「サラリーマン経営者の親睦」という特性は、日本企業あるいは日本の産業社会の強みの一つとして、もっと評価されてよいのだろうと思っています。

では、この親睦は何から生まれたのか。私は、財閥本社が解体されたことが求心力の源泉になったのではないかと思っています。よい譬え(たと)ではないかもしれませんが、忠臣蔵に似ている。そんな気もするのです。つまり、典型的な日本人のメンタリティが反映されている。そしてそこへ日本人と日本企業を誘導していったのがＧＨＱ（連合国軍総司令部）だということです。このとき日本企業は「不本意な『中心の空白化（本社解体）』」と「不本意な外国との接触」を経験し、否が応でもアイデンティティが形成されていくことになったのだと思います。

最後になりましたが、編集者の堀口祐介さんには、前著『マネジメントの文明史』に続いてお世話になりました。１９９４年の『経営の基本』から数えるとお付き合いは四半世紀を超えています。その間、堀口さんは転職していませんが所属は日本経済新聞社出版局、日本経済新聞出版社、そして現在の日経ＢＰ日本経済新聞出版本部と変わっています。企業は人と違い老化しません。だからこそ必死に活力を高めようとして自己変革を続けていこうとするのでしょう。皆さんの会社は、どうですか？

２０２２年２月　武藤泰明

目次

CHAPTER

II

19世紀末の産業組織と事業展開

CHAPTER

発展と変動の時代

CHAPTER

VI バブル崩壊から企業再編へ

PROLOGUE

日本企業は競争が嫌い？

1 戦略論の「かたち」

経済学と比べると、経営学にはちょっと困ったところがあります。標準的な教科書が存在しません。もちろん、街の書店にもアマゾンにも、経営学という本はあるのですが、中身はびっくりするぐらい違う。ですから、皆さんが（大学で経営やマネジメントを教えるのが本業ではないとして）経営学の非常勤講師をしてくださいと頼まれた場合、参考にしようと思って手に取った『経営学』という本がどれであるかによって、講義の内容はかなり違ったものになってしまうはずです。

これに比べると、経済学のほうは体系化されています。まずマクロとミクロがある。ここから先は、ゲーム理論を取り扱うか、ファイナンスはどうする、みたいなところで完全に同じにはならないのですが、基本的な枠組みはできているので、安心して教えることができます。大学によって、あるいは教員によって中身が違うということが起きにくいと言ってよいでしょう。

ヘンリー・ミンツバーグ
Henry Mintzberg (1939-)
カナダ、マギル大学教授。主流になっている経営理論に対して実証で反論・相対化する経営学者。日本でも『マネジャーの仕事』『ＭＢＡが会社を滅ぼす』など多数の著作が紹介されている。

（アフロ）

ミンツバーグの「10のスクール」

経営学はこのようにまとまらないのですが、ではその「部分集合」である戦略論はどうかというと、これもまとまりがありません。百家争鳴。経営学の巨人の一人である**ヘンリー・ミンツバーグ**は、『戦略サファリ』という本によって、この「まとまらない状態」を、いわばあからさまに示すとともに、主要な10の「流派」を取り上げて解説しています。[1]「サファリ」という書名は、これらの流派を野生動物に見立てて観察しよう、見に行こうという趣旨でつけられています。彼は流派を「スクール」と呼んでいます。具体的には左上のとおり。

デザイン・スクール
プランニング・スクール
ポジショニング・スクール
アントレプレナー・スクール
コグニティブ・スクール
ラーニング・スクール
パワー・スクール
カルチャー・スクール
エンバイロメント・スクール
コンフィギュレーション・スクール

名前だけではイメージをつかみにくいものもあると思いますが、たとえばポジショニング・スクールは**マイケル・ポーター**のことなんだろうなあと推察することはできるでしょう。つまり、ポーターが言っていることや論理の枠組みは、数ある戦略論の一つであることも、この本から理解することができます。10の流派の中身を知ることと同時に、というよりそれ以上に、この「相対化」が重要なんですね。つまり経営学にしても、戦略論にしても、決定版みたいなものは存在しません。とても分権的な世界です。

また、ミンツバーグは企業行動を直接的、間接（つまり経営

マイケル・ポーター
Michael Porter (1947–)
ハーバード大学教授。ミンツバーグとは逆で、日本では経営学の主流派の第一人者とみなされている。

(Newscom／アフロ)

コンサルタントや経営学者の著作など）的に収集して、この10のスクールに整理しました。ではすべてが視野に入っていてこの10に整理されたのかというと、おそらくそうではありません。人間の限界です。

それに、マネジメントを実施している側の企業はつねに進化しているので、新しいものがつぎつぎに出てきます。マネジメントや戦略の世界でイノベーションを起こすのは学者ではなくて企業のほうです。ですからそう遠くない未来に、11番目、12番目が登場するかもしれない。たとえば「脳科学スクール」とか「複雑系スクール」みたいなものが、『戦略サファリ』に付け加えられていくかもしれないということです。

経営学の「地域性」

さて、たとえミンツバーグでも、すべての企業の経営行動を把握することはできないと説明しましたが、もちろん、かなり把握していた人であることは間違いありません。私を含めて、経営学者や経営論者は、もっと小さな範囲で事例を収集してものを考えている。そしてこの「範囲」を小さくしてしまう制約になるのが、たとえば「国」や「言語」です。日本人が米国企業のことをそれなりに知っているのは、英語からの翻訳書があったり、日本の新聞の記事になったりするからです。

だから**ＧＡＦＡ**は知っていても、カナダでアマゾンに対抗していて、同国の企業のなかで最も株式時価総額が高い（本書執筆時点で）**ショッピファイ**のことを知っている人はあまりいない

ＧＡＦＡ
Google（持株会社はAlphabet）、Apple、Facebook（現在の社名はMeta）、Amazonの頭文字をとったもの。

ショッピファイ
Shopify
2004年設立のECプラットフォーム企業。つまり、Amazonと同業である。本社はカナダ。175カ国の170万社（個人含む）が販売のために利用しており、年間取扱高は2000億USドル（22兆円）。

と思います。あるいは米国でスーパーと言えばウォルマート。世界最大の小売業であることを含めて、知らない日本人はいないと言ってよいでしょう（もちろん、ビジネスパーソンならという条件付きです）。でも、米国では従業員満足度が高いことで有名で就職人気ランキングでも上位につけているウェグマンズになると、日本の小売業の人が知っているかというとまず知らない。
　自分が知らない会社のことは観察したり考察したりすることができません。結果として経営学は地域性を持つ学問—— Regional Study になるという宿命を負っています。自国の企業について語るということです。

文化人類学は、欧州を「世界」から「地域」に格下げした

　ひょっとすると、経済学を含めて、社会科学にはそういう特性があるのかもしれません。だからクロード・レヴィ＝ストロースが登場して、『悲しき熱帯』が代表作の一つとなった[2]。文学作品のようなタイトルですが、構造主義文化人類学の金字塔と呼ばれています。文化人類学は、西洋人以外の行動様式やものの考え方があることを示して、西洋という「世界」を、「地域」に相対化しました。マイケル・ポーターの考えがいろいろある戦略論のうちの一つであるのと同じように、西洋の取り扱いも、もっと前からそうなっていたということです。

優れた企業があると学問が発展する

　文化人類学では、ちょっと遠すぎるかもしれません。では、たとえば東大には「ものづくり

ウェグマンズ
Wegmans
1916年設立のスーパーマーケットチェーン。本社はニューヨーク州。米国東海岸に約80店舗を持つ。売上高は約6000億円。米国スーパーのなかで生鮮品を中心に最高の品質と評価されている。

クロード・レヴィ＝ストロース
Claude Lévi-Strauss
(1908-2009)
ユダヤ系フランス人。米国に亡命し、第二次大戦後にフランスに帰国してコレージュ・ド・フランスに社会人類学講座を新設。人類学だけでなく、構造主義の祖の一人でもある。

経営研究センター」があって、初代センター長は経済学部教授の藤本隆宏さん（現在は私と同じ早稲田大学）。藤本さんは三菱総合研究所時代から（そこでも私の同僚でしたが一緒に仕事をしたことはありません）自動車を中心とする生産のマネジメントを研究し続けている人です。

なぜこの分野の研究が日本では盛んなのか。理由をひとことで言えば、「トヨタがあるから」ということになるのだと思います。逆に、失礼を承知で書けば、金融機関経営や金融理論に関する世界的な著作や学問的業績は日本では生まれていないのではないか。日本には立派な銀行がありますが、そのビジネスは規制に縛られてずっと（今でも、と言うべきでしょう）自由度が低くてイノベーションが生まれにくいからだと思います。

これに対して米国の投資銀行の収益は、ジェットコースターのように変動します。ピーター・ドラッカーは長期時系列で見ると米国の投資銀行は収益を上げていないと言っています。でもいいときはものすごくよくて、新しい金融商品やコーポレートファイナンスの手法も生まれる。そういう国では金融理論が発展しやすい。つまり、優れた企業がある国で学問が発展する。

米国以外の国で優良企業が生まれるようになった

このように、国によって経営学者に見えている企業が違います。そして優れた企業のある国で、その企業が属する産業に関係する研究も進歩するので、１９８０年ころまでは経営学とは米国企業の経営学でした。つまり、レヴィ＝ストロース以前の状態です。**トム・ピーターズ**の『エクセレント・カンパニー』は、米国以外の優れた企業も視野に入れるという明確な意図を

トム・ピーターズ
Thomas J. Peters (1942-)
米国の経営コンサルタント。代表作の『エクセレント・カンパニー』はコンサルティング・ファームのマッキンゼー時代のものである。

持った本でした。このあたりから潮目というか、時代が変わっていくことになります。

あるいは『リバース・イノベーション』[3]は、新興国向けに開発された製品が「そのまま」先進国に持ち込まれて成功する例があることを紹介しています。これはすごい発見なのですが、このうち、

- ウォルマート　南米で小型店を展開して、その業態を米国に持ち込んだ
- ゲータレード　上水道が整備されていない国の病院で水分補給のために提供され、それが米国でも広まった
- ゼネラル・エレクトリック（GE）　中国法人が発売したポータブル超音波診断装置が成功し、その後米国の救急救命で使われるようになった

は、米国の会社が国外でイノベーションを生み出し、それを米国にいわば還元していくということであるのに対して、

Topics

ポカリスエットのホット

念のために。ゲータレードは米国では昔から製鉄所の必須飲料でした。高温作業者用です。製鉄所に限らず脱水症になった人は飲んでいました。つまり、ゲータレードはブランディングとしてはスポーツ飲料なのですが、用途はどうであったかというと昔からそうでもないのです。

そしてポカリスエットが発売されたのは1980年、私が三菱総合研究所に入社した年です。私の勤務地である大手町の近く、神田に大塚製薬がありました。三菱総研の社長室長に連れられて二人で大塚製薬に行ったときのことを今でも鮮明に覚えています。受付をして、テーブルのある席で待っているとお茶が出て、昔なのでちゃんと茶托のある湯呑みです。でも中身は透明で、飲んでみたら実にまずい。

そのうち先方の担当者がやってきました。

社長室長「これ、何ですか？」
担当者「ポカリスエット、温めてみました」

とんでもないもの飲まされたねと言いながら帰社する道々、社長室長に教えてもらったのは、大塚製薬が病院用の点滴の溶媒の大手であること。溶媒、つまり薬と混ぜる前の「生理的食塩水」みたいな製品があって、同じような原料からポカリスエットが作られているんです。

口から飲まないものに味をつけてスポーツドリンクとして（科学的には正しい）発売したのですが、タイミングが早すぎたみたいでそれほど売れません。だから飲み方の試行錯誤……に、付き合わされたということでした。

◎インドのマヒンドラ財閥の小型トラクターがカナダでヒットした。購入しているのは一般家庭（もちろん庭が広い）である

は、新興国企業が新興国コンセプトの製品によって米国市場で成功する話です。この事例は先進国企業ではないところが決定的に新しい。

でも、日本はリバース・イノベーションの宝庫のような国かもしれません。『リバース・イノベーション』の著者（二人）は米国のダートマス大学の人なのですが、たぶん日本が新興国だったころのことを知らないのでしょう。2つほど例をあげてみたいと思います。

コンビニエンスストア（セブン-イレブン）は、イトーヨーカ堂の鈴木敏文さんが米国のサウスランド社と契約して日本に導入した業態です。その後セブン-イレブン・ジャパンは国内2万店、海外5万店に成長。セブンのお手本だったサウスランド社は、現在はセブン&アイ・ホールディングスのグループ企業になっています。

現在、米国最大のコンビニチェーンはセブン-イレブン。でも店舗数は9000くらいしかありません。また米国セブンの売り上げの半分以上がガソリン販売です。米国のコンビニはガソリンスタンドに併設されるのが業態の基本なのでこうなります。

つまり、米国サウスランド社が成功した業態を日本に持ってきたのではありません。ほとんど日本オリジナルです。その業態で日本で2万店。海外5万店のうち米国の9000店は米国モデルとして、残る地域の約4万店強は、ほぼ日本モデル。成功していることが国際的になぜか認められていない不思議な事例です。

新興国日本の自動車とスーパーカブ

コンビニ以上にリバースなビジネスがあって、その筆頭が自動車だと私は思っています。トヨタカローラと日産サニーが発売されたのは昭和41（1966）年。排気量は1000ccでした。でもそのうち日本で言えば3ナンバーで排気量2000cc以上のクルマが米国に輸出されて売れる。米国では排気量2000ccというとコンパクトカーです。理論的には、ちゃんとリバース・イノベーションになっている。

もっと極端なのはホンダで、米国に大型のバイクを輸出したのですが壊れた。米国人の大型バイクの走行距離は驚くほど長かったからだそうです。しかし、そのころ米国に赴任していた同社の日本人社員はスーパーカブに乗っていて、何とこれが人気が出た。

「素晴らしき人、ホンダに乗る」の広告（1963年）は、今でもマーケティングの教科書に出てきます。白人の男女や親子が当時のことなのでヘルメットもかぶらずに二人乗りしていて、いかにも中産階級の真ん中より上。それまでの大型バイクのユーザー観（黒の袖なし革ジャンを着て、長髪をバンダナで留めているマッチョ）も、みごとに壊してしまいました。一種の**ブルー・オーシャン**だと言ってもよいでしょう。

ついでにいうと、当時ボストン・コンサルティング・グループはホンダのこの展開を戦略的なものだと分析しました。でも本当はそんなことはなかった。たまたまなんです。

ブルー・オーシャン
キム&モボルニュ（いずれも欧州経営大学院教授）の『ブルー・オーシャン戦略』による。競争のない市場（ブルー・オーシャン）を製品・サービス戦略で開発・開拓できることを示す。反対語は競争の激しいレッド・オーシャン。

企業は学者の先を行く

このように経営学も戦略論も、一つに収斂していきません。実に多様で、地域性もある。そうなってしまう理由は、それぞれの国に優れた企業があって、新たな経営手法や戦略を生み出して成功しているからです。そしてもちろん、成功には少し運もあります。

では私のように経営学や経営論を一応専門とする研究者は何をしているのかというと、成功例（ときどき失敗例）を集めて、タテヨコ整理しているだけなのかもしれない。自戒の念を込めて言えばそんな感じなのですが、そうであるからこそ、実は役に立ちます。空理空論ではないからです。象牙の塔でもない。

経済学に「合理的期待形成」という「理論」があります。「ありました」と言ってしまっても構わないのですが、まだ学部ではこれを教えている。この「合理的期待形成」は何かというと、文字のとおりで人間の期待は合理的であると仮定します。たとえば、将来インフレになると思ったら、自分が持っているお金の価値はインフレ分目減りしていくので今のうちに使ってしまおうと思う、という仮定を置いて、経済現象（個人の行動）を説明しようとします。

もちろん、人間はそこまで合理的ではない。そのことは、日常生活と文学が教えてくれているのに、経済学はちょっと非現実的な仮定を置きたがるんですね。経営学の世界では、幸いなことに、学者は企業に勝てません。だからこんなことは起きない……が言いすぎなら、起きにくい。

国によって企業の行動原理が違う

さて、私たちは他の国の会社のことを、よく知りません。もし情報がふんだんにあってわかったとしても、どうも同じ産業に属している外国企業の行動原理が、日本企業とは違う。つまり、株式会社という「上物（うわもの）のハコ」は先進国ではどこでもほぼ同じ（そうでなければ機関投資家の国際分散投資の対象になりません）なのに、そのハコが乗っかっている、あるいは根付いている国によって別の動きをしている。

「日本人は」とか「米国企業は」みたいな「十把ひとからげ」の説明は、あまり信じないほうがよいと思います。では典型的な米国人は存在するのかというと、いない。でもきっと、日本企業と米国企業の行動と行動原理はかなり違っている。企業単位でも違うし、業界単位でも違う。

この本は、江戸末期から現在にいたる日本企業の経営を取り扱います。ただし、淡々と歴史を解説していくのではありません。通奏低音というか、この150年程度を眺める際の共通の「切り口」として、日本企業独特の競争を考え続けます。

と言っても、こんな競争をしていたとか、それでどこが勝ったのかという話ではありません。結論を「先出し」して示すなら、どうも日本の会社は競争していない。その「競争していない状態」をたどります。

きっと、自分は激烈な競争の毎日を生きているという気持ちを持っている人もいるでしょう。

確かに、ビジネスパーソンや受験生で、激しい生活を送っている人はいます。でも彼らが競争だと思っていることって、実は競争ではないかもしれない。では競争ではなくて何なのかというと、鍛錬とか修養とか、稽古とか、そんなものなのではないか。そしてもしそうだとすると、日本人のハードワークと競争はどう違うのか。あるいは米国企業の競争とはどう違うのか。その原因は過去に見つかるのか……。

なぜそんなことにこだわるのかというと、「舶来」ものである競争戦略という言葉から、ある程度自由になりたい。こう書くと、日本的な経営とか戦略スタイルのほうがよいと思っているのではないかという誤解を与えそうですが、そんなことはありません。すでに述べたように、マネジメントには地域性がある。日本的なものがあって、それと米欧型の優劣を比較しても仕方がないのだろうと思います。

それに、日本企業もこのままでいいのだとは考えていないと思います。かつての日本板硝子とか、現在の武田薬品工業とか、外国人社長を招聘している企業はきっと、日本的なやり方や発想ではグローバルでは戦えないのではないかと思った。変わるのか、変われるのか。ここを考えるために過去に行きます。そして、競争に勝ち残ったところを見ると、最近はともかく、１００年くらいは多くが財閥系企業なんですね。財閥に関する優れた研究は多い。本書はこれらに頼りながら、生き残った財閥系企業を取り上げていくことになります。

2 競争あれこれ

経済学では企業どうしの競争をどのように位置づけているのでしょうか。簡単にいうと、よいことだと評価しています。企業が競争すると、価格が下がったり、性能が上がったりする。そうすると消費者がトクをする。これを「消費者利益」と呼んでいます。この「競争のある」状態の対極に位置するのが独占です。企業がちゃんと競争しているかどうかを監視しているのが、日本では**公正取引委員会**です。

競争の目的は競争のない状態

では、企業にとって競争とは何か。なぜ競争するのかというと、「その競争に勝つ」ことによって「より多くの利益を生み出す」ためだと言ってよいでしょう。つまり、競争は目的ではなくて、利益を高めるための手段です。目的は利益だとすると、右に書いたような独占、つま

公正取引委員会
設立は１９４７年。同年施行の独占禁止法を所管し、違反審査等を主な業務とする。

り競争のない状態がいちばんよいことになる。つまり企業は「競争のない状態」を目指して競争するのだということです。

禅問答みたいでしょうか。でも大事な点なので確かな認識が必要です。そうでないと、後で述べるように「手段が目的に」なってしまう。利益という目的を忘れた競争、目的としての競争優位、そんな誤解がとても多いんです。

戦争の目的は多くの場合、平和です。平和的でない支配を目的にすることもあるでしょうが、そうであるとしても紛争のない状態を目的としているのは確かです。でも、積極的に戦争をしたがる人はおそらく多くない。平和的に、つまり非武装・非暴力で平和を追求しようとする。戦争という手段をはじめから選ばないということです。

競争を回避するいくつかの方法

では企業は「非武装・非暴力」で、つまり競争をせずに利益をあげることができるでしょうか。国策によるものを含む独占会社は別にしても、いくつかの可能性があると思います。

第一はカルテル。複数の企業がいわば「談合」して、価格を維持したり、販売地域が重ならない（ことによって競争が起きない）ようにしたりします。複数の企業があたかも一つの企業のように調整して行動する。言ってみれば「複数企業による疑似独占」みたいなことになってしまうので、不況時を除き認められていません。

第二はニッチ。特定の市場で、優れた経営資源を活用して「こだわりの逸品」で利益をあげ

シルク・ドゥ・ソレイユ
Cirque du Soleil
1984年設立のカナダ（ケベック州なので社名がフランス語である）のサーカス劇団。社名を直訳すると「太陽のサーカス」。新型コロナウイルスの影響で2020年経営破綻。

ていきます。たとえば、スーパーカー。ランボルギーニを買う人はいます。だからビジネスとして成り立つのですが、販売価格は新車で平均3000万円強。販売台数は年間8000台です。掛け算をすると売上高は2500億円くらいですが、これは末端価格なので、会社としての売り上げは2000億円。フォルクスワーゲンやトヨタの100分の1にもなりません。つまりニッチは「下位市場」であり、規模が小さい。

　3つ目の類型はブルー・オーシャン。同名の本は世界的なベストセラー[4]で、あいにくこの本のなかでもとくに成功例として名高かった**シルク・ドゥ・ソレイユ**は新型コロナウイルス感染症の拡大のために興行ができなくなって破綻してしまいましたが、ブルー・オーシャンは「競争のない市場」で反対語はレッド・オーシャン。

　この本の主張をひとことにまとめるなら、競争しなくて済むようなビジネスモデルをつくること。シルク・ドゥ・ソレイユには、サーカスのような「動物」「ピエロ」「空中ブランコ」がありません。この3つはサーカスの大きなコスト要因

Topics

スターのいない日本の劇団は?

　最近あまり使わない言葉に「二枚目」「三枚目」があります。二枚目は今ふうに言えばイケメン、三枚目はお笑い系。どちらも演劇の言葉で、名札の順序が二枚目三枚目。一枚目という言葉は使いませんが主役を指します。テレビで言えば、ドラマが終わった後に出演者の名前が下から上へ、あるいは右から左へ流れていくときの順番がこれと同じようなものなのでしょう。

　演劇には通常、このようなスターがいます。サーカスに動物やピエロがいるのと同じです。梅沢富美男さんは劇団の芝居では男役、ただし昔なら三枚目のさらに次で大した役ではない。でもその後の「歌謡ショー」で女性に扮して歌って人気が出た。まあ「色物」だったのですが、これが集客力の源泉になる。また演劇に有名な俳優・女優だけでなく旬の若手俳優やアイドルが出演するのも、集客を期待されてのことだと言ってよいでしょう。

　日本にもあえて「スター主義」をとらない劇団があります。「劇団四季」。申し訳ない言い方ですが、この劇団の芝居ではネコは有名になっても演じている人のほうはならない。だからコストは低いままなので、四季は続いていきます。シルク・ドゥ・ソレイユと同じです。

で、これらをなくして、ピエロや空中ブランコのスターではない「名もない演技者」の集団にすると劇的にコストが下がる。動物やピエロがいないと子供は喜ばないかもしれませんが、実はそのほうが座席は高く売れる。

そして4番目が買収です。前著[5]にも書いたのですが、米国のGM（ゼネラル・モーターズ、自動車メーカー）は、世論の反対を押し切って路面電車会社を買収したことがあります。経営しようと思ったのではありません。廃業させることが目的です。そうすれば住民は路面電車に乗れないのでバスに乗る。GMのバスが売れるようになります。

最近の例としては、フェイスブックがインスタグラムを買収しています。フェイスブック（二〇二一年よりメタ）の買収目的は、インスタグラムと競争しないこと。

さて、このような例からわかるのは、目的が利益なら、たとえ競争相手がいたとしても戦わないで済ませる方法、換言すれば競争戦略を必要としない行動を選択することも可能だということです。もちろんカルテルはよくない。そうだとしてもほかにもやり方がいろいろあるかもしれない。そう考えておくことが必要でしょう。

競争は暴力的か？

ところで、右にあげたような例が「非武装・非暴力」だとすると、実際の企業競争は暴力的な戦いなのでしょうか。競争相手の企業に勝つことが目的だというとそう思えてしまうのですが、実際にはそうでもない。

よい例ではないかもしれませんが、核兵器は少なからぬ国が保有しています。でも使わない。核兵器を使えば報復攻撃があると考えると誰も使えないので「武装・非暴力」が実現されています。実に危険な状態かもしれませんが現実はそれで平和になっていて、暴力的な状態、つまり戦争は核兵器とは異なる軍備によって行われている。核兵器保有国どうしは戦いません。

企業は競争相手に勝つために何をしているかというと、ひとことで言えば機能戦略。つまり、製品やサービスの品質を高める、価格を下げる、配送時間を短くする、品揃えを増やす、コストを下げる等々です。これらの活動一つひとつを見てみると、従事している人々は、競争に勝つのだという意識を持たずに実行できるものばかりだということがわかります。

競争の2つの性格

このように考えてみてわかるのは、どうも競争には2種類あるということです。たとえば陸上競技の100m走はタイムレース。競争相手ではなくて、どれだけ速く走れるかが重要です。ただしゴール直前になると、頭や胸を少しでも前に出して勝とうとする。ここは競走ではなくて競争。優勝候補はどうするかというと、予選では世界記録を狙わず、最後は少し流します。つまり競争モード。勝って準決勝に進出すればよい。

ゴルフトーナメントも、マッチプレーを除くと似たようなものだと思います。少しでもスコアを縮めようとする。ただし最終組の二人が最終ホールで他の選手を大きく引き離していると、そこから先はマッチプレーやプレーオフと同じです。相手がティーショットを林に打ち込んだら、自分は安全策をとる。あるいは相手のアプローチがピンそばなら、リスクをおかしてワンパット圏内につけようとします。

これに対して対戦型の競技は、ずっと競争モードです。ただし練習はそうでもない。たとえば身体の可動域を広げるとか、筋肉量を増やすとか、そんなことについて数値目標を定めてトレーニングします。

3 日本企業はみんな「がんばっている」

さて、競争の類型や競争回避についていろいろ検討してきました。なぜこんなことをしてきたのかというと、すでに述べたように、

● 日本企業は、競争していないのではないか

と思っているからです。では何をしているのかというと、

● 日本企業は、がんばっている

何で頑張っているかというと、コストを下げたり、品質をよくしたり、要は機能戦略。換言すれば、利益を生み出すことを必ずしも目的としていないので、よいものをつくっていても、それほど利益が出ない。同じようなものを生み出せる会社がいくつもあって、みんながんばっているので、産業としてのレベルは上がるのですが、差がつかない。だから価格競争になってみんな利益が出ない。

日本企業の戦略は優位戦略ではなくて生き残り戦略

そして、たとえ利益水準が低くても、とくに昔は株主がうるさくなかったので、会社はその事業をやめません。GEのCEOだった**ジャック・ウェルチ**みたいに「世界で3位以下のビジネスは継続しない」なんていう基本方針を日本の経営者が持つと、

- 社数が減る
- 残った会社は大きくなる
- 残った会社は収益率が高くなる

はずですが、そうはならないのが日本です。レッド・オーシャンで日々がんばる。競争は半ば永遠に続きます。そして競争戦略はない。「競争のない状態」は、目標として設定されません。

では日本の産業と市場には、競争戦略はないとして、どのような戦略があるのか。それをひとことで言うなら、「生き残り戦略」なのではないかと私は思っています。相対的に規模の小さい会社が生き残りをかける。そうすると期待利益率は低くなっていくので、大手のほうはシェアを高めることを目的とした「深追い」をしていくことがない。でもそれなりに収益率は下がっていくので、生き残り戦略を採用している企業と見分けがつかなくなっていく。

マヨネーズのトップ企業がキユーピーである理由

あまり個別企業を批判したりけなしたりしないで済む範囲の事例を紹介してみたいと思いま

ジャック・ウェルチ
John Francis "Jack" Welch Jr. (1935-2020)
1981年から2001年までゼネラル・エレクトリック（GE）のCEO。1960年に博士号取得後GEに入社した「生え抜き」である。1999年、雑誌『Fortune』により「20世紀最高の経営者」に選ばれる。

（AP／アフロ）

す。キユーピーと味の素。売上高は５０００億円と１・２兆円。ともに日本の調味料最大手です。キユーピーは１９２５年にマヨネーズ製造を開始し、トップシェアです。味の素は社名でもある味の素の製造開始が１９０８年ですが、マヨネーズは１９６８年から。

マヨネーズ市場の特徴は、シェアを争うような大企業が2社しかいないことです。キユーピー、味の素のほか、ケンコーマヨネーズという会社もあって数百億円の売り上げ規模、つまり小さくはないのですが、業務用製品が主力なのでブランドや社名が知られていません。米国でよく見られるような、上位寡占状態です。

ここで考えてみたいのは、なぜキユーピーが1位で味の素が2位なのか、逆ではないのはなぜなのかということ。味の素のほうが企業の売り上げとしては大きい。キユーピーには申し訳ない言い方になるかもしれませんが、技術力などの経営資源も豊かだと思います。そうだとすると、味の素は競争によってマヨネーズのトップ企業になってもおかしくないと思うのですが、そうなっていない。理由は何だと思いますか？

有力な答えとして、キユーピーの利益率が低いという点をあげることができます。味の素と比べるとキユーピーはさほど製品分野が広くありません。だからこの収益率の低さは、マヨネーズの出荷価格が低いことによると思われるのです。ここで味の素がシェア1位を目指すとなると、広告宣伝費を増やし、価格を下げることになる。そうすると、味の素の利益率はキユーピーに近づいていくことになります。

キユーピーも対抗上同じことをすると、キユーピーの利益率も下がる。さらに味の素がこれに対抗して利益率を下げてでもシェアを上げようとする。そんな競争が想定されるのです。

ここで味の素の立場から見るならば、収益率を下げてまで競争することにはメリットがありません。もしその結果としてキユーピーが市場から退出するなら、「競争のない状態」が実現できて、味の素は売価を上げて利益を享受すればよいのですが、マヨネーズはキユーピーの主力商品ですから撤退することはないとすると、競争の結果両社の収益力が低下した状態で均衡する可能性が高いんです。

有名な逸話を一つ紹介したいと思います。第一次石油危機の狂乱物価のころ（1970年代半ば）ですが、キユーピーの経営者はマヨネーズの価格を上げてもよいかどうか、通商産業省（現在の経済産業省）の担当課に聞きに行っています。

役所なので判断を示したとは思えないのですが、この話は、キユーピーという会社が、消費者のために価格を維持する（値上げしない）ことについて、意志を持っていたことを示しているように思われる。少数企業寡占の下での競争の方法の一つが価格だとすると、いかにもポーター的な戦略なのですがどうもそうではないということです。

キユーピーはトップシェアの企業なので、その行動を見ると競争戦略に思えます。ではもう少しシェアの低い企業の行動はどのようなものなのかを考えてみると、わかりやすいかもしれません。

それほどシェアは高くないがそれなりに売れている。価格は低い。トップ企業は、価格を下げてまでシェアを拡大しようとはしない。シェアの低い企業は、おそらく広告宣伝費を増やせないし、給与水準もトップの企業ほど高くない。もっと利益を生み出せる事業への展開も難しい。でもその状態でよいのであれば、事業を継続できる。つまり生き残ることができるのです。

ケンコーマヨネーズについて考えてみましょう。すでに述べたように、業務用に強い会社です。外食産業、あるいはコンビニのお弁当などをイメージするとよいと思います。この会社がスーパーなどに配架されるマヨネーズ、つまりマヨネーズ単体で売り上げを伸ばそうとすると、キユーピーや味の素と競争することになります。難しそうですね。

そうだとすると、業務用はニッチであると思える。でも、ニッチであるためには、業務用の市場にキユーピーや味の素が参入しよう、売り上げを伸ばそうと思わない理由があるはずです。考えられるのは、業務用の世界では、キユーピーや味の素のブランドが通用しないこと。そうだとすると、大手2社がブランディングのために投下している費用は、業務用にとっては効果のないものなので、業務用に特化したケンコーマヨネーズのほうがコスト的に有利になります。

また業務用はB to Bなので、一つひとつの商談が独立しています。マスマーケティングが使えません。このため、大手がこの市場に注力しようとしても、シェアが一気に逆転するということがありません。

カゴメのソース事業は合理的

キユーピーと味の素の関係をこのようなものとして理解することについて、私が自信を持った理由が2つあります。

第一は、カゴメがソースの市場で、ブルドックソースを抜いてトップシェアになったことです。１９８０年代であったと思います。ブルドックはソース専業で業界1位。売上高経常利益率が15％の優良企業。だからカゴメがソースでがんばると、カゴメ全体の利益率よりソース事業の利益率のほうが高くなるので、事業拡大に意味があります。

第二は、今も親しくしていただいている調味料メーカーの研究開発担当者に、なぜ液体ドレッシング市場に参入しないのかと尋ねたときの回答です。利益率が低いからというのが理由で、トップシェアはマヨネーズと同じでキユーピー。

つまり、競争戦略の目的を、利益率を高めることだとするなら、キユーピーに競争で立ち向かうのは誤りだということになります。もちろん、日本の企業人や資本市場関係者が、昔から限界利益率とか、ＲＯＥ（株主資本利益率）とか言っていたわけではありません。でも競争すると、あまり利益が出ないことははじめからわかっている。相手がブルドックソースなら違うということです。

4 会社の数が減らない国

このように書いてみてあらためてわかることは、日本は、一つの産業に属する大企業の数が増えることはあっても減らない国なのだろうということです。もちろん、消える会社もあります。理由は、経済変動や不祥事。でもふだんは、産業が発展したり国民所得が増えたりしたおかげで、基調としては会社が増えていたのだと思います。

今はもはや時代が違うと思っている人が多い。確かにそのとおりです。全体としては、会社が統合されて、ときどき退出する会社もあって数が減っていきます。そしてそれが日常的なことになっています。つまり、大不況や過当競争みたいなことがなくても企業が再編されるようになりました。

この理由としては、市場のグローバル化の結果として、クリティカル・マス、つまり存続できる最低規模が従来より大きくなってしまったことがあるのでしょう。ただ、劇場の舞台が暗転の間に一気に背景を変えるようには**産業組織**は急に変わりません。というより、そう感じる。おそらくその理由は、同時代、つまり現代の変化であれば5年は長いのに、たとえば明治時代中期であれば20年かけて起きた変化が連続的なものに見えるからです。平安時代なら8世紀も12世紀も一緒になってしまうかもしれない。

つまり、私たちは今、自分の体感より急速な変化のなかにいるということなのでしょう。過去を眺めれば、この「体感の錯誤」を是正できるかもしれないと思います。そして是正した体感で未来を展望すると、これからの変化が見えてくる。期待はここにあります。

産業組織
一つの産業（市場）に参入している企業の競争関係をあらわす。競争、独占、市場構造、企業行動等が分析の対象となる。

石見銀山（maple／a.collection RF／アマナイメージズ／共同通信イメージズ）

CHAPTER I

前史

江戸から明治維新へ

1

堺商人の海外交易

2

江戸期の商業発展の理由

3

三井は江戸初期に始まっている

4

「住友」の誕生と事業展開

5

江戸期商人の盛衰

6

重要な横道――百貨店が呉服商系と電鉄系である理由

7

幕末の動乱

8

幕末から明治初期の経営者点描

9

明治になってからの三井の危機と三野村による解決

10

三菱は新興勢力

さて、ここから歴史的な記述を始めることになります。日本企業、とくに財閥のマネジメントの歴史をたどるのですが、この章では、いわばその前史とでも言うべき江戸時代について概説したいと思います。

現代の日本には、結構歴史の古い企業が多い。1000年企業という言葉もあります。これはさかのぼりすぎとして、三菱は明治3（1870）年からですが、三井や住友は江戸時代にすでに大企業として存在していました。三井は呉服店（のちの三越）創業が17世紀、住友は戦国時代（16世紀後半）です。

江戸時代と言えば鎖国。なぜ鎖国できたのかについては前著（『マネジメントの文明史』）でも解説しましたが「内陸の王」、つまり農民（兵力）と食糧を持つ徳川幕府の戦闘能力が高かったから。ポルトガルもオランダも日本を軍事制圧することができませんでした。種子島に伝わった鉄砲を改良して殺傷能力を高め、大量生産していたのが日本の戦国大名……というより企業……でもないですね。商人資本です。

1　堺商人の海外交易

戦国時代（16世紀後半）の商人の主な拠点は大坂の堺。中国や南洋との貿易で富を蓄積し（呂宋助左衛門という名前の豪商もいました。呂宋＝ルソンはフィリピン）、鉄砲を生産するとともに、火薬や銃弾の原料（硝石と鉛）を輸入して莫大な利益をあげる。つまり、堺の発展も初期のシリコンバレーと同じで軍需から始まったということです。織田信長や豊臣秀吉が天下統一を実現できたのは、堺を押さえて鉄砲・火薬・弾丸をほぼ独占したことが大きい。

なお当時の交易のもう一つの拠点は長崎など九州北部で、倭寇（わこう）が拠点にしていました。中国との密貿易がビジネスです。当時の中国明朝はたびたび海禁（私的貿易の禁止）策を発令していて、でも16世紀前半には早くもポルトガル船がやってきたり、1526年に日本の**石見銀山**（いわみ）が開かれたり（銀の密貿易が当時の倭寇の最大の収益源でした）で、16世紀中ごろに倭寇（歴史的には「後期倭寇」）が最盛期を迎えます。

石見銀山（島根県）
16世紀後半から17世紀初頭が最盛期。当時、世界の銀の産地は南米（スペイン領）と日本だった。現在は閉山している。2007年にユネスコ世界遺産に登録された。

そこで明朝政府は海禁を実質的にやめるという政策上のイノベーションを起こします。これまでの密貿易だと儲かるのは倭寇ですが、港の使用を認めて、今でいう関税をとるようにすれば財政収入です。そのころ日本では秀吉が海賊停止令を出しました。倭寇の刀狩だと考えればよいでしょう。結果として倭寇は急速に勢力を失い、日本では秀吉、ついで徳川家康と結託しようという堺商人のビジネスが拡大していくことになります。

ついでに言うと、植民地支配の「秘訣」は、被支配者どうしを争わせること。一致団結して宗主国に対抗しようとするのがいちばん困る。信長、秀吉、そして家康へと統治者は変わりつつも日本が統一されていったことが、外国に対する日本全体としての対抗力を高めたのだと考えることができるでしょう。また江戸幕府は、鎖国によって外国との貿易をいわば独占しました。だから諸大名は交易によって富を蓄積することができませんでした[6]。これも「トクガワの平和」の理由の一つです。

念のために。薩摩藩は所領である琉球（沖縄）を使ってかなりの密貿易をしていました。ですから藩財政はずっと健全で、幕末には将軍の正室を二人も出しています（お金がかかるんです）。この二人以外は宮家または公家から来ていました（島津からの二人の正室も慣行に従い結婚する前にいったん公家の養女になりました）。幕府は密貿易を知っていたようですが反乱の様子もないので、隠密は送っていたものの放置していたようです。

2 江戸期の商業発展の理由

江戸時代になって、では商人たちは発展したのか。少なくとも外国貿易は、鎖国なのでそれほど拡大しません。一応、北海道（現ロシア、中国との交易）、長崎（中国、オランダとの交易。なお江戸初期はオランダではなくてポルトガル）、対馬（朝鮮半島との交易）、薩摩（琉球との交易）を窓口とする貿易が鎖国中も行われていました。

国別では中国との交易が最も多かった。とはいえ、年2回しか来ないオランダ船との交易の2倍程度の規模だったようなので、大したことはない。ですので、商人たちは国内交易で活躍しました。というより、それまで海外交易で富を築いた商人は姿を消し、新勢力が台頭したと言ったほうがよいでしょう。

江戸期商業の3つの特徴

江戸期の商業について、いくつか特徴と言える点を指摘しておきたいと思います。

①平和

武士という戦（いくさ）を生業とする人々が統治していたわりに、戦争そのものはほとんど起きませんでした。戦争があると、経済は大きく変動します。つまり商人は繁栄したり没落したりします。またどの勢力に味方するかによって運命が変わるのは、武士も商人も同じです。江戸期にはそういうことがなかった。つまり、商人にとってはリスクの小さい時代……上振れも下振れもあまりない時代だったと言うことができるでしょう。

②海運

欧州の川は、交易のために船が航行する場所です。これに対して日本の川は渡る場所でした。高低差が大きいので運輸手段には適していません。河口部には埋め立て地と運河がありましたが、街道を分断する河川には橋がなくて、渡し船か人足を使う。理由は何かというと、小学校で習うのは、反乱軍を移動しにくくするということ。確かにそれもあったようですが、加えて、当時の建設技術では、橋を架けても洪水でたびたび流されました。だから交通の要所は海港で、人口もそこが多い。

例外は関東平野の川で、東回り航路（1671年）ができるまでは、東北の物資は銚子港まで南下し、そこで川船に積み替えて利根川を江戸へと向かいました。ただし利根川河口は船の三大難所。東回り航路はこの難所を避けて積み替えなしで東京湾に入り江戸まで行くので、一種の物流革命です。でも利根川周辺の産品、たとえば醬油などは引き続き川船で運ばれていたので、銚子～江戸ルートは江戸時代には衰退しなかったようです。

海運には嵐と難破はつきものなので、リスクはあります。でも海賊はほとんどいない。短距離なので、大航海時代の欧州の船が悩まされた壊血病（ビタミンC不足による）の心配もありません。また船が小さいので、たとえ難破しても損失の絶対量はそれほど大きくはならなかったでしょう。総じて言えばリスクは大きくなかったということになるのだと思います。

③江戸という巨大で人工的な都市

では交易の目的地はどこかというと、最大の消費地は江戸です。まず必要なのが都市インフラを整備するための技術者と人足。ついで、大名屋敷の建設。大名は1年おきに江戸と領地に住みます。正室と嫡男はいわば人質としてずっと江戸住まい。

武士たちは生産をしない消費専門の階層で、それが急増します。では江戸には生産機能（農業や工業）があったかというと、江戸時代初期にはほとんどない。でも幕府と大名にはお金がある。この江戸にどこからモノが届けられたのかというと、ごく大雑把に言えば、食糧は大坂、工業製品（着物や装飾品）は京都でした。

そしてやがて、大坂が京都に対して優位に立ち始める。その理由は、第一には港があったこと。そのぶん京都より便利でした。そして第二は、各大名の年貢米が換金のために大坂まで運ばれたことです。

藩の年貢米が大坂で現金化される。つまり、キャッシュフローがある。一方、その藩の江戸藩邸は消費に特化していてお金を使う。そうすると、大坂の現金を江戸藩邸に届ける必要が生まれます。この現金輸送のリスクを負う、つまり江戸藩邸に現金を届けることで「送金手数料」を受け取るというビジネスが成り立ちます。加えて、江戸藩邸の支払先が京都や大坂であれば、その藩が大坂で現金化したお金でかわりに支払うと、江戸から大坂までの現金輸送のリスクがなくなります。

また、大坂に保管されているコメを担保に、商人は藩にお金を貸しました。「大名貸し」と言われるものです。そのコメが売れれば返済される。つまり一般的には融資期間は短くて担保もしっかりしている。安全な貸金業と言うことができるでしょう。このようにして、商人は金融業に多角化していくことになります。

なお、資料によっては大名貸しがハイリスクな融資であると解説しているものもあります。実態はいろいろだったということなのでしょう。貸し倒れもありました。でも、少なくとも戦争というリスクはないので、リスクがあるとすれば、何かの権益と引き換えという場合がおそらく多い。商人の取引がつねに大きなリスクにさらされていたのではなさそうです。

3 三井は江戸初期に始まっている

商人が江戸に直接店を持つことも多くなります。三大財閥の一つである三井がこの典型です。三井の始まりは、実はよくわかりません。江戸時代には家柄を家系図で示すのが流行りでした。武士や豪商の家系図は、たどっていくと皆同じように藤原氏に行き着くことが多い。三井も祖先は藤原道長。こんなもの、出入りしているお武家には見せられなかったでしょうね。今の三井は商人だが昔は武家のあなたより格が高かったと言ってケンカを売るようなものです。

個人的な話をあえて書くと、私の家にも家系図があって、祖先は真田幸村。ただし、ちょっとだけ養子に来てすぐに本家に戻ったことになっています。なぜこうなっているのか。おそらく、直系の子孫末裔だとみんなが言い出すと、ほころんでしまうところが出るのでしょう。「幸村が養子に来るような格の家柄」だというだけでよいのです。

三井発祥の地は、伊勢（三重県）の松阪市にあります。事業は酒屋と質屋。ここから先はほぼ史実。

伊勢出身なのに「越後屋」？

その三井家が、17世紀前半に江戸の日本橋本町に越後屋という小間物屋を開業、のちに呉服店になります。そして同じ三井の分家が1673年にやはり本町に呉服店を開く。発展したのはこちらのほうでした。「三井の越後屋」で「三越」です（念のために言えば、三越の屋号を使うようになったのは明治から。明治政府が三井に中央銀行を任せようと思っていた時期があり、中央銀行と呉服店を併営できないのと、当時呉服店の越後屋が経営不振だったこともあって分離して三越にしました）。

ここでおかしいと思ってほしいのは、なぜ「伊勢屋」でなくて「越後屋」なのかというところです。三井は越後＝新潟とは関係がないはずですが、この時代には「受領名」というのがありました。神社や寺院が、出入りの商人に、「官職」ふうの屋号をつけてあげるんですね。商人のほうは、こういう屋号を許されると、店の格式が上がった気がして喜ぶ。格式を表現できればよいので、新潟と関係なくても越後屋で構わない。現代でも「宮内庁御用達」と書いている会社がありますが、これのスケールの少し小さいものだと思えばよいでしょう。

駿河町に移転した三越呉服店と三井銀行（イマジンネット画廊所蔵／共同通信イメージズ）

店主が何代も同じ名前になる理由——商標としての名前

でも、その越後屋が三井だけで日本橋本町に2つもある。他の商人も加えると、「越後屋さん」の数は2つより、もっと多かったはずです。今ふうに言えば、取引先、顧客、当局は困ったのではないか。どうやってそれぞれの越後屋を特定していたのでしょうか。

たとえば越後屋さんが集金に来たとして、どの越後屋だかわからなくて困る。あるいは、江戸での営業権を持っている（いわゆる株仲間です）のは誰かわからなくて困る。そんな問題が起きやすいと言えるでしょう。

現実的な解決策は、屋号と名前（当時は苗字を持つ人は武士階級以外にはあまりいなかったので、名前とはファーストネームのことです）をくっつけてブランド化するというものでした。こうしておけばかぶりにくい。屋号だけでなくファーストネームまでかぶるようなら、ファーストネームのほうを別の「通り名」にします。

明治になってからの話ですが、小菅丹治さんという人が神田佐久間町の米穀商・伊勢屋の婿養子になり、1886年に旅籠町に「伊勢屋丹治呉服店」を開業、その後継者で1930年に株式会社伊勢丹を設立したのは「二代目小菅丹治」。初代の子供は女性5人で、養子の男性が二代目になっています。

Topics

株仲間

複数の商人が取引を独占するために結成する一種のカルテルです。株は営業権で、売買されます。取引を独占すると利益（富）を生み、大名の対抗勢力になったり、敵方について資金を提供するおそれもあるので、織田信長ほか、戦国大名はこれを禁じる例が見られました。いわゆる楽市・楽座です。

江戸期になってもしばらくは規制されていたのですが、18世紀前半から、2つの目的で株仲間が認められるようになります。

一つは、幕府の産業統制手段として株仲間を使う。第二は、認めるかわりに上納金を払わせて幕府の収入とするということでした。徳川幕府の反対勢力が株仲間を資金源として使う心配などなくなっていたということなのでしょう。

三代目は二代目の実子で、社長としての名前はやはり丹治。

今は少なくなりましたが、古い会社で社長になると前任者と同じ名前に改名するという例が見られます。伊勢丹も三代目までは小菅さんが代々「襲名」していました（四代目も小菅さんですが襲名していません。その後バブル崩壊で経営が悪化して経営者が交代、五代目は社員だった小柴和正さん）。

江戸時代はどうだったかというと、三井（越後屋）の場合は関西が本店なので、東京は支店です。本店は当主の名前で代々「八郎右衛門」。東京のほうは、当初は三井家当主の息子が支配人だったようですが、商店によっては係累ではなくて使用人に支配人を任せることもある。そうするとこの「雇われ支配人」が越後屋○○、伊勢屋○○、近江屋○○になります。

人別帳と「襲名」

そして人が代替わりしても、「近江屋」も「○○」も変えずに引き継いでいました。では今でいう戸籍や住民基本台帳上の名前はどうなっていたのか、少し説明しておきたいと思います。戦国時代末期、豊臣秀吉の時代から人別帳（にんべつ）というのがありました。秀吉は小学校の教科書でいうと「刀狩」「検地」をした人です。刀狩は秀吉が始めたものではなく鎌倉時代から見られました。目的は土豪勢力や僧侶・農民の武装解除。秀吉の刀狩は武士階級をいわば「特定」し、その人たちは領地を持っていても主（あるじ）の居城のまわりに集住します。それまでの武士たちは農村に住んでいたのですが、戦国時代に「城」という建築上のイノベーションが突然起きて、領地を離れることになります。

つまり、城下町が生まれます。江戸期の町にはこのほかに門前町、港町、宿場町などがありますが、現在の主要な都市の多くは城下町から始まっていると言われます。そして城下町には商業、とくに問屋＝卸売業が集中する。欧州の都市には商人がつくったものが多い（典型はヴェネツィア）のですが、日本は城が先でした。

秀吉の検地もイノベーションだと言ってよいでしょう。奈良時代は公地公民、それが荘園制度によって壊れていった。秀吉は各大名に領地の検地をさせ、その結果を自己申告させています。徴税（年貢米）は領主の収入になるので大きな不正は起きないと考えていたのだと思います。少なめに申告してもトクになりません。むしろ、功績をあげればもっと広い領地に移れるのだとすると、今の領地を広めに申告しておくほうがよいかもしれませんね。

重要なのは租税負担者が耕作者だったことで、これによって、荘園などの私有地の所有者であった土豪、寺社などの所有権を実質的に解体しています。土豪や寺社が年貢米を納めるかたちにしておくと、既得権を壊すことができません。

このように「城」「武装解除」「検地」はセットになって大名による支配を確立していくのですが、お城のまわりに住んでいる家

文政年間の三宅島の人別帳（毎日新聞社／アフロ）

臣団は自分の領地のことがわからなくなります。

　江戸時代になると、大名の家臣は領地（知行）を持たせてもらえる上級家臣と、それ以外のコメ（家禄）をもらう家臣とに分かれていきます。つまり、領地のない武士も多くなっていく。とはいえ大名の領地でとれるコメが家禄なので、領地に労働力が十分いるかを確認したり、夫役（ぶやく）（力仕事）に動員できる人数を確認するために戸籍みたいなものが必要になります。これが人別帳。

　やがてキリスト教禁教の時代になって、17世紀中ごろには幕府の命によって宗門改帳が整備され、当初は毎年調査していました（地域によっては一向宗を抑える目的もあったようです）。これが戸籍の役割を果たすようになります。

　そうなると、近江や伊勢から江戸に出てきて支店で働く人はどうするかというと、もとの人別から削除して江戸の人別に入るのが制度上必要なのですが、必ずしもちゃんと運用されていませんでした。もとの人別を残したまま、江戸でいわば「旅人」として仕事をします。場合によっては江戸でも商人として人別に入りました。これが「一人両名」[7]。一種の二重戸籍です。

　そして支店支配人の場合は名前がいわば商標・営業権なので、人が代わっても前任者の名前を使い続けます。つまり襲名する。町方の奉行所や同業組合にとっても、名前が変わらないほうが便利です。そしてこの権利を「株」と呼んでいます。同業組合は「株仲間」。幕府はこの株仲間を通じて、今ふうに言えば産業政策を実施し

Topics

大相撲の年寄株

　現代でもこの「株」が存続している業種があります。それが大相撲。105の年寄名跡（年寄株。現在はこれに加えて、横綱・大関であった人は四股名のまま数年の間年寄になれます。またとくに功績のあった人は一代年寄になります。これまでは大鵬、北の湖、そして貴乃花の3人だけです）があって、年寄になろうとする人は力士としての「競技成績」の条件を満たしていなければなりませんが、そのうえで日本相撲協会が審査をして承認します。数年前までは、年寄株は江戸期と同じように売買されました。また事情があって買えない場合は借りることもできました。

ていました。

さらに面白いのは、この株が売買されること。同じ越後屋でも、その営業権をそれまでの越後屋と無関係な人が購入して屋号を名乗ることができる。店の名前だけでなくファーストネームまで踏襲することもありました。ついでに言うと与力株というのもあって、与力は江戸の警察官みたいなものですが、その職業の権利も売買されました。

4 「住友」の誕生と事業展開

三井を取り上げたので、時代は少しさかのぼりますが住友について。家系図的には越前出身。住友という苗字があるくらいですから武将。越前丸岡城主住友若狭守が先祖。柴田勝家に仕えていた人らしい。勝家は１５８３年に秀吉に敗れて自害しているので若狭守は16世紀末の人です。

その16世紀末（1596年）に若狭守の孫の政友が京都で薬屋と本屋を始めています。屋号は富士屋嘉休。三井の越後屋と同様、出身地とは違う商標になっています。

面白いのは、住友家には「家祖」と「業祖」がいること。家祖は右の政友さん。そして業祖は、政友の姉の婿だった蘇我理右衛門という人で、銅精錬のイノベーションを起こした人でした。

イノベーションと言っても自分で考案したのではなく、アイデアは南蛮人、つまり外国人から教わったものです。銅には銀が混じっていて、銅鉱石から銅だけでなく銀を取り出せる。これで富を築きました。だから業祖。事業は銅の精錬と輸出です。つまり商人でもあったので、両替商（金融業）にも多角化しています。

そしてその後、銅精錬から「川上」に多角化して鉱山経営。いちばん有名なのが愛媛県の別子銅山です。産出のピークは1700年ころなのですが、その後ずっと別子銅山は銅鉱石の産出を続けます。閉山は何と1973年。住友は銅山の会社だと言ってよいでしょう。

別子銅山の跡地（共同）

5 江戸期商人の盛衰

重要なのは、住友が明治維新まで続いていたことです。明治維新を迎えられたことによって、その後の財閥としての多角化展開が現実のものになりました。そして現在にいたっています。

では、江戸期の企業（企業というより主には商店ですが、住友のような鉱山会社もあります）の経営の成否を分けたものは何だったのか。いくつかの資料を見ると、「投機の失敗」「放漫経営と派手な生活」が没落の要因のようです。つまり、成功したのはこの逆で手堅い経営でした。

江戸時代は人口も経済も伸びていました。人口についてはいくつかの推計値がありますが、1600年にはおよそ1200万人。これが1700年は2800万人、1750年には3000万人近くまで増えています。だから会社に必要なのは、競争戦略の前に成長戦略。市場が拡大していくので、それに乗って企業も成長していけたということです。

なお、18世紀後半になると人口は増えなくなります。天明の飢饉（1782－87年）、天保の飢饉（1833－36年）のような気象災害の影響もあったと思います。そして幕末にかけてふたたび増えていき、明治維新のころには3400万人くらいでした。

暖簾（のれん）分けすると成長できない

これ以外に想像、推察しておきたいことがあります。それが「暖簾分け」と「資本分散」。まず暖簾分けは、長年勤めた奉公人が独立して同じ屋号の店を出させてもらうこと。順序としては、結婚して住み込みを「卒業」して家を持つ。これが「別家」で、その後、今ふうに言えば業績をあげて自分の店を出させてもらう。便宜を図ってもらうのは暖簾（屋号）だけではなく、顧客を分けてもらったり、仕入れ先からの信用もあるでしょう。奉公先だった大店（おおだな）の金融機能に助けてもらうこともあるかもしれません。一人で起業するより成功確率はずっと高いのですが、奉公先とは競争せず、グループを形成します。

三井の大元方制度

これに対して、血縁関係があるのが本家と分家。暖簾分けしてもらう奉公人は手堅い商売ができる人ですが、本家や分家の子供に商才があるかというときっとそうでもない人がいる。そうすると、相続で資産（資本）を分けると、その一部は前述の「放漫経営と派手な生活」で「消滅」してしまう。有能な商人は事業を拡大しましたがヒトには寿命がある。事業資産をどう承継していくかが、現在と同じように大きな課題でした。そして資本分散

Topics

英国リオ・ティント社の発祥はローマ帝政時代

英国の大企業にリオ・ティント社があります。売上高6兆円の多国籍企業ですが、発祥はスペイン国営の銅山会社で、ローマ帝国まで歴史をさかのぼることができるようです。こちらは鉱物資源・エネルギー産業に特化していて日本の財閥のようには多角化していませんが、住友金属鉱山に似た会社だと言うことができるでしょう。

を防いだのが元方(もとかた)、大元方といった制度でした。三井の大元方制度は1710年に始まっています。

三井(越後屋)の創業者である高利は、遺言で子供6人と養子(孫娘の夫)3人(これが三井9家の始まり)に遺産を残し、配分も決めています。それだけなら、資産が部分的に消滅してもおかしくない。でも9人の相続人たちは、この資産を長男に委ね、共同運用することにしました。こうして大元方制度が生まれます。

大元方とは今ふうに言えば本社になるでしょうか。そして9人は、この本社について一人一票の議決権を持ちます。委ねた資産は同額ではないので、株式会社とは少し違う。合同会社のほうが近い。またこの持ち分は処分できません。そして9家は営業店の経営を担います。

各店は毎年大元方にお金を納め(今で言えば**純粋持株会社**に対する子会社からの経営指導料)、3年に一度、利益から別途納付(配当)するとともに雇人に賞与を出しました。大元方は事業をしているわけではないので、営業店から納められた資金は9家に配分されます。でも9家はこれを処分できないので、資本が上積みされていくことになります。つまり、営業店は「配当する」と書きましたが、親会社への配当なので、法人の外部には流出せず、内部留保が増加することになるのです。

純粋持株会社
自らは事業を行わず、事業会社に出資・支配することを目的とする会社。たとえばＮＴＴが純粋持株会社である。1997年の独占禁止法改正で認められるようになった。事業持株会社は自社で事業を行い、あわせて事業会社に出資・支配する会社であり、日本の大企業の多くは事業持株会社である。

資本家と経営者が必然的に分かれ始める

この大元方制度は18世紀後半に一度解消されましたが、ほどなく再開されました。法令によるものではないので、相続人が嫌だと言えば解消される性格のものです。でもそれが、一度は解消されたもののその後明治初期まで150年くらい続いたということです。

なお江戸時代は武士は家督を嫡子が相続しましたが、商人は遺言で決めていました。とはいえ、財産は分割できても、店は分けられません。分家が店を持つようになると、店（事業単位）が小規模化することになります。また株仲間（同業者の組合）に入れてもらえる人数の制約の問題もあったはずです。分家が増えると店の数が相対的に足りなくなるということです。

つまり、「営業資産＋資本」の分割相続を続けていくと、必然的に「経営者」と「資本家」が分かれるタイミングがやってくることがあります。「ことがある」と書いたのは、相続人が多くて、事業がうまくいって遺産を分けられるような場合に限られるからです。三井は9家と、二代目からすでにたくさんいたので、この問題に「めでたく」直面して経営と資本の「分離」に近いことを、完全ではありませんが始めていました。

大丸にも似たような仕組み

30年ちょっと遅れて、大丸（呉服商。のちの大丸百貨店）も三井に似た元方制を採用します。のちに大元方も設置します。面白いのは、

- 本家と3分家がそれぞれ元方を設置していたこと（それぞれが内部留保する）
- 本家の元方には3分家も出資していたこと
- 本家の元方に別家が出資していたこと

です。大元方は法令によるものではないので、豪商は自分たちのやりやすい方法を考え出していました。

右のうち3つ目は、子会社（非同族の別家）が親会社（本家）に出資するイメージに近いと思います。子会社による出資（親会社への出資、他の子会社への出資）は明治期の財閥にも一般的に見られたものですが、要は企業グループ内で資金を調達しています。ただし江戸期の商店の別家は暖簾分けをしていたとしてもそれほど規模が大きくなかったと思われるので、その出資は親戚間の、あるいは親会社との付き合い程度のものだったと考えてよいでしょう。

奉公人から上級管理職へ

つぎに、奉公人のキャリアパスの観点から、大規模化した商人（商店）組織を見てみることにしましょう。すでに述べたとおり、奉公人は一定の功績があると暖簾分けで自分の店を持たせてもらうという慣行がありました。でもそのお店は小さい。一方、右に述べた三井各家は、ルール上はそれぞれがどこかの店の経営を担っていることになっていましたが、能力、あるいはそれ以前に経験がないから無理という人も少なくなかったと思います。実質的な経営は奉公人に委ねられた。

そしてそうだとすると、A店は分家の当主が経営していて、B店は奉公人が経営しているみたいなことが起きる。この場合、A店とB店の調整がなかなか難しいはずです。身分制度の下では、B店の奉公人はA店の当主の言うことを聞かなければならない。しかし聞いてしまうと、今度はB店の名義上の経営者である当主が怒る。ありそうな話ですね。それなら各店の経営は奉公人に委ね、9家は資本家としての役割に専念したほうが円滑に事業が進むことになるのでしょう。

つまり、上席の奉公人の職務分掌範囲は、かなり大きい。一方、暖簾分けで得られるビジネスのサイズは、おそらくそれよりかなり小さかったはずです。それに、自分がいた大店の奉公人のトップは、もとは自分の部下。その人に頭を下げるのが別家の主＝もと上司。

この光景は、現代でも似たようなものが見られます。たとえば、取締役総務部長が役員を退任して、関係会社の社長に就任する。後任の取締役総務部長は自分の部下だった人で、その関係会社の取締役には総務部関連会社室の課長さんが就任している。あるいは、テレビ局の制作局長が定年退職・独立して、番組制作会社を設立してそのテレビ局から番組制作を受託する。発注者は、やはり自分の「もと部下」。

これら現代の例と暖簾分けとはちょっと違いますね。暖簾分けは「成功した奉公人の姿」です。これに対して、総務部長が関連会社の社長になったり、テレビ局の制作局長が退職して古巣の下請けをするのは、「成功した後のサラリーマンの姿」。では「成功したサラリーマンの姿」は何かというと、取締役総務部長だったり、制作局長のほうです。つまり、江戸期の商店で言えば「番頭さん」のほうなんです。

三井の奉公人は、暖簾分けより昇進を望んだはずである

おそらく、商店の大規模化によって、江戸時代でも、奉公人の「成功した姿」が、「暖簾分けしてもらって主人になる」ことから、「その大きな商店で偉くなる」ことに変わっていったのではないかと思うのです。仕事は大きくて面白く、俸給も高い。自分の上に主人がいて使われる身分であるのは不満だとしても、暖簾分けしてもらったところで、本家に対して身分が低いことに変わりはない。そうであれば、奉公人として上を目指すという結論にいたる人がいてもおかしくない。

このことは役職階層を見ても想像することができます。一例をあげると、三井呉服店江戸本店の18世紀中ごろの管理階層は、上から、

大元〆
元〆
元方掛名代
名代
後見役
宿持支配人
店支配人
支配人格

支配人准役
支配人並
組頭
役頭

等になっていました。商家は小僧（関西では丁稚）、手代、番頭という階層構造だと思いがちですが、そんなに単純なものではありません。

階層が多いのは、それだけ仕事の内容が多様化したからなのでしょう。店の責任者である支配人の上に後見役、名代、元〆など、階層が多くあります。奉公人の仕事は、マネジメントに近づいていました。

「内部昇進の経営者」が早くも登場

ここで比較のために思い出しておきたいのは、米国では、**専門的経営者**より先に**専門的管理職**（つまり江戸期日本で言えば奉公人のなかの偉い人）が生まれていたことです。19世紀のことで、典型は鉄道会社。経営者は、ひとことで言えば投資家でした。

これに対して日本の18世紀では、商人が事業を拡大し、そして代替わりしていく過程で、跡取りたちは資産（資本）防衛と経営を役割範囲とし、ビジネスそのものは奉公人たちに委ねていった……というより、そのような分担を実現した組織が長く繁栄したと解釈することができるように思います。専門的管理職が長期雇用によって「内部昇進の専門的経営者」になってい

専門的経営者
経営者の類型は、オーナー（同族・株主）、生え抜き（内部昇進）、専門的経営者に大別することができる。専門的経営者は企業経営について専門的知見と経験を有する。現在の米国大企業は取締役によって構成される指名・報酬委員会がCEO候補者を決定（スカウト）する。この場合、専門的経営者が選ばれることが多い。

専門的管理職
経理・財務、調達など、企業の職能を担う専門的な上級社員を指す。これらの職能を束ねるのがGM（ゼネラル・マネジャー）、最近ではCOO（Chief Operating Officer）である。

く。日本企業の成長モデルを、すでにここに見ることができるように思うのです。

念のために——明治維新による制度断絶

なお、日本の経営史の解説書を見ると、戦国末期から江戸時代にかけて、日本でも合資会社、あるいはパートナーシップのような組織形態があったということが説明されています。経営史という学術の世界ではこれは重要なことだと思うのですが、本書では「深追い」しません。理由は、日本の諸制度が明治維新によって「断絶」しているからです。

前著で私が示したのは、マネジメントの世界では、組織形態に関するイノベーションが起きても、古い形態の組織が生き残り続ける、それも消滅しそうな古い形態としてではなく、かなりメジャーなかたちで残るという点でした。これが製品イノベーションと組織イノベーションの大きな違いです。

たとえばパートナーシップは中世にも見られ、現代も主要な組織形態の一つです。そして欧州と、米国を含む旧植民地との間で人が「動き集い」続けることでイノベーションは伝播（でんぱ）していきます。

これに対して日本では、明治維新によって、技術も制度も輸入されました。つまりイノベーションは西欧から伝播したのです。

でも、このように過去とは断絶した制度を輸入しても、たとえば輸入品である会社を経営・運営するのは日本人です。結果として、日本の歴史の土台の上に西欧型の会社が構築されています。

和魂洋才という語があるように、構築された「上物のハコ」は西欧発でも、そこで行われるのは日本的経営になるのでしょう。とくに日本の場合、ハコと歴史（直前までの現実）のギャップが大きかったために、この2つの接合の仕方が特殊だったのかもしれません。ついでに言えば、そういう見方で現代の中国企業を眺めても面白いと思います。

6 重要な横道
——百貨店が呉服商系と電鉄系である理由

明治維新による断絶と書きましたが、続いている会社、ほぼ同じ事業を継続している会社もあります。建設、醤油、和菓子などは江戸期創業がかなりあります。また江戸期の両替商が銀行になったのは三井、住友（現在は両行合併して三井住友銀行）。そして鴻池（16世紀に兵庫県で酒造業を始め、その後関西の最大手両替商になりました。鴻池組、鴻池運輸とは無関係）が１８７７年に第十三国立銀行を設立。その後鴻池銀行になり、他の２行と合併して１９３３年に三和銀行になりました。その後東海銀行等と合併してＵＦＪ銀行、さらに東京三菱銀行と合併して現在は三菱ＵＦＪ銀行です。

欧米の百貨店は日本の幕末に生まれた

面白いのは百貨店です。一般的に百貨店の起源は１８５２年にパリに開店したボン・マルシェであると考えられています。つまり日本の幕末。1851年にはロンドンで1回目の万博、そして55年にパリ万博が開かれます。当時の万博は物産展でもありました。百貨店と同じです。百貨店はその後欧米で一気に増えるのですが、それを見てきた日本人がいて、日本では自然な流れとして呉服店が百貨店になっていきます。

江戸三大呉服商はすでに説明した越後屋（のちの三越）のほか、大丸と白木屋。白木屋は17世紀半ばに京都で材木商として創業、のちに呉服商、明治になって百貨店です。この「3強」以外にも百貨店になったのは呉服商が以下のとおり多い。

髙島屋　1831年、京都で古着・木綿商として創業

そごう　1830年、大坂で創業（古着商）

松坂屋　1611年、名古屋で創業（呉服小間物商）。1768年、上野の松坂屋を買収して江戸進出。明治維新後も続きます

松屋　1869年、横浜で呉服店創業。1889年、松屋呉服店を買収して東京進出

伊勢丹　すでに述べたとおり、1886年に神田に呉服店を創業

これに対して電鉄各社は、目的地開発（デスティネーション・デベロ

ボン・マルシェ（©Michael Mcnerney／SOPA Images via ZUMA Wire／共同通信イメージズ）

プメント）の一環として、ターミナル駅側に百貨店を置きました。電車に乗る人を増やそうということです。同じ趣旨で甲子園球場、宝塚歌劇場などもつくられました。

１９２０年に白木屋は阪急電鉄から依頼されて梅田駅ビルに出店しています。つまりターミナル駅に出店をしたのは電鉄系ではなくて呉服商系の白木屋だったのですが、これは阪急の小林一三のテストマーケティングだったことがわかっています。つまり、ターミナル出店がうまくいくかどうか、百貨店ノウハウのある白木屋で試してみました。そして阪急電鉄は日本で初めてターミナル型の電鉄系百貨店を１９２５年に開業しています。

また白木屋はその後東急に買収されるのですが、かつて白木屋の旗艦店であった東急日本橋店は１９９９年に閉店しました。東急電鉄は１９３４年に渋谷にターミナル型百貨店を開店しているので、いまさら日本橋に進出する必要はなかったのですが、白木屋が非友好的なM＆Aの対象になり、本章のストーリーとは関係ないので省略しますがいろいろあって東横百貨店と１９５８年に合併しています。

無関係な産業が同じ事業に参入する

さて、百貨店が呉服商系と電鉄系に大別されることはよく知られています。では、なぜそうなったのか。これについては意外に解説されていませんが、相互に無関係な産業がほぼ一緒に新事業に参入するという光景は、結構目にすることがあります。少し紹介してみたいと思います。

まず、プロ野球。これは電鉄と新聞でした。電鉄の意図は、すでに述べたとおり目的地開発。新聞のほうは読者を増やすための紙面づくりが目的だったと考えればよいでしょう。

つぎにテニスラケット。日本ではヤマハ（1997年まで）、グローブライド（旧ダイワ精工、釣り具。ブランドは米プリンス）、ダンロップ（タイヤ）、ヨネックス（バドミントンラケット）、ブリヂストン（タイヤ）などが主なラケットメーカーですが、1965年ころはカワサキとフタバヤの木製。素材が樹脂や炭素繊維……要は石油化学製品に変わっていく過程で、素材とかかわりのある右の企業が相次いで参入しました。輸入型の産業が急に生まれて、「え、そんな会社も？」と思うような会社が参入しているのが日本の面白いところです。

ヨネックスのバドミントンラケットはまだわかるとして、楽器、釣り竿、タイヤのメーカーが「炭素つながり」でテニスラケット産業に「ほぼ同時に」やってくる。これは日本の市場発展の典型的な例だと言ってよいでしょう。歴史に断絶があると、産業組織の形成はかなり面白いものになると言うことができると思います。

7 幕末の動乱

さて幕末なのですが、あらかじめ解説しておきたいことがいくつかあります。

濃密な短期間、一気の変革

第一に、ものすごく密度が濃い。短期間のうちにいろいろなことが起きています。米国のマシュー・ペリーが喜望峰を回って（太平洋横断ではありません。ペリーは米国の東インド艦隊の司令官です）日本に来たのが1853年。このあたりを年表ふうに示せば、つぎのとおりです。

1840 アヘン戦争
1842 南京条約

Topics

ペリー船団の蒸気船は2隻

ペリー来航時の有名な狂歌を一つ。

泰平の眠りをさます上喜撰（じょうきせん）
たった四杯で夜も寝られず

蒸気船と京都宇治の高級茶をかけたものです。でも蒸気船は4隻ではなくて2隻でした。残る2隻は帆船でかなり小さい。当時の情報伝達能力を考えるなら、いかにもありそうな間違い。

1844 オランダ王 日本に開国を勧める親書
1846 米ビドル 浦賀 日本に通商を求める（拒否）
1853 米ペリー 浦賀 サスケハナ（蒸気船）3824t、ミシシッピ（蒸気船）3230t
露**プチャーチン** 長崎 ディアナ号（帆船）2000t
幕府、各藩に大船建造解禁
1854 ペリー2度目の来日、日米和親条約
プチャーチン2度目の来日、日露和親条約
日英和親条約
鳳凰丸（幕府）550t
昇平丸（薩摩藩）370t
1855 幕府、プチャーチン帰国用にヘダ（戸田）丸 100t
オランダから幕府に蒸気船寄贈
長崎海軍伝習所
日蘭和親条約
1856 米ハリス総領事下田着
1857 咸臨丸をオランダから購入（蒸気船、620t）

不思議なのは、洋船建造経験がなかったはずの幕府と薩摩藩が1854年にちゃんと船をつ

エフィム・プチャーチン
Evfimiy Vasil'evich Putyatin
(1803–1883)
ロシアの海軍軍人。日露和親条約、日露修好通商条約の全権。のちに海軍元帥、教育大臣。

くっていること。咸臨丸（オランダ製）の艦長だった勝海舟がこれらの船に「ダメ出し」、つまり出来がよくないと評価していたという記録があるのですが、その後の研究で、まともな洋船だったことがわかっています[8]。

またこれらの船は、大船建造解禁前から建造が始まっていました。このあたりはとても日本的（というより「江戸的」と言うべきでしょうか）な展開です。つまり、タテマエとホンネが違う。有力藩は幕府に言わずに近代化を進めていました。

プチャーチンが2度目の来日で下田に乗ってきた2000tの船は、このころ頻発していた地震（安政地震と総称されています）の一つによる津波で大破、修理もうまくいかず、幕府に代替船の建造を願い出てつくられたのがヘダ丸。伊豆半島の戸田（へだ）で建造したからこの名前です。わずか100tなので乗員全員は乗れず、3陣に分けて帰国を試みます。プチャーチン自身は第2陣で、ヘダ丸でロシアに戻りました。

100tというと他の船と比べて小さい感じがします。ヴァスコ・ダ・ガマが1497年に喜望峰を回ってインドに着いたときの船がサン・ガブリエル号、100〜120tだったと推定されています。100tの船で地球を半周して「大航海時代」。でもそれから400年たってみると、さすがにヘダ丸の100tは小さい。でも小型だったので、日本の船大工がロシア人に教わりながら早く完成させることができました。

復元された咸臨丸（毎日新聞社／アフロ）

なお他の2陣は大きな米国船を使い、そのうち第3陣は当時英露が戦争をしていたので（クリミア戦争）、日本近海で英軍に拿捕され捕虜になり、戦争終結後に解放されています。あとの議論のために少し解説するなら、欧州各国は植民地を持っていたので、欧州どうしで戦争すると、欧州だけでなくアメリカ大陸やアジアでも戦争が始まります。第一次大戦時の日本も、中国における租借地青島と南洋諸島の植民地でドイツと交戦しています。

8年で6回の遣外使節

年表にあるように、日本は何回か開国を拒否するのですが、中国（清）が英国に負けたことがかなりの衝撃、脅威となりました。何しろ中国は、遣隋使の時代から日本の手本となる先進国です。その国が負けたのに驚きました。

欧米列強のほうは中国についで琉球・日本も自国の権益のなかに入れたいと思っています。軍事力では到底日本はかなわないはずですが、大負けした薩英戦争でもそれなりの被害を相手に与えました。だから、制圧はなかなか難しいと思ったのでしょうか。列強どうしのせめぎあいもあったのでしょう。日本は植民地にはならずに、国交・貿易を始めることになります。

幕府は１８６０年から67年にかけて、欧米に使節団を６回送っています。そしてその間に、

１８６０　桜田門外の変
１８６１　長崎製鉄所操業開始

クリミア戦争
(1853–56)
ロシアとオスマン帝国の紛争として始まり、戦地も黒海（沿岸にクリミア半島）、バルカン半島等だったが、英仏がオスマン帝国に味方して参戦（のちにイタリアのサルデーニャ王国も）したことで戦地がバルト海、カムチャツカ半島へと拡大した。英国の看護師F・ナイチンゲールは、この戦争での献身的な活動により「クリミアの天使」として世界的に有名である。

1863　薩英戦争

長州藩士5名英国留学のため密出国（いわゆる長州五傑。井上馨、伊藤博文など。なお密出国とは幕府の許可を得ていないということで、藩は承知しています）

1865　薩摩藩遣英使節団（密出国）

1866　商用・留学目的の海外渡航が解禁

1867　大政奉還

と動いていく。年表にどの事件を取り入れるかは恣意的なことなのですが、その後の日本を考えるうえで私が重要だと思っているのは、事態の展開が実に高密度であること、そして、とにかくたくさんの人々が欧米へ行ったことです。

武士による武家社会の自己否定という明治維新

第二は、幕末のこの日本近代化の光景のなかに、商人（民間人）がいないことです。

江戸時代というと、元気があったのは町人、とくに商人で、武士は幕府でも各藩でも、いわば行政官僚として生産やビジネスに携わらずに生きていて、イノベーションともほぼ無関係であったと考えられていると言ってよいでしょう。

でも、右の年表で見たような、高密度の外国との折衝をこなし、ほぼ毎年欧米に使節を派遣して交渉とあわせて知識を吸収し、西欧の知識で製鉄所や造船所をつくり、時には外国と軍事衝突して、でも決定的に負けることがなかったのは、江戸期を通じて地味に生きていた武士なんです。つまり、幕末という動乱の時代に、国の担い手として、突然武士が登場する。

江戸時代が終わるということは、武家社会が終わることだったはずです。確かに明治の王政復古、あるいは廃藩置県（藩の消滅は武士が収入を失うことを意味しています）によって、武士階級は日本社会の上層、ないし中央から退いたのかもしれません。

しかし、この状況に対応できるのは、実は武士だけでした。この矛盾を理解し、包み込んでいくことが、江戸、幕末そして明治の産業と経営を理解するうえで、とても重要なことなのだと私は思っています。

外国語を読んで理解できたのは、ほとんど武士（のごく一部）だけでした。それに武士であれば、確実にハイレベルな日本語（漢文もあります。というよりほとんど漢文）の読み書きができます。日本の武士は平和が続いたおかげで、戦力や戦術は17世紀前半の状態でいわば「凍結」されたのですが、教養はすごかった。

もちろん、ほぼすべての武士階級が幕末に役に立ったのかというとそうでもないのでしょう。でも、明治期に2万を超える小学校が設置されていて、教員はどう調達・育成したのかを考えると、武家の存在なしには実現

Topics

江戸時代には「藩」という言葉はなかった

江戸時代の人々は、藩という言葉を使っていませんでした。藩は明治になってからできた言葉です。廃藩置県の「県」が普通名詞で、県の前に存在したものを普通名詞で表現しようとしても該当する言葉がなかったんです。それで藩だということにした。

では江戸時代はどう呼ばれていたのかというと、

藩（領地）：領分――たとえば島津様領分

藩士、藩の武士組織：家中――たとえば島津様ご家中、あるいは島津侯ご家来

大名の呼称：藩主ではなくて固有名詞――たとえば島津侯。あるいは淡路守

となっていました。つまりすべてが人に属していたということです。地理的な境界や組織が重要になるのは幕末以降なんですね。

できなかったことがわかると思います。

村垣範正を例に幕末人事のダイナミズムを確認する

一人、例示してみたいと思います。名前は村垣範正。

1813　旗本の次男として築地に生まれる
1831　祖父の功により召出
1854　海防掛・蝦夷地掛として蝦夷地・樺太巡視
　　　ロシアのプチャーチン艦隊の再来日に際して、筒井政憲・川路聖謨らとともに露使応接掛として伊豆下田に赴任
1856　箱館奉行
　　　従五位下・淡路守
1857　アイヌ民族の間で蔓延していた天然痘対策のため幕府として初の大規模種痘実施
1858　外国奉行
1859　神奈川奉行
1860　万延元年遣米使節副使
　　　帰国後、日普修好通商条約全権（普はプロイセン。もうすぐドイツになります）

まず、旗本の次男なので、通説にしたがうなら「生涯にわたり長男の扶養家族」または養子に出る。でも18歳のときに兄とは別家で官僚を始めています。祖父の功績によるらしいのですが詳細はわかりません。

しばらくいくつかの役職を経験し、海防掛・蝦夷地掛として１８５４年蝦夷視察。目的はロシアとの国境を確認すること。すでに41歳です。江戸に戻り、プチャーチンが２度目の来日で下田に居たので応接係として対応。引退していてもおかしくない年齢ですが、56年に箱館奉行、加えて従五位下・淡路守。そして60年には遣米使節副使となるのですが、このときの禄高はわずか２００石。

一応、２００石以上が旗本だったようですが、でもそれ以前に従五位下・淡路守。つまり、淡路守というのは従五位下と同じで格式と地位をあらわしている。逆にそれだけなので年俸はついてこない。淡路島を支配したわけでもないし、そこでとれたコメがこの人のところに集まったわけでもありません。

武家社会はそんなに硬直的ではなかった

私は驚くほど出世した例外的な人物を取り上げたのでしょうか。もちろんそんなことはなくて、幕末には優秀な武士が抜擢されて幕府や藩の要職に就くことが普通に見られました。ただし、どこの世界、いつの時代でも同じですが、すごく優秀な人というのは限られている。だから一人の人がどんどんいろいろな役職に就いて時代に対応していく。その意味では、村垣淡路守は「限られた例外的な」人物かもしれないのですが、そういう人が幕府にも藩にもたくさんいたということは、例外ではないということなんです。

そしてそんな人々が「たくさんいた」のだとすると、日本の武家社会は、硬直的な身分制度だけではなかったということになります。有能な人を、家柄を超えて取り立てていく仕組みが18世紀にはできていました。それが足高（たしだか）の制。八代将軍徳川吉宗の享保の改革（1716年から）で生まれた制度です。

足高とは何をするのか。役職は身分（家柄）とセットになっていて、同時に禄高ともセットになっています。したがって、身分は低いが有能な人を役職に就けようとすると、「禄高を上げなければならない（財政的負担）」「結果として家柄が上がったように見える（身分制度の崩壊）」という問題が生じます。このため、そう頻繁には抜擢人事ができません。

そこで、有能な人材を役職に就けている間だけ禄高を上げるという制度をつくりました。これが足高の制。財政負担は緩和され、身分制度の根幹は変わりません。実際にかなりの数の抜擢人事が制度導入直後から行われていたようです(9)。そして各藩もこれを真似るようになります。

つまり、鎖国をやめて西欧諸国と対峙する、付き合うための人事制度面の準備は、できていました。村垣範正の場合、官位をもらい淡路守を名乗る、つまり偉くなっているのに、禄高は上がっていません。遣米使節副使から戻ってきてやっと、200石を500石にしてもらっています。つまり米国に行く前は、肩書的には大名扱いですが禄高は低い。旗本の最低ランクということになるのでしょう。

これは幕府財政が困窮していたせいもあると思いますが、見方を変えるなら禄高を保証しなくても有能な人材を要職に就けられるようになった。一応、身分の「アイコン」である「官職」と「○○守」はついてきます。お金は出せないが名誉とやりがいのある仕事は提供できる。そんな状態だと考えることができます。武士にはそれで十分でした。カネで動いたのではないということです。

武士は軍人だったので攘夷を捨てた

武士が国の担い手であったことには、もう一つの大きな意味がありました。それは、ペリーやプチャーチンの船を見、話を聞くなどによって、戦ったら負けることを直感的に理解したという点です[10]。

尊王攘夷と言っていました。幕府は開国、勤皇派は攘夷です。でも宮廷を取り巻いて攘夷と言っていた武士たちも、西欧列強と実際に接すると攘夷ではだめだということに気づく。だから**鎖国**による２５０年の遅れを取り戻すべく、軍拡を幕末から明治まで切れ目なく続けていきます。けれど自前では軍拡できません。知識も技術も、時には軍船を西欧列強からもらわなければならない。だから開国です。逆説的ですが、列強と戦争になってもよいように、列強相手に開国します。

戦争とは、ある意味において時間との戦いです。幕末の度重なる遣外使節に、武士たちの切迫感を感じることも必要なのではないかと思います。「追いつき、追い越せ」は、そうしない

鎖国
(1616–1854)
鎖国の始まりについてはいくつかの見解があり、１６１６年は明朝以外の貿易船の入港を平戸に限定した年である。第一次鎖国令は１６３３年。鎖国中も外国貿易が途絶していたわけではなく、琉球（現在の沖縄）貿易、出島（長崎）でのオランダ・中国貿易、対馬での朝鮮貿易、松前（北海道）等での山丹人（ロシアの民族）貿易（ただし交易品は主に中国産）が行われていた。１８５４年の日米和親条約で鎖国が終了した。

と負ける……経済的に負けるのではなくて支配されるという切実な危機感のあらわれなのでしょう。

商人が没落した理由――勝者のいない革命

では、商人はどうしていたのか。

フランス革命（1789年から）は、第一身分（聖職者）、第二身分（貴族）と、そのいずれでもない市民（といっても商工事業者のなかの有力な人々。いわゆるブルジョア）との権力闘争でした。日本の商人たちは権力とは無縁のように思えます。このあたり深追いはしませんが、でも富は蓄積していました。平和のおかげです。

そして幕末になって平和が壊れていく。内戦、攘夷、開国、軍備。この費用を捻出するために、幕府と各藩は商人に資金提供を求めます。これまで御用商人として利益を得てきたので断れません。断れば御用から外されるからです。結果として、商人の財力は急速に低下していきました。

そしてこのような資金調達の大きな特徴は、「勝ち組もお金を返せない」ことでした。戦争の場合、勝ち組には賠償金などが入り、それで借入を返済することがあります。中世〜近世

フランス革命　襲撃されるバスティーユの監獄（Album／Prisma／共同通信イメージズ）

ヨーロッパであれば、借りるのは王で、貸すのは銀行か商人。明治維新も戦争なのですが、幕府方、勤皇方どちらが勝っても領地が増えるわけでもないし利権も増えない。すでに述べたとおり、武士階級は明治維新の過程で自らの存在を否定していきました。少なくとも経済的には、勝者のいない戦いが行われていたということです。

あるいは、フランス革命は「自由、平等、友愛」が理念だと言われますが、このなかでたとえば平等は市民（といってもブルジョア）が聖職者や貴族と平等になるのだということなので、右に述べたように一種の権力闘争です。権力を増やした階層や集団が勝ち組。これに対して明治維新は、究極的には欧米列強に負けないことが目的だったので、内輪の権力争いはなくもないのですが大きな意味を持ちません。つまり明治維新は、経済的な勝ち組がいないだけでなくて、権力闘争もなかった。

こう考えるなら、武士階級はとても精神性の高い明治維新という革命を戦っていました。この精神性は、徳川２５０年の間、武士階級が武士として、戦争をせずに統治してきたそのスタイルと基本的に変わらなかったように思えます。そして資金源としてあてにされた商人たちは、ひとことで言えば、疲弊していきました。誰も勝てなかった、というより、ほとんどの商人が負けたのだということです。

三井と住友は運のいい例外

でも、三井と住友は明治に入っても発展している。これは例外的なことなのかというと、どうも例外的だったようです。

まず三井について。三野村利左衛門という人が三井「中興の祖」であると言われています。どんな人なのか。

1821　山形県生まれ。父は庄内藩士だが浪人となり、子とともに諸国放浪

1840ころ　旗本小栗忠高の**中間**（ちゅうげん）（武士としての禄のない仕事です）となる

1845　商家の養子となる

1855　両替商の株（営業権）を買う

1860　天保小判買占めで巨利を得る。小栗忠高の跡取りである小栗忠順（ただまさ）の貨幣改鋳情報による

1866　幕府からの御用金50万両の減免交渉を三井家から頼まれ成功。交渉相手は小栗忠順

小栗との関係を重宝され三井に請われて経営に参画

1868　小栗失脚。三野村は維新政府との関係構築を進める

こうなると、小栗忠順とはどんな人か、わかったほうがいいですね。

1827　2500石の旗本の家に生まれる

中間

武士に雇われていた雑用係。武士身分ではない。

三野村利左衛門

(1821-1877)

三井組の大番頭。

（近現代PL／アフロ）

1853　詰警備役（異国船への対処）
1855　家督相続
1859　豊後守を名乗る（従五位下）
1860　遣米使節目付（副使として同行したということです）。帰国後外国奉行
1862　勘定奉行。名乗りを豊後守から上野介に変更
　　　日本初の西洋式火薬工場を建設
1865　横須賀製鉄所着工
　　　横浜仏語伝習所設立（製鉄所長がフランス人のため）
1866　列強と関税率改定交渉
　　　兵庫商社設立（海外貿易独占が目的。三井が出資予定）
1867　大政奉還
1868　御役御免で群馬県へ。その後斬首

芳賀徹⑪によれば、小栗忠順は幕閣随一の開明派の英才でした。このころ幕府は海軍力強化のために44隻の艦船を諸外国から購入したり、年表にあるように火薬工場や製鉄所（のちに造船所）もつくりました。小栗は明治日本の軍事力の礎を築いた人だと言ってよいでしょう。**東郷平八郎**は日露戦争の後、小栗が残した家族を招いて感謝を述べています。小栗がいなければ日本海海戦でロシアに負けていただろうと。

小栗忠順
(1827–68)
幕末期の幕臣。

(国会図書館所蔵画像／共同通信イメージズ)

芳賀徹
(1931–2020)
専門は比較文学。東大教授、京都造形芸術大学学長等を歴任。ついでながら、私の大学1年時のフランス語の先生である。

三野村は「生え抜き」ではない

その小栗がまだ若いころに、屋敷の中間としていたのが三野村利左衛門。年齢は三野村のほうが6つ上ですが小栗は早熟の秀才、身分も違うとはいえ幼馴染みみたいなものかもしれません。だから三野村は貨幣改鋳情報をインサイダー的に入手したり、幕府御用金を免じてもらったりすることができたのでしょう。

おそらく三井家は、御用金を免じられたおかげで没落しないで済みました。でも、その功労者が中興の祖だというのは、何だかあまりカッコよくないと思います。後述するように、三井銀行設立などでも三野村は功ある人なので、そちらを強調すればよいと思いますが、いずれにせよ、三井が幕末・明治維新を生き延びることができたのは、戦略とか競争とか、そういうもののおかげではなかったようです。ひとことで言えば「なりふりかまわず」。きっと、ほとんどの豪商が没落していくなかで生き残ったこと自体が、大したものなのでしょう。

三野村の名誉のために書くなら、彼は失脚した小栗に亡命費用として千両箱を渡そうとしましたが小栗は受け取っていません。そして小栗死後、三野村はずっと遺族の世話を続けました。また三井では、一族の事業への介入を妨げようと改革を進めます。「**資本と経営の分離**」ですね。オーナーの三井さんたちから嫌われる仕事です。損得だけで生きていた人ではないということです。

東郷平八郎
(1848–1934)
元帥・海軍大将。日露戦争（1904－05）の連合艦隊司令長官として日本海海戦でロシアを破り、海外でも英雄視されている。なお「連合艦隊」とは日本海軍の複数の艦隊の連合を意味するものであり、他国との連合ではない。

資本と経営の分離
「株主有限責任」「株式の発行」と「資本と経営の分離」が、株式会社の基本的な特徴である。出資者は経営に関与せず執行者に委ね、利益の配分を受ける。

住友は別子銅山を確保

住友は主力事業が銅山だったので、商人のような苦労はなかったようです。ただ、江戸期の主な鉱山は皆、天領（これも藩と同じで明治になってからできた言葉です）になっていました。つまり住友には別子銅山の所有権がなく、幕府から運営を任されていたという**ビジネスモデル**です。

明治維新の結果、天領は政府のものになります。このときの別子支配人が広瀬宰平（さいへい）。新政府と交渉し、住友家が別子銅山の経営を続けることになります。広瀬はのちに初代住友総理人になる人です。内部昇進の経営者で、11歳のときに別子で奉公を始めています。

広瀬が交渉に成功した理由は、よくわかっていません。ただ確実なのは、三井の三野村と同じで、戦略とか論理ではない。また広瀬が苦労して確保した別子を、住友の大阪本店は売却しようとしました。理由は2つあって、第一は別子が収益をあげていないこと。そして第二は、住友が全体として資金繰りに窮していたことでした。この売却を広瀬は何とか阻止するのですが、もしそうなっていたら、今の住友グループは存在しなかった可能性が高い。

企業の成否を一人のリーダーによるものだと考える。城山三郎さんの小説ならともかく、経営学ではそれをしてはならないと私は思っています。でもこの時期の三井と住友を見ていると、やはり三野村と広瀬。この二人の行動を記述すると、ちゃんとした説明になるところが多いように思います。それは、三井と住友の主流派が機能しなくなったことのあらわれだと考えることもできるし、たぶんそうなのでしょう。会社も経営も、壊れても仕方のない時代でした。

ビジネスモデル
定義のない言葉だが、一般的には事業の実施方法を指す。たとえばコンビニエンスストアのフランチャイズ方式は、小売業のビジネスモデルの一つである。

8 幕末から明治初期の経営者点描

さて、ではこの時期にどんな経営者や会社が登場したのかを、おもに山口昌男[12]を手掛かりに見ていきたいと思います。

尾高惇忠（あつただ）（1830－1901年）武士（武蔵国）。父は名主。妹の夫が渋沢栄一。渋沢から依頼され、富岡製糸場創立（1872年、官営）時の責任者

井上馨（1836－1915年）元老、長州藩士。1863年渡英（長州五傑）。先収会社（三井物産の前身）設立

中村道太（1836－1921年）吉田藩（現在の豊橋市）藩士と丸屋商社（現在の丸善）の初代共同社長（1869年）、横浜正金銀行初代頭取（1880年、筆頭株主）

早矢仕有的（1837－1901年）岩村藩医　横浜正金銀行、明治生命の創設にもかかわる。

福沢門下
安田善次郎（1838－1921年）　富山藩下級武士の子。1858年奉公人として江戸に出、5年後独立、安田銀行（のちの富士銀行、現・みずほ銀行）、安田生命、東京建物等を設立。1870年代以降釧路鉄道、釧路炭田、釧路港など
馬越恭平（1844－1933年）　備中（岡山県）の医家の息子。なぜか鴻池の丁稚となる。その後三井物産役員。日本麦酒、札幌麦酒、大阪麦酒の3社を合併し、大日本麦酒が設立（1906年）されると社長に就任した（日本麦酒は合併当時経営危機）。衆院議員
佐久間貞一（1846－98年）　旗本（500石）の子。彰義隊。秀英舎（のちの大日本印刷）を共同設立（1876年）
益田孝（1848－1938年）　佐渡生まれ。父は箱館奉行所勤務→江戸へ。米国公使館勤務。1863年、父とともに遣欧使節団。1867年旗本。明治になり輸出商。井上馨の紹介で1872年大蔵省（現在の財務省）。1873年井上とともに下野。1874年井上が設立した先収会社東京本店副社長→三井物産初代社長。のちに三井合名会社理事長
伊庭想太郎（1851－1903年）　唐津藩士。日本貯蓄銀行頭取（1895年）。ほかに東京農学校校長、江戸川製紙場長生社社長。教育者として有名。主な弟子に佐藤鉄太郎（海軍中将、貴族院議員）、小笠原長生（海軍中将、子爵）
岩下清周（きよちか）（1857－1928年）　松代藩士の次男。1878年三井物産。その後三井銀

Topics

長州五傑

1863年に長州（現在の山口県）藩命で英国に留学（幕府から見ると密航）した5人の藩士を指します。井上馨、遠藤謹助、山尾庸三、伊藤博文、野村弥吉（井上勝）。長州と西欧各国の武力衝突（下関戦争）の恐れがあることから井上馨と伊藤は戦争回避のため翌年帰国したものの、結局回避できませんでした。

行支配人

武士が多い

いくつかの共通点や類型が見えてくるのではないかと思います。まず、武士が多いこと。とはいえ武士にもいろいろあります。安田善次郎の父親は、株を買って武士になった人です。実態としては農業を営んでいたはずで、だから武士なのに息子の善次郎は江戸に出て商家の奉公人になります。馬越恭平も家は医師ですが、本人は鴻池で丁稚奉公をしていました。三野村利左衛門も、親が浪人して旗本小栗豊後守の屋敷の中間になっています。身分制度はある程度流動的だったということなのでしょう。

逆に、渋沢栄一は中流の農家の生まれですが、**徳川慶喜**配下になって武士扱い。岩崎彌太郎は地下(じげ)浪人。これは土佐藩固有の身分で、武士だが殿様の家来ではない。身分（株）を売って地下浪人になった人（家）があったようです。でも彌太郎は土佐藩営の海運会社に勤めていました。つまり渋沢も彌太郎も、武士としての社会的な立ち位置（身分という職業）を確保したうえで、その立ち位置で仕事をしていたということになります。

すでに述べたとおり、武士には、あるいは武士になると「抜擢」システムがあります。このことも、武士（になった人々）の活躍を助けたのだと思います。

徳川慶喜
(1837–1913)
江戸幕府第15代将軍。最後の将軍である。1868（明治元）年に明治政府が徳川家の領地を駿府藩（現在の静岡県）と決めたので駿府に赴く。徳川家康ゆかりの地である。

行政官僚、外国通

初期の明治政府に欠けていた人材は「行政官僚」と「外国通」です。明治政府の主力はいわゆる薩長土肥（現在の鹿児島、山口、高知、佐賀）出身者で、霞が関官僚型（典型は旗本）の経験がない。だから幕臣の旗本や御家人、本人が無理ならその家臣が必要で、渋沢はぴったりの人物でした。その渋沢は中レベルの農家の出なので例外ですが、行政官僚経験者は基本的に武士です。

洋行帰りは、まだ多くありません。日本人の外遊は１８６０年の遣米使節からですが、護衛船の咸臨丸に軍艦奉行従者として25歳の福沢諭吉が乗船しています。福沢は22歳で蘭学者・緒方洪庵の適塾（大阪）塾頭、その後中津藩（現在の大分県中津市）江戸屋敷で１８５８年に蘭学の「一小家塾（のちの慶應義塾）」を開塾しています。つまり、25歳なのですが「お供」というより、一流の学者として米国に行きました。そして幕末に合計3回外国に出ています。

福沢は功績を認められ旗本になっています。維新後は慶應義塾での教育に専念し、明治政府への出仕を断り、会社とも無縁（時事新報を創刊していますが事業として始めたものではありません）の人でしたが、弟子、教え子は明治時代に大活躍します。「同窓のつながり」が今よりはるかに強い時代だったようで、帝大、慶応、一橋が明治初期からブランド大学……つまり、今と変わりません。

外遊した本人が企業経営にかかわったのは、渋沢栄一、井上馨、益田孝くらいでしょうか。このうち井上は元老にもなった人物ですが、長州藩士、つまり幕府とは対抗していたので遣外

渋沢栄一（1840–1931）
日本の実業家。
（Hulton Archive／ゲッティ／共同通信イメージズ）

井上馨（1836–1915）
明治・大正期の日本の政治家。
（共同）

使節には同行したことがなく、長州五傑、つまり半ば密航者として英国に留学しました。そしてその井上の「引き」があったのが益田孝。旗本→外遊→官僚→三井という、その後のエリート企業人の典型的なキャリアパスを歩んでいっています。

渋沢は北関東の豊かな農家→幕臣（徳川慶喜の家来）→外遊→藩士→官僚→企業家と進んできます。外遊と書いたのは1867年の遣欧使節で、正使は慶喜の弟の徳川昭武。14歳と書いてある資料が多いのですが、このあたりは満年齢と「数え」の混乱もあるのでしょう。出発時の2月には13歳で、今で言えば中学1年生の終わりころです。

使節団のマルセイユでの集合写真を見ると、昭武は当然中央にいて、一人だけ台座の上に立派な椅子を置いて座っているのですが体格は実に小さい。どう見ても子供なのですが、当時の同世代のなかで小さかったというより、中学生がオトナを引き連れて真ん中にいるからこう見えるのでしょう。使節代表といっても13歳の昭武に何かできるわけはないので、慶喜は有能な渋沢を従者として付けたということです[13]。

それがパリ滞在中に明治維新になって、幕府ではなくて政府から帰国命令が来る。日本に戻って慶喜のいる静岡藩に戻り、藩営の商法会所（会社）を設立します。

三野村は静岡にも

ついでながらこの商法会所は1872年に解散、業務は静岡県に移管されるのですが、渋沢はその運営に関して、三井の三野村利左衛門に協力してもらっています。そして三井は業務を

官営富岡製糸場

1872（明治5）年開業の製糸工場。輸出用に高品質の絹糸を機械で生産した。1893年三井に払い下げられ、その後経営母体は二度変わったが1987年まで操業した。2014年世界遺産登録。

引き継ぐことになりますが、ここで驚くのは、三野村がちゃんと渋沢とつながっていたというところ。渋沢が１８６９年に明治政府に出仕、**官営富岡製糸場**の稼働が１８７２年からです。製糸場の責任者は渋沢の妻の兄である同郷の尾高惇忠。渋沢が若いときの勉強の師でもありました。そしてこの製糸場は三井に払い下げられています。

またすでに記したように、三井は１８６６年に小栗忠順が設立した兵庫商社に出資しようとしていました。

三野村利左衛門、やはり大した人ですね。

9　明治になってからの三井の危機と三野村による解決

三井の危機と三野村の功績をもう一つ。明治政府は今でいう財務省以外の公金（地方を含む）の取り扱いを3社に委ねます。それが**小野組**、三井組、**島田組**でした。名称は為替方。この3社が半ば「国庫」の代行をしていたということです。

バランスシートをイメージするなら、政府からの預かり金が負債ですね。では資産は何かというと3つあって、第一が運用資産。つまり預かり金を貸し出して利益を得ます。第二は自社の事業資金、そして第三が国に差し入れる抵当。公債が多かったようです。

小野組、島田組
三井組と並ぶ江戸時代の豪商。17世紀後半、小野組は近江（滋賀県）、島田組は京都で創業している。本文のとおり、明治政府の抵当増額令により1874年に破綻した。

抵当増額令と豪商の破綻

この制度の初期には、抵当の割合が低かったのですが、明治政府は清との戦争を予見し（西南戦争も意識されていたと書いてある資料も見られます）、戦費調達のために、1874（明治7）年に抵当の割合を100％にします。この抵当を差し出せなければ、国からの預かり金を返済しなければなりませんでした。

どう考えても100％はおかしいのですが、国が言うことなので従わざるを得ない。そして小野組と島田組は返済できず破綻します。返せるはずがないので、はじめから結果が見えているような展開だったと言ってよいでしょう。

でも、三井は生き延びました。なぜでしょうか。これについて武田晴人(14)はつぎの点を指摘しています。

- 三野村利佐衛門が井上馨から早く情報を得ていた
- 三井組は三井銀行株を抵当として**オリエンタルバンク**から金を借り、公金を返済した
- オリエンタルバンクに返済できなかった（1876年）ので、三野村は大隈重信に頼み込んで政府が立て替えた

よく考えると、実はおかしな話です。明治政府は厳格な外資規制を行っていました。したがって、ルール上は三井組はオリエンタルバンクから融資を受けることができないはずですが、実際には借りていました。

また、融資の担保が三井銀行株なので、返済できないとオリエンタルバンクは三井銀行株を手に入れることができます。やや詳細に説明すると、オリエンタルバンクから融資を受けた時点では、三井銀行はまだ設立されていません。ずいぶん荒っぽいことをしたのかもしれません。そして借入を返済できなければ、オリエンタルバンクが日本の三井銀行の株を取得してオー

オリエンタルバンク（英国東洋銀行）
1842年設立。当初はインドで事業をしていたが、その後世界中に支店を配置した。江戸幕府、明治政府に貸し付けを行った（明治政府は幕府債務をすべてではないが継承している）。1892年清算。

ナーになる。これもルール違反のはずです。政府のなかに、目をつぶっていた人がいたということなのでしょう。

三井、政府に振り回され続ける

念のために言うと、三井はこれ以外でも金融分野で政府にかなり振り回されています。小野組と三井は政府（井上馨と渋沢栄一）の命で**第一国立銀行**を設立し（出資は小野と三井がそれぞれ100万円、ほかが44万円）、国の公金出納を行っていました。為替方3社が大蔵省の資金を取り扱わなかったのはこの銀行があったからです。三井はその前に、中央銀行設立を引き受ける予定でしたが、伊藤博文の反対で前に進みませんでした。

そうこうしているうちに井上と渋沢に言われて第一国立銀行を設立。しかし為替方の問題で小野組が破綻したので、三野村は第一国立銀行のオーナーシップをとろうとしたのですが、渋沢が頭取に就任してこれを阻んでいます。

井上は三井に世話になれば便宜を図りました。これに対して渋沢はどうもそういう風情（ふぜい）のない人。新紙幣にもなるようで、そのこともあって渋沢については無批判に礼賛している人が少

第一国立銀行と海運橋（長崎大学附属図書館／共同通信イメージズ）

なくないように思える。冷静中立的な評価が必要なのでしょう。

三野村の行動は「政商」

このころの三井は、幕末に幕府に「密着」していたのと同じように、明治政府に密着しています。例をあげるなら、伊藤博文にお金を貸していました。伊藤はこれを何に使っていたかというと「京遊び」。あるいはデフレで有名な**松方正義**の口利きで、今でいう宗教法人にも融資をしていました。こんな具合なので、三井の融資の不良債権比率はとても高かったようです。

でもきっと、伊藤への融資や松方の口利きには見返りがあるはずだと考えて、お金を貸しています。要は利権。経済史や経営史の本を見ると三井や三菱は「政商」なのですが、欧州では中世初期から見られたような商人……権力に寄り添って利益をあげる……が、日本にもちゃんと（？）いたということなのでしょう。

三野村利左衛門は、政商三井の象徴みたいな人なのだろうと私は思っています。三井家の跡取りさんたちにはできないような、いわば汚れ仕事を一手に引き受けた。

三野村は三井で中間管理職の経験がありません。スカウト型の専門的経営者でした。小栗忠順と近いことによって三井を江戸幕府から救い、井上および大隈重信と近いことによって明治政府から救ったということになります。経営学の勉強や研究をしていても、三野村が三井の「中興の祖」である理由はよくわからないのではないかと思います。でも間違いなく、三野村は三井を経営していました。みごとに経営していたと言うべきでしょう。

第一国立銀行

日本最古の銀行かつ日本初の株式会社。1873年設立。国立という名前だが国が設立したわけではなく、当時の米国の国法銀行をモデルとする民間銀行である。第○国立銀行は米国の国法銀行と同様、独自の紙幣を発行した。1896年第一銀行に改組（紙幣は日本銀行券に統一）、1943年三井銀行と合併して帝国銀行、48年分割され第一銀行、その後第一勧業銀行→みずほ銀行。

なお井上馨は一時下野していたことがあるのですが（1873年）、その際益田孝も官僚を辞職、一緒に先収会社という名前の商社を1874年に立ち上げます。1876年の井上の政界復帰によりこの会社は解散することになるのですが、三井の三野村、そして大隈が「益田ごと」この会社を三井組に引き取ることにしました。これが三井物産になっていきます。

松方正義
(1835-1924)
薩摩藩士。身分は低かったが才能を買われ島津久光の側近を務めた。1866年藩軍艦掛。明治政府では1868年日田県（現在の大分県の一部）知事の後、大蔵官僚。1881年積極財政の大隈重信が失脚すると松方は大蔵卿（大臣）に就任し、松方デフレと呼ばれる緊縮財政を実行した。日本銀行設立（1882年）。1891年、96年の2回、総理大臣に就任している。

(国立国会図書館所蔵画像／共同通信イメージズ)

10 三菱は新興勢力

前史の最後に、三菱について。三井、住友を加えて「三大財閥」。そのなかでは一番の後発ですが、すでに説明したとおり、実は「先発隊」は、幕末から明治維新にかけて、権力側（幕府、藩、明治政府）に振り回されて没落しているところが多いので、三井と住友が生き残ったのは一種の奇跡です。そこに新興勢力が入ってくる。だから明治維新は企業経営の面でもやはり「断絶」があるということになります。

そのなかでいちばん成功したのが三菱で、創業者は岩崎彌太郎（1835－85）。土佐の地下浪人（武家を自称するが主君を持たない）の息子なので藩士ではありません。身分制度の下では絶対に成功しないので、勉強して江戸まで出て国内留学をしていた人です。

土佐では**吉田東洋**が一時蟄居（ちっきょ）中（1856年ころ）に開いた少林塾に入りましたが、ここで一緒だったのが後藤象二郎、板垣退助、福岡孝弟（たかちか）など。この東洋のおかげで藩政改革が進んでい

吉田東洋
(1816–62)
土佐藩の上級藩士。藩政改革を進め、開国派として後藤象二郎らを育成。土佐藩で尊王攘夷を唱える勤王党により暗殺された。

て、同様に改革が進んでいた薩長土肥で明治維新を牽引していく。その後の彌太郎の明治政府とのつながりの原点が少林塾です。そして東洋は藩職に復帰します。

彌太郎が藩職を得たのは東洋のおかげだと考えてよいでしょう。そして1858年、海外情報収集のため長崎に赴任します。すでに長崎には製鉄所があってのちの官営長崎造船所、これが三菱に払い下げられることになります。彌太郎は一時的にせよ勝手に土佐に戻ったことをとがめられて失職。運のいい人で、その間に吉田東洋は勤王党により暗殺。生き残るのが大変な時代です。

1865年、今度は同塾の後藤象二郎が藩の要職に就き、彌太郎は引きで復職。1867年、同じく東洋門下の福岡孝弟に同行してふたたび長崎へ。藩が設立した会社である開成館長崎商会の主任になります。この会社の目的は土佐藩のために外国から武器弾薬や船を輸入することでしたが、購入代金を節約するために樟脳（しょうのう）などを輸出していました。樟脳は貴金属を除くと当時の日本の最大の輸出品です。

なお長崎で武器輸入をしていたのは土佐藩だけではありません。同藩の主な取引先であるドイツ連邦（その後ドイツ帝国）のクニフラー商会から武器を買っていたのはほかに薩摩、小倉、肥前、大村、福岡、細川などの藩でした[15]。徳川幕府は軍事政権で、各藩も同じです。武士という軍人による統治。彼らは幕府が浦賀で蒸気船を見たときと同じように、洋銃を見て一瞬で軍事力格差に気づく。さすが軍人。それでお金がないのに兵器を懸命に買いました。

その後明治になり、政府が藩営商会所を禁止したので、土佐藩の個人が会社をつくったこと

岩崎彌太郎
（1835–85）
日本の実業家。三菱財閥の創業者。

（共同）

にして、藩から船を3隻払い下げてもらいます。これが九十九商会で、開設した１８７０年が三菱創業年ということになっています。この時点では、少なくとも形式的には、彌太郎は九十九商会ではなく、藩の人でした。九十九商会も実質的には藩の会社です。これがのちの日本郵船。名前は三菱ではありませんが、現存する三菱グループ企業のなかで最古参と言える会社です。

一気に多角化する理由

さて、三菱のように、幕末から明治にかけてうまくいった会社には、大きな特徴が一つあります。それは「一気に多角化が進むこと」なんです。なぜそうなるかというと、開国の結果として、いろいろな産業が２５０年分まとめて入ってくるからなんですね。

たとえば、三菱創業は先述のとおり１８７０年の九十九商会で主力事業は海上輸送なのですが、輸送だけでなく商業もしている。これが江戸時代なら、三井のようにまず商業（呉服商）を始めて、それから江戸に進出する。輸送機能は、商業の後からついてきたはずです。しかし幕末の三菱では、何よりまず汽船という経営資源があって、本業は海運で商業もある。そしてさらに面白いのは、１８７１年に九十九商会が紀州新宮藩の炭鉱を租借し、鉱業部門に進出していることなんです。

幕末以降、日本の船（軍艦、商船）は大型化し、帆船から汽船になりました（厳密に言えば、とくに初期は蒸気機関のある帆船。湾内、港内では小回りがきくので蒸気。外洋に出ると風はタダなので風力で動く。

現在の自動車のハイブリッドみたいなものです）。つまり、石炭への需要が突然生まれたということです。

各藩はこれを受けて藩の財政改革のために炭鉱開発を進めました。一応それまで、製塩で石炭を使っていたところもあるので、炭鉱開発はやろうと思えばできました。そして九十九商会のように汽船を持っている会社にとっては、炭鉱開発は一種の垂直統合でもあります。だから新宮藩の炭鉱を借りたんですね。

三菱の本格的な炭鉱進出は１８８１（明治14）年の**高島炭鉱**から。少し遅れた感じに見えるのですが、以下のように「前史」があります。

１８６８　佐賀藩とグラバー商会が高島炭鉱開発開始
１８７０　グラバー商会破綻
１８７１　廃藩置県に伴い高島炭鉱について政府とオランダ商社（出島）で開発契約
１８７２　鉱山心得（外資排除）
１８７３　日本坑法（外資排除）
１８７４　高島炭鉱官収（国有化）
１８７４　高島炭鉱を後藤象二郎に払い下げ

つまり、高島炭鉱は後で詳述する払い下げ物件でした。また後藤象二郎の権益を彌太郎に引き取らせたのは福沢諭吉でした。そのおかげで後藤は政府への未納金を完済しています。また

高島炭鉱
現在の長崎市にあった海底炭田。三菱の主力炭鉱の一つ。最盛期は１９６０年代。１９８６年に閉山。世界文化遺産に登録。

端島（軍艦島）
高島炭鉱に近接する三菱の主力炭鉱。世界遺産。１９１６年に日本初の鉄筋コンクリート造の集合住宅が建設され、周囲は埋め立てとコンクリート堤防によりつくられた細長い島であったことから軍艦島と通称された。１９７４年閉山。

三池炭鉱
三井の主力炭鉱。高島炭鉱、端島等とともに世界遺産を構成する。１９９７年閉山。

三菱は近接する**端島**（軍艦島）を1890年に旧佐賀藩主から買い取っています。

三井は1873年に官営になった**三池炭鉱**（福岡県、熊本県）を三菱と争って1888年に落札しています。このとき工部省の技術官僚として三池炭鉱に赴任していたのが団琢磨。のちの三井財閥の総帥で、88年の落札に伴い官僚をやめて三井組に責任者として「移籍」しています。

さらに1873年には三菱商会が吉岡鉱山を買収。ここは18世紀初頭まで住友が持っていた銅山で、採算が合わないのと、別子鉱山（別子銅山から改称）がうまくいったので手放したようです。産出は銅とベンガラ（酸化鉄。顔料、ガラス研磨剤）の原料である硫化鉄で、73年当時の所有者は松山藩主板倉家。

そして1875年、米国人ウォルシュ兄弟が神戸にパルプ工場をつくりました。もともとは商人で、1858年に弟のジョンが長崎に来日。その後、初代米国長崎領事も務めています。彌太郎は長崎での取引相手でした。この工場は結局うまくいかず、息子の久彌が引き取ります。のちの三菱製紙です。

このようにして、欧米ではすでに「ひと揃い」の産業として成立

軍艦島（共同）

していたものが、短期間のうちに日本で興されていく。壮観だったろうなと思います。

財閥型多角化の特徴

ここで、原論的な話を一つ。財閥のような、先進国でない国の企業グループが多角化していく場合、その事業内容は、相互に関係のないものが多くなります（非関連多角化）。逆に、先進国企業の場合は、既存事業と関連する事業への多角化が多い（関連多角化）。

財閥はなぜ非関連分野に多角化するのかというと、

- そもそも事業に直結するような経営資源（技術、顧客など）をあまり持たない
- 国内で高収益をあげていれば、資金は潤沢にある

という状況のはずなので、潤沢な資金を使って、必ずしも得意ではない非関連事業に進出し、うまくいけば競争相手が少なくて高収益が実現できることになります。そして、新たに参入するビジネスは、先進国ではすでに実施されているものなので、参入リスクがそれほど大きくありません。

また日本の場合は、明治政府が外資に規制をかけていたので、少なくとも国内では、ほとんど先進国企業との競争がありませんでした。多角化し

Topics

岩崎彌之助・久彌の米国留学

1885（明治18）年、岩崎彌太郎の死に伴い二代目の社長に就任したのが、弟の彌之助です。34歳でした。彌之助はウォルシュ兄弟の手配で1872（明治5）年にコネチカット州に留学しています。彌之助は1894（明治27）年、彌太郎の長男の久彌を後任の社長とし、自身は相談役に退いています。そして1896年、第4代日銀総裁に就任しています。

久彌（1865—1955年）は10歳で慶應義塾に入塾し（もちろん彌太郎と福沢の人間関係があったから）、その後ペンシルバニア大学に留学しています。三菱の社長に就任したときはまだ29歳でした。

つまり、彌太郎は後継者に留学経験が必要だと考えました。旧幕府や明治新政府の要人たちには、すでに説明したとおり海外経験のある人が多い。それを意識してのことだと思います。

やすい経営環境だったと言うことができるでしょう。

リスクテイカーは誰か

でも実際には、さまざまな事業が、それなりに失敗することになります。何しろ、外国企業の手を借りずに参入しようとするのですから、「すでに誰かが成功しているビジネス」だとしても、その「誰か」は外国人で、その人に助けてもらうことはない。

米国の産業革命や技術進歩は、英国人が禁を破って米国にやってきて紡績工場をつくったり、フランス革命で米国に亡命したデュポンさんという人の息子が今につながる化学メーカーを設立したりしました。あるいは、ナチスの迫害を逃れて、ユダヤ人などの知識人が大量に米国に亡命しています。

これと比べると、日本の企業が使える方法は限られる。お雇い外国人、留学帰り、そしてこれらが大学教員の場合はその弟子……そんなところでしょうか。だから絹糸の製糸業は一時は主力の輸出品だったのが粗製乱造で評価を下げ、フランス人のポール・ブリューナを招いて富岡に官営工場をつくります、というよりつくってもらいます。つまり、よくわかっていない事業に投資するので、とくに初期にはリスクが高い。そしてそのリスクをとったのは、国だったことが多いんです。

途上国が産業振興をしようとする場合、方法は2つ。第一は外資導入。でも日本はそうしなかったので第二の方法、つまり自前で、やり方は国営か民営。そのころ、事業投資資金を持っ

非関連多角化
既存事業とは関係のない事業、既存事業の経営資源を生かせない事業への多角化。

デュポン
DuPont de Nemours, Inc.
1802年設立の米国の化学メーカー。創業者のエルテールは、近代化学の父と呼ばれるラボアジェに学んだ。黒色火薬製造で成功。

ていたのは国、そして意外なことに旧大名でした。大名は廃藩置県のときに、いわば補償金としてかなりの額を受け取っていて、かつ華族になっています。これが明治維新という革命の面白いところで、敗者を徹底的に打ちのめしていない。逆に薩長土肥の殿様がものすごく優遇されていたのでもなさそうです。

大きな政府による特定企業への支援

まず国営について。すでに述べたとおり、明治政府は徳川幕府と同じく武士集団です。最大の脅威は欧米列強に戦争で負けること。だから軍事産業、鉱山、加えて初期の鉄道も政府が自前で事業を行いました。軍事なので外資依存はもってのほかなのです。

つぎに民間企業ですが、この時期の日本企業に技術があるわけもないので、できる仕事は商業と金融に限られる。中世フィレンツェのメディチ家と業態が変わらないということです。

商業と金融が、高度な知識の不要な仕事だというと不満を感じる人もいるでしょうが、当時はそれが真実。三井をはじめとする大商人は幕末には金融事業が拡大して、中身は公金取り扱いと問屋貸付。公金取り扱いはそのまま明治政府から依頼されて実施するのですが、政府側の役所

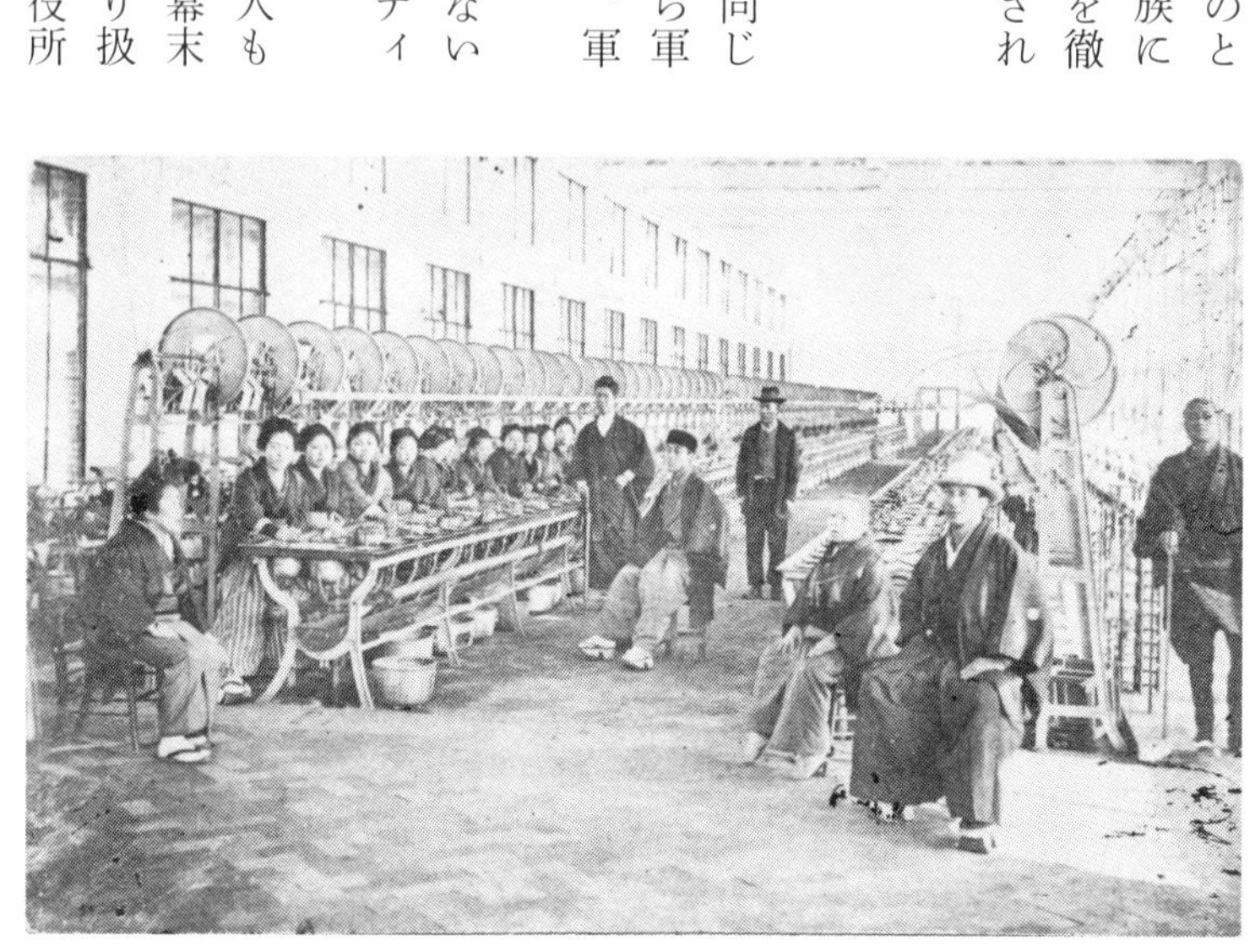

官営富岡製糸場（イマジンネット画廊所蔵／共同通信イメージズ）

は金穀出納所。のちの大蔵省です。

そしてこの役所の最初の仕事は「京都市中の豪商や寺社から財政資金を集めること」でした。江戸幕府は欧州諸侯とは違い、商業に課税する制度を持ちませんでした。だからお金がなくなるといろいろな理由を設けて「御用金」を豪商などから徴収する。すでに述べたように、小栗忠順に掛け合って三井に課された御用金を減額してもらったのが三野村利左衛門。明治になって三井は小野組、島田組とともに明治政府の公金を取り扱うのですが、いわばその前提として巨額の献金をしています[16]。

つまり、役に立つから明治政府の仕事を任された。彼らは政府に密着しようとしましたが、政府の側も実は同じで、お金のある民間企業に依存したのです。そして明治は江戸時代に比べると集権的、つまり政府のサイズが大きいので、明治政府の仕事をしているとビジネスが拡大しました。政府にかかわる企業が巨大化していけたということです。いわゆる「政商」……商業だけをしていたわけではありませんが……が生まれることになります。

政府は一枚岩ではない

このビジネスモデルの難点は、相手の方針が急に変わってしまうかもしれないこと。小野組、島田組は、実質的に公金取り扱い（為替方）の仕事を切られて倒産しました。また政府のなかには派閥があります。誰が権力を握るかによって、重宝される政商が変わるということもあったでしょう。

一例として、さきほど示した日本郵船について解説しておきたいと思います。

1867　岩崎彌太郎、土佐藩開成館長崎商会主任に
1870　藩営商会所禁止に伴い民間企業として九十九商会設立。藩船を買い受けて海運業に進出
1871　九十九商会、紀州新宮藩営炭鉱を租借
　　　廃藩置県。藩船の国有化。これが次年度の郵便蒸気船会社設立の資産になる
1872　大蔵省（大隈重信、渋沢栄一）と為替会社（主に三井）が日本国郵便蒸気船会社設立
　　　外資海運会社への対抗が目的
1873　九十九商会、三菱商会に社名変更
　　　井上馨、渋沢栄一、益田孝が下野。井上と益田は先収会社（のちの三井物産）を翌年設立
1874　三菱蒸汽船会社に社名変更
　　　明治政府の**台湾出兵**に際し、外資が供船拒否。日本国郵便蒸気船会社に運航委託を予定して大型船購入。しかし日本国郵便蒸気船会社は国内シェアを三菱にとられることを嫌って供船せず。大隈重信が彌太郎に依頼し、政府から10隻（のち3隻追加）運航委託。中国との交渉全権は大久保利通
　　　三井、経営危機（為替方として唯一存続）

台湾出兵（1874）
1871年、台湾に漂着した宮古島の琉球御用船乗組員のうち54人が殺害されたが、清国が支配地ではないとして賠償金を支払わなかったため日本軍が派兵、一時的に占領。清が遭難民に見舞金を支払って決着した。結果として、清が琉球を日本領と認めたとみなされることになった。

1875　米パシフィック・メール社との内航、外航での競争。特別法が制定され三菱蒸汽船会社を保護。社名を郵便汽船三菱会社に変更。兼業が禁止されたため、鉱山等の事業は岩崎家事業とした。その後三菱はＰＭ社の営業権を買い取っている。首謀は前島密（ひそか）

1877　日本国郵便蒸気船会社解散。同社保有18隻を郵便汽船三菱会社に無償供与
西南戦争。郵便汽船三菱会社は定期航路を休止して軍事輸送。その後供与された船の代金を国に支払う
三野村利左衛門病没

1878　大久保利通暗殺
三井組、三池炭鉱の石炭を上海まで輸送

1881　高島炭鉱を三菱が買い取る
明治14年の政変、大隈重信が下野

1882　渋沢栄一、井上馨、益田孝、浅野総一郎らが三菱への対抗を目的として共同運輸会社設立（三井系など3海運会社を合併させたもの）。国の保護を受ける

1885　彌太郎死去を機に郵便汽船三菱会社と共同運輸が合併し日本郵船設立。出資比率は5：6、社長は共同側から

1888　三池炭鉱、三井に払下げ

西南戦争（1877）
西郷隆盛を大将とし、薩摩をはじめとする九州の一部の藩の旧藩士による反乱。1871年の廃藩置県などにより喪失した旧士族の権利の回復を主な目的とした。官軍が勝利するが戦費が莫大でありインフレを招来、これが松方デフレにつながっていく。

何だか息の詰まるような20年余り。そして三菱と三井の動きを同時に追ってみると、面白いことがわかってきます。経営史の定説になっていないことも含めて解説、というより想像を含めて書けば、つぎのようになるでしょう。

第一に、三菱が海運業を始めたのが１８７０年。それも、土佐藩では会社を持てなかったのでいわば藩のために便宜上会社にしていたようなのですが、その時点ではすでに三井は明治政府の為替方、つまり政府に密着していて、72年には国のために海運会社を設立しています。三菱はローカルで三井はナショナル。子供と大人。そんな違いを感じるのです。

第二に、日本国郵便蒸気船会社は１８７２年に設立されるのですが、旧藩の船を国有化して使っています。いかにも当時の政府らしい強制力で、三井がそれに「乗っかって」いるのも面白い。そして三菱は船を取り上げられずに済んでいます。もし１８７０年に土佐藩士が九十九商会を設立し、藩船を譲渡されていなければ、その藩船は国有化されて三井のものになったかもしれません。つまり、三菱は生まれなかった。

第三に、１８７４年の台湾出兵時に、三井は政府の要請に従わないという致命的な失敗をしています。かわりに彌太郎が対応、結果として三菱が海運で独占的な地位を占めるのですが、この74年に三井は為替方として大きな危機に直面していました。そして翌75年には第一国立銀行の経営危機で渋沢が頭取就任。おそら

Topics

明治14年の政変

大隈重信と伊藤博文・井上馨・岩倉具視らとで議会設置・憲法制定について意見が合わず、大隈が下野した事件を指します。この人たちの人間関係には不思議なところがあって、必ずしも敵対していたわけではありません。大隈はその後井上から請われて井上の後任として外務大臣に復帰（1888年）していますし、総理大臣も務めています。

大隈は下野して立憲改進党を設立し党首となったほか、東京専門学校（のちの早稲田大学）も設立しています（いずれも1882年）。

また大隈とともに福沢門下の官僚も多く辞職。慶應義塾出身者が企業経営に多数進出していくきっかけになりました。

く晩年の三野村はそちらに忙殺されていて、三井全体としても、国のために動くような余裕などなかったのではないかと思います。失敗と評価するより、よく耐えたと言うべきでしょう。

第四に、三野村の死後、三井に近い井上馨、三井物産社長になった益田、そして渋沢が共同運輸会社を設立（1882年）しますが、この時点では前年に大隈が失脚していて、井上は工部卿。つまり、かつて失敗した郵便汽船会社と同様、共同運輸会社は政府支援でつくられた会社でした。

設立の目的は三菱に海運を独占させないことでした。たぶん、井上と益田は損得。渋沢は産業組織の理想を追求した。同床異夢ですが会社をつくって三菱と競争しました。なお、これまでの歴史研究では両社で激烈な競争があったと思われていたのですが、実はそうでもないらしいということがわかっています[17]。

すでに述べたとおり、西南戦争に三菱が協力して船を供出（運航もします。官船の運航も受託していました）。民間船が不足するので参入が相次ぎます。戦争が終結すると今度は船腹過剰。1884年に船主55人が参加し、住友の総理人である広瀬宰平が苦労して大阪商船を設立します。つまり激烈な競争は三井対三菱だけではなくて、この業界の当時の状況を反映したものでした。

なお渋沢は大隈の依頼で官僚になった（1869年）人ですが、政策上の意見が同じだったのは大隈より井上だったので、井上と同時に下野、その後は経営者として活動しています。つまり三菱は大隈を失ったために、三井に再挑戦の機会を与えることになったのかもしれません。

第五に、合併して出来上がった日本郵船はいかにも三井系の会社です。合併比率も共同運輸のほうが多いし、社長も共同側から出ている。でもその後の「出来上がり」としては三菱グループの企業になっています。

日本郵船はなぜ三菱系なのか

この理由を明記した資料はないのですが、わかっていることをいくつか書けば以下のとおりです。

第一に、共同運輸会社の株主のなかに、岩崎さんがいました。このため、合併比率は5対6ですが、6のなかに三菱がいるので、三菱側が過半数を持っていました。

なぜそんなことになったのかというと、共同運輸は東京風帆船会社、北海道運輸会社、越中風帆船会社の3社が合併、加えて政府出資も得ていたのですが、このうち越中風帆船会社が三菱によって設立された会社だったからです。

第二に、共同運輸側は経営陣を入れ替えて三菱に合併申し入れをしています。つまりおそらく、強硬派を一掃して、三菱と合併しやすい、三菱が同意しやすいようにしたのでしょう。

第三に、合併会社である日本郵船の初代社長は森岡昌純（薩摩藩士。のちに勅選貴族院議員）という人です。共同運輸出身ですが、社長とは別に総支配人という役職があって、就任したのは英国人のアルバート・リチャード・ブラウン。明治政府のお雇い外国人だった人で、その後三菱蒸汽船会社のために船を購入したり、三菱の商船学校の先生をしたりしていました。つまり三菱系の人です。

こうして日本郵船は三菱系の会社になりました。資料によっては、三菱は海運会社を手放したのでその後さまざまな事業に多角化したという説明をしているものもあるのですが、ちょっと違う。本当にそうなら、日本郵船は現在三井系になっていたはずです。

逆に三井は海運への展開が遅れました。二度も失敗したらそうなるのでしょう。それも、事業の競争で負けたのではなくて、経営レベルの失策。対応策として、三井物産に船舶部が設けられて、これが三井船舶になり、住友系の大阪商船と合併（1964年）して大阪商船三井船舶、1999年にナビックスラインと合併して社名は商船三井に。企業集団としては三井と三和に所属していて住友がないのが面白いところです。

なぜ住友グループに属さないのか。おそらくその理由は、大阪商船が住友の会社ではなかったこと。広瀬宰平が大阪商船の初代社長ですが、これは住友と広瀬が大阪財界を代表する存在として、たくさんの瀬戸内の近海海運会社を調整して一つの会社にまとめたからです。現代で言えば、商工会議所の代表を引き受けるようなものだったのかもしれません。

✽✽✽✽✽✽✽✽✽✽✽✽✽✽ Topics ✽✽✽✽✽✽✽✽✽✽✽✽✽✽

合併時の社名をどうするか

商船三井は英語の社名はMitsui O.S.K. Linesなので、大阪商船と三井の名前の順序が日本語の社名と逆転しています。住友と三井にはほかにも似たような例があって、三井住友銀行は英語ではSMBC、つまり住友三井バンキングコーポレーション。日本的な配慮でしょうか。

三菱銀行が東京銀行を実質的に救済合併した（と言っても三菱は東銀が欲しかった）ときの行名は東京三菱銀行。いかにも東銀が「偉そう」なのですが、この理由は、国内的には国策銀行に対する三菱側の配慮。1960年代半ばに神戸大学を卒業した私の知り合いは、就職活動のときにゼミの先生から「日銀か東銀なら推薦状を書く」と言われて東銀を選びました。つまり日銀と並ぶ感じの、ステータスの高い銀行でした。

合併理由としてはるかに重要なのは海外で、東銀つまりバンク・オブ・トーキョーは世界に支店網のある有名な銀行です。前身は1880年設立の横浜正金銀行。三菱銀行の知名度と社会的地位はその足元にも及ばない。だから英文社名は必然的にBank of Tokyo and Mitsubishi。こうしておかないと、バンク・オブ・トーキョーだと世界で認識してもらえません。

王子製紙苫小牧工場（イマジンネット画廊所蔵／共同通信イメージズ）

CHAPTER II

19世紀末の産業組織と事業展開

前章で見たように、明治政府は特定の企業に肩入れしたり頼ったりしています。そうしないと、やっていけなかったという面もあると思います。でも、頼られるほうの企業も盤石ではありません。それに、技術がない。

海運は外国から船を買って何とかしました。政府から見ると、戦艦は自前（と言っても輸入技術。場合によっては船も輸入）だとしても、輸送船まで常時保有するわけにはいかないので民間に依存する。そして軍事なので、その民間が外資系では困る。多少の損失を覚悟で付き合ってくれる日本の会社が必要です。前の章で述べたように、三井はこれを断るという失敗をして、三菱が成長しました。

1 官業払下げと財閥のコングロマリット化

では、他の事業はどのようにして始まっていたのか。西欧の技術を用いた産業、典型的にはまず製造業、そして多くの鉱業は、官業として始まっていました。前章で説明したとおり、国内の民間には知見がない。一方、主に軍事上の理由から外資の参入は好ましくない。だから国がお雇い外国人や留学帰りの人材を使って国営事業として実施します。

民間が官業と並行して参入していることも多い

民間も鉱業に参入します。小野組番頭だった**古河市兵衛**が、小野組に投資していた旧大名の中村藩主相馬家に資金拠出を依頼して鉱山開発を進めています。最も有名なのは足尾銅山。現代の富士通につながる古河財閥の始まりです。

また**藤田伝三郎**は1881年に、兄二人とやはり鉱山業（藤田組）を始めています。資金は井

古河市兵衛
（1832–1903）
もと小野組番頭。抵当増額令で小野組が破綻した後、独立。古河財閥の創設者。

（国立国会図書館所蔵画像／共同通信イメージズ）

上馨の口利きで長州毛利家から。これがのちの同和鉱業（現・DOWAホールディングス）。また次兄は久原家に養子に行っていて、その息子の房之介が小坂鉱山所長の後、1905年に赤沢銅山を買収。のちの日立鉱山です。そしてその後事業を義兄の鮎川義介に委ね、ここから日産財閥が発展します。

日立製作所、日産自動車、そして日本鉱業（現在はENEOSホールディングス傘下のJX金属）という大きな集団が民間だけで形成されていったのですが、とはいえ創業資金は井上の口利きのおかげです。

払下げの理由は国の財政悪化

このように、鉱山については民間主導のものもありましたが、製造業は官営が多い。その官営が売りに出されるのがいわゆる「払下げ」です。最近の似たような例としては、民営化がありますね。JR、NTT、JT（日本たばこ産業）など。現代のJR等については、民間企業にすることに意味があった（もちろん、上場して投下資本を回収することも重要ですが）。これに対して、1880年代に実施された払下げの目的は、政府財政の改善でした。

詳細は長くなるので簡単に説明すると、明治初期にはまだ通貨が確立されていません。そこに積極財政と西南戦争（1877年）の戦費調達が重なってインフレに。このころ、大蔵大臣の大隈重信とその部下の松方正義は意見が合わず、大隈は積極財政で行こうとしたのですが明治14年の政変で失脚して松方が大蔵大臣になって緊縮財政を強行。結果としていわゆる「松方デ

藤田伝三郎
(1841-1912)
長州（山口県）出身の実業家。平民として初めて爵位を授けられた。大阪紡績（現・東洋紡）、小坂鉱山（現・DOWAホールディングス）、阪堺鉄道（現・南海電鉄）、日本土木（現・大成建設）など現代に続く数多くの大企業の設立にかかわった。

フレ」が起きるのですが、その緊縮財政の一環として官営事業を売却しようとしました。

　実は当初案（1880年）は大隈によるものでした。つまり大隈も国にお金がないことを解決しようとしていたのですが、設定した条件が厳しくて買い手がつきません。松方が1884年に条件を緩和して……つまり払下げ額をほとんどの場合思い切り引き下げ、長期分割の支払いを認めたことで払下げが進みます。

松方以前にも払下げ

図表1のように、松方による払下げ以前のものもありました。高島炭鉱はすでに説明したとおり、土佐藩士（かなりの要職に就いていた人です）後藤象二郎が払下げを受けたものの事業に失敗し、経緯を見かねた福沢諭吉が岩崎彌太郎に頼んで買い取ってもらったものです。

　国の投下資金と払下げ額とを比べると、高く払い下げられているので、国はこの炭鉱の事業に成功していたのだろうということがわかります。逆に言えば、ほとんどの事業は投下額より払下げ額のほうが小さい。そうしないと買い手がつかなかったということです[18]。

　つぎに広島紡績所は、繊維産業強化を目的として国が模範工場とする予定で設立したものですが、同じころ、士族を経済的に救済する必要が生じ、そのための施策として士族に生産活動をさせる「士族授産」がいろいろな方法で試みられました。広島紡績所もそのために払い下げられています。

　つまり模範工場にはなりませんでしたが、この1882年にはすでに大阪紡績（社長は藤田組

備考	現在
福沢諭吉の依頼で三菱がのちに90万円で貰い受けた。後藤の次女と三菱二代目彌之助が1874年に結婚	三菱マテリアル（炭鉱は1986年閉山、当時の事業会社は三菱鉱業セメントであったが90年に三菱金属と統合し三菱マテリアルとなっている）
士族授産のため完成以前に払下げ	1960年解散
1886年再度官営。96年佐渡鉱山とともに三菱合資に払下げ	1957年閉山
1878年経営不振で官営に。官営でも経営不振で、払下げ時は廃業していた	
浅野財閥発祥	日本セメント→太平洋セメント
	DOWAホールディングス
小野組が所有していたが、倒産し官営になっていたものを小野組番頭の古河が買い取り	1953年閉山→古河機械金属
	1978年閉山→古河機械金属
士族事業を官収したもの	
	阿部は事業に失敗、経営権は三菱に移った（1888年）
製造販売には大倉のほか渋沢、浅野も出資	サッポロビール
1896年消失	
	鐘淵紡績→クラシエホールディングス
	三菱重工業
	川崎重工業
政府が廃業したものを買い取り	富士製鉄→日本製鉄
	東京機械製作所
1896年廃園。病害と台風で払下げ時以降ほとんど稼働していない	
北海道炭礦汽船	
	三菱地所
邦成は元亘理伊達家藩主。一党を連れて開拓吏として紋鼈（別）に移住	1895年札幌製糖、1896年解散
1939年片倉製糸紡績により合併	片倉工業
	三菱マテリアル
佐渡・生野鉱山の半製品の精錬	三菱マテリアル

図表1　官業払下げの例

年	名称	国の投下資金(円)(1885年末まで)	払下げ価格(円)	払受人
1874	高島炭鉱	393,848	550,000	後藤象二郎
1882	広島紡績所	50,000	12,077	広島綿糸紡績会社
1884	油戸炭鉱	48,608	27,944	白勢成熙（新潟の大地主、豪商）
	中小坂鉄山	58,507	28,500	坂本弥八（東京の商人）他
	摂綿篤製造所	101,559	61,741	浅野総一郎
	深川白煉化石		12,121	西村勝三
	梨本村白煉化石		101	稲葉来蔵
	小坂鉱（銀）山	547,476	273,659	藤田組（久原庄三郎）
	院内銀山	703,093	108,977	古河市兵衛
1885	阿仁銅山	1,673,211	337,766	古河市兵衛
	品川硝子	294,168	79,950	磯部栄一、西村勝三
	大葛・真金金山	149,546	117,142	阿部潜（岩倉使節団随行の幕臣）
1886	札幌麦酒醸造所		27,672	大倉喜八郎
	愛知紡績所	58,000		篠田直方
1887	新町紡績所	138,984	141,000	三井
	長崎造船所	1,130,949	459,000	三菱
	兵庫造船所	816,139	553,660	川崎正蔵
	釜石鉄山	2,376,625	12,600	田中長兵衛
1888	三田農具製作所		33,795	岩崎由次郎、子安峻他
	播州葡萄園		5,377	前田正名
	三池炭鉱	757,060	4,555,000	三井（名義は佐々木八郎）
	幌内炭鉱・鉄道	2,291,500	352,318	北海道炭礦鉄道（三井系）
1890	（丸の内）		1,500,000	岩崎彌之助
	紋鼈製糖所	258,492	994	伊達邦成
1893	富岡製糸場	310,000	121,460	三井
1896	佐渡金山、生野銀山	3,180,110	2,560,926	三菱
	大坂精錬所			三菱

出所：小林（1977）をもとに作成

の藤田伝三郎、工務主任はもと津山藩士で英国に留学し、渋沢が経済的に支援して工学を学ばせた山辺丈夫。のちに社長になっています）が操業を開始しており、蒸気機関を使っていました。要するに、模範工場は必要なくなっていました。１８８０年代には大阪紡績以外にも紡績会社がどんどん生まれます。

この紡績所は水力で、広島は中国地方で夏の水不足が起きます。このため早くも１８８６年には河口近くの河原町に移転し、水力だけでなく蒸気機関も使う工場として再出発しています。官営工場らしい試行錯誤（参入が早すぎてノウハウが致命的に欠けている）と言うことができるでしょう。

念のために。模範工場という名称から想像されるように、明治政府は産業を独占しようとしていたわけではありません。文字どおり民間の模範となるような優れた工場をつくろうとしました。ということは、模範工場が登場するころには、模範にならない民間の工場が存在していることも多かったのです。そして模範工場は官営らしく（？）高コストなので、模範工場を参考にすることによってうまくいった民間工場には太刀打ちできません。

つまり、模範工場は産業の場面から退出することが運命づけられていたということです。

初期投資は国が負担

さて、１８８０年代以降の本格的な官業払下げでは、多くの場合、国が投下した資金よりも民間の支払額のほうが低かったことがわかります。具体的な数字がわからない例もあるのですが、例外、つまり高く売れたのは1887年の新町紡績所、そして翌年の三池炭鉱くらいでした。いくつかの資料をあたってみて推察できるのは、初期投資をしたが失敗し、抱えていても維持費がかかるので安く払い下げるとか、初期投資が過大だった（たとえばお雇い外国人や外国製機械などで費用がかさんだ）という例が多いようです。

比較のために、国が1890年に三菱に払い下げた丸の内は150万円。他の払下げと比べてもずいぶん高いという印象です。国の財政を支援する目的だったのだと思いますが、長い目で見ればよい買い物でした。

お雇い外国人
幕末から明治にかけて、政府等に短期的に雇用された外国人。日本にはない知識、技術、技能を期待された。国外あるいは国内の大学等で学んだ日本人に順次置き換えられた。人数は1万人近くに上り、出身国は英、仏、独、米が多い。

財閥多角化の手段は払下げだけではない

ところで、この時期の官業払下げについての一般的な説明は、

- いわゆる政商への払下げが多い
- 政府は民間（政商）にかわって「起業リスク」をとった
- この払下げによって、民間（政商）は多角化した
- 政府から民間へは、事業資産だけでなく、人材も移転される例があった

というものです。

そしてこれによって、

三菱：海運会社→鉱業、造船
三井：商業・金融→鉱業、繊維工業

という初期の多角化が実現されることになります。

まあそうなのですが、気をつけておきたいのは、たとえば三菱は、払下げだけで多角化していったのではないというところです。もちろん官営の鉱山の払下げを受けているのですが、それも含めて、明治10年代（1877－86年）に7、20年代（1887－96年）には40の鉱山を買い取っています。払下げだけではないということです。

そして、たまたま国から鉱山の払下げの出物があったからこれに対応して多角化したということでもありません。47のヤマを買い取ったということは、鉱業をやろうという明確な意志を、いつからなのかはともかく持っていたということなのでしょう。

三菱の事業展開は「海運まわり」

この時期の三菱の事業展開の動きをまとめると、つぎのようになります。一部前章までの記述と重複しますが、整理のために再掲します。

1871　紀州新宮藩から船舶代金のかわりに炭鉱開発・採掘権

1873　松山藩主から吉岡鉱山買収

1875　パルプ製造開始（ウォルシュ兄弟）

日本国郵便蒸気船会社解散。同社保有18隻を郵便汽船三菱会社に無償供与

1876　郵便汽船三菱会社、供与された船の代金を国に支払う

1879　ボイド商会と折半で三菱製鉄所（事業は製鉄ではなく船舶修理）設立
為替局設置願書を大蔵卿に提出
東京海上火災保険設立。発起人渋沢栄一、筆頭株主は華族組合。岩崎は2位の株主
（なお初代支配人は三井の益田孝の弟）
1880　三菱為換店開業（郵便汽船三菱会社から分離）
1881　高島炭鉱買収
明治生命保険会社設立（三菱の福沢門下による）
1884　官営長崎造船所貸し下げ（払下げは1887年）
1885　日本郵船設立。これに伴い三菱為換店廃業
第百十九国立銀行経営引き受け
1887　東京倉庫設立（現・三菱倉庫）
1890　鍋島氏から端島（軍艦島）を買収
1895　三菱合資会社銀行部設置。第百十九国立銀行の業務を承継

そして1901年の官営八幡製鉄所操業開始と前後して、大資本が筑豊炭田に集まるようになります。三菱も参画しています。

整理してみてあらためて気づくことは、三菱の初期の事業展開は、ほぼ「海運まわり」だっ

たということです。具体的には、つぎのとおり。

- 蒸気船の燃料として石炭が必要である

第I章7節の住友の別子銅山の項で説明したように、江戸時代の重要な鉱山は幕府直轄でした。石炭については、幕府はどうでもよかった。なぜなら、19世紀半ばまではあまり使いみちがなかったからなんです。それが黒船が来て一気に製品価値が上がる。開発も進んでいきます。

三菱は幕末に土佐藩営の海運・商業の会社として始まります。でも土佐藩にはそんなに売れる物もないので実質的には海運主力。だから1871年に炭鉱の採掘権を得ている。高島炭鉱の買収も早い。

- 三菱製鉄所は船舶修理が主目的
- 三菱製鉄所で得た知見を長崎造船所に移転

海運会社だから造船業に進出しやすかったということです。

- 金融事業は海運の荷為替事業から

郵便汽船三菱会社は国の手厚い保護を受けていました。そのかわり、海運以外の事業に参入することができません。まあこれはタテマエで、会社ではなく、たとえば岩崎さんの事業として行うぶんには問題がないということになっていました（三菱グループには、伝統のある大手でも三菱のつく会社とつかない会社がありますが、大きな理由はこれです）。

郵便汽船三菱会社は為替（金融＝短期貸付）機能を持たない会社だったので、英国のP＆Oに顧客を奪われていました。この対策として荷為替業務を始め、事業を継続することができるよ

P＆O
Peninsular and Oriental Steam Navigation Company
1837年設立の勅許会社。英国からアジアにかけての海運を業とする。現在も活動している会社であり、新型コロナのクラスターが初期に発生したダイヤモンド・プリンセス号はこの会社の所有。

うになりました[19]。

また、1875年には国から船を18隻もらっています。翌年その対価を支払うのですが、それが自発的なものなのか、契約によるものなのかは未確認です。でも、これはどう見ても払下げと同じに思えます。

もちろん国の側から見ると、払下げは財政悪化を防ぐために政策的に実施したもので、75年の船舶供与とは目的も方法も違います。経営史の世界でも、18隻の供与を払下げと同じだとか、比べるという考えはないみたいなのですが、受け取る側（三菱）から見れば同じようなことのはずです。つまり三菱のそもそもの本業である海運は、

●土佐藩の船をもらい下げて始めたものであり、

●国の船をもらい受けて拡大したものなんです。

そして、土佐藩は九十九商会に、明治政府は三菱に船を譲渡したかった。もちろん三菱の発展には、彌太郎をはじめとする岩崎二家の経営者の才覚が不可欠だったのだと思いますが、それ以前に、船をもらうことができたことが決定的です。換言すれば、三菱は払下げ、もらい受けで成り立ち、成長した会社です。そうでなければ「ぽっと出」の会社がこんなにも速く成長することはなかったのでしょう。

「海運まわり」は関連多角化

さてこの「ほぼ海運まわり」というのは、実は財閥の多角化についての一般常識と大きく異なっています。

前章でも少し説明したように、財閥は、お金以外の経営資源をあまり持ちません。ですから先進国の知識（技術や特許など）をお金で買ってきて、自分の国で事業を始める。競争相手はいないか、いても少ないので大きな利益を生み出せる。結果としてその多角化は「非関連」になるはずです。

でもここまでの検討でわかったのは、三菱の多角化は意外にも「関連型」が多いということでした。もちろん、ウォルシュ兄弟の製紙会社を引き受けたり、慶應義塾出身者が生命保険会社を始めたりしています。また吉岡鉱山は初期の三菱の唯一と言ってよいような資金源でした。確かにいろいろあるのですが、それでも海運、石炭、造船、為替（金融）は明らかに連鎖している。

そして、吉岡鉱山は海運とは関係ないのですが、三菱は鉱業を基幹事業にしようとしていました。おそらく、吉岡での成功体験によるものです。だから払下げのヤマは手に入れようとし、それ以外のヤマも数多く買っていました。多角化分野については、すべてではありませんが戦略的だったと言うことができるように思います。

2 三大財閥の銀行設立の違い

ところで、商業と金融は、明治になってから日本に入ってきた産業ではありません。では政府は、この2つの産業について、西欧からの導入が必要ないと考えていたかというと、とくに銀行については、西欧をモデルにしようとしました。焦点は中央銀行制度、付随して統一的な通貨の発行です。では民間、とくに財閥はこれにどう対応したのか。

住友資料館の佐藤秀昭さんは、三井、三菱、住友の各銀行の形成過程がそれぞれ異なるものであることを説明しています[20]。具体的には以下のように整理することができます。

三井は銀行中心

三井、というより越後屋は江戸初期からの豪商で、したがって両替商でもありました。つまり、金融が本業になったタイミングが早い。明治になっても、為替方、第一国立銀行、そして三井銀行と、金融分野での強みを発揮している。

為替方と第一国立銀行の間に「三井バンク」というのもありました。井上馨と渋沢栄一に言われて中央銀行を設立しようとしたのですが、すでに説明したとおり伊藤博文の方針で通貨発行は国立銀行が担います。それ以外は銀行の名前を使えないのでバンク。並行して、三井は中央銀行を設立するのだから呉服商の越後屋を分離することを求められる。これで「家業」の越後屋が傍系になっていくという、ちょっとかわいそうな展開です。何しろ、祖業を分離したのに中央銀行をつくらせてもらえません。

しかも、第一国立銀行が中央銀行のかわりに三井の銀行になると思っていたら代表は渋沢。それで江戸期から続く金融業は三井銀行を設立して継承していくことになります。

住友の並合、三菱の荷為替

住友は江戸期に両替商もしていました。主力製品が銅なので、外国貿易の歴史も長く、住友家法（1882年）によれば、本店商務課の中に「売買方」「並合方（なみあい）」「貿易方」があって、この並合方が住友銀行の前身です。並合は抵当金融で、売買方、貿易方と同じ組織にあることによって、抵当品の価値を判断しやすかったようです。もちろん当時の交易品は銅、生糸など「相場もの」が多かったはずで、価値は目まぐるしく変動したはずですが、それだけプロの目利きが必要だったということにもなるでしょう。

三菱の金融は荷為替業務から始まっています。つまり、「海運まわり」。積載している商品がそのまま担保（抵当）になっている。すでに述べたように、当初はこのビジネスがなかったので英国P＆Oに負けかけていました。なお並合も抵当金融ですが、抵当は積荷ではありません。

これからわかることは、3つの財閥が金融業に参入・展開していくときの過程が、すべて違うということです。政商というと、政府に密着して、ビジネスチャンスをものにしたという直観的なイメージがあるのですが、まあ三井はそれに近かったかもしれませんが三菱と住友はそうでもありません。住友と三菱は金融のビジネスモデルも異なっています。つまり、意外にも独自に多角化していったのではないかということです。

3　三井の多角化と財閥の「範囲」

では三井は典型的な政商だったのかというと、そうでもないということを説明していきたいと思います。**中上川彦次郎**は、井上馨に請われて三井に入り、銀行の経営危機を救った人ですが、それに際して多数の慶應義塾出身者を三井に入社させています。有名どころをあげてみたいと思います。

朝吹英二（1849－1918年）　中上川の義弟。慶應義塾卒。一時、三菱商会。その後商社経営。三井呉服店理事、鐘淵紡績専務、三井工業部専務理事、王子製紙会長、三井合名専務理事（短期だが理事長も）。息子は三越社長。

波多野承五郎（1858－1929年）　慶應義塾卒。一時、三菱会社。時事新報創立時主筆。天津領事、三井銀行理事、玉川電気鉄道（現・東急電鉄の一部）取締役、衆議院議員など。

中上川彦次郎
(1854–1901)
豊前中津藩（現在の大分県）生まれ。福沢諭吉の甥。慶應義塾出身。英国留学後工部卿井上馨秘書官。その後外務省。明治14年の政変で退官し時事新報社社長、山陽鉄道社長を経て、井上の依頼で1891年三井銀行理事。銀行の不良債権処理を進めるとともに三井の工業化を推進した。

（国立国会図書館所蔵画像／共同通信イメージズ）

柳荘太郎（1861－1938年）　慶應義塾卒。一時、時事新報。1917年第一火災海上保険（安田火災海上の前身の一つ）を設立、社長に就任。

日比翁助（1860－1931年）　慶應義塾卒業後海軍天文台、モスリン商会等を経て1896年三井銀行。98年三井呉服店改革。のち三越会長。

藤山雷太（1863－1938年）　慶應義塾卒。長崎県会議員、のち議長。夫人は中上川の妻の妹。長男が藤山愛一郎。田中製造所（のちの東芝）再生時の支配人。王子製紙専務として渋沢を辞任させる。1902年三井退職後、東京市街電鉄取締役、駿豆鉄道社長、日本火災保険副社長、歌舞伎座取締役、出版社泰東同文局社長を歴任。1909年疑獄事件渦中の大日本精糖社長に渋沢の推挙で就任。一代で藤山コンツェルンを形成し、藤山同族社長、大日本製氷会長、東邦炭鉱社長、日本紡織社長なども務めた。貴族院議員。

武藤山治（1867－1934年）　慶應義塾卒。英字新聞記者、後藤象二郎秘書（後藤は土佐藩士で板垣退助の盟友。岩崎久彌に高島炭鉱を売った、というより買ってもらった人です）。1893年三井銀行。中上川死後も益田に重用される。1894年三井銀行の命により鐘淵紡績兵庫分工場支配人。その後国内綿紡績会社を吸収合併。豊田佐吉の自動織機発明を支援。のちに衆議院議員。鐘紡社長を1930年に退任。32年時事新報の再建に乗り出す。帝人事件を告発、34年暗殺。

池田成彬（1867－1950年）　慶應義塾卒。妻は中上川の長女。1895年三井銀行入行。1911年株式会社化に伴い常務取締役。32年三井合名理事（事実上の三井財閥責任者）、37

年、自ら定めた役員定年制にしたがい三井合名退任。同年第14代日本銀行総裁、その後大蔵大臣兼商工大臣、内閣参議（第一次近衛内閣・平沼内閣・第二次近衛内閣）、枢密顧問官（東條内閣）を歴任。長女は岩崎久彌の次男の妻。

藤原銀次郎（1869－1960年）　慶應義塾卒。1895年三井銀行入行。97年富岡製糸場支配人。98年王子製紙臨時支配人として労働争議を収める。99年三井物産。1911年王子製紙専務。29年貴族院議員、33年王子製紙に富士製紙等を統合、国内シェア80%。製紙王と呼ばれた。39年藤原工業大学（のちの慶應大学理工学部）開校、40年商工大臣。

小林一三（1873－1957年）　慶應義塾卒。1893年三井銀行入行。1907年箕面有馬電気軌道設立時専務取締役（社長不在のため代表）。

小林一三はのちの阪急電鉄グループの総帥です。宝塚歌劇団や阪急ブレーブス（現在のオリックス・バファローズ）をつくった人で、白木屋に頼んでターミナル駅のデパートの実証実験をして、うまくいったので白木屋をどけて阪急百貨店をつくるという、結構えげつないこともした人です。

小林は転職しようと思って三井銀行を退職したのですが転職先の会社がなくなってしまったという経験もしていて、そのおかげで若くして電鉄会社の経営者になりました。中上川が三井に引っ張ってきたわけではないようですし、三井で銀行改革のために活躍したわけでもないようですが、このころの慶應義塾人脈が輝いていたことがわかるので一応書いておきます。

小林一三
(1873–1957)
阪急東宝グループの創業者。
（毎日新聞社／アフロ）

振り回される三井

さて、錚々たる人名とともに出てくるのが企業の名前で、それも製造業が多い。三井の本業は江戸期には呉服商に始まる商業と金融で、明治になると呉服の越後屋は不振だったので公金取り扱いの事業を拡大するために政府の意向もあり1872年に形式的に分離します。これが三越百貨店で、それ以外の事業は年表ふうにまとめれば次のとおりです。

1872　郵便蒸気船会社設立（政府と共同。のち三菱に吸収）
1873　第一国立銀行設立。株主は三井組、小野組ほか
　　　抄紙会社（のちの王子製紙）設立。株主は三井組、小野組、島田組、渋沢栄一
1874　抵当増額令→小野組（および島田組）破綻、第一国立銀行経営危機→渋沢が頭取就任
　　　井上馨、先収会社設立
1876　先収会社解散、三井物産設立
　　　三井銀行設立
1882　共同運輸会社設立
1885　共同運輸、郵便汽船三菱会社と合併し日本郵船設立
1887　新町紡績所払下げ
　　　東京綿商社（のちのカネボウ。現・クラシエホールディングス）設立。社長は三井高信

1888　三池炭鉱払下げ
1889　幌内炭鉱払下げ（払下げ先は北海道炭礦鉄道。のちに三井系）
1891　前橋紡績所、大嶹製糸所を入手。その後名古屋、三重に製糸所新設
　　　富岡製糸場払下げ不成立（三井は応札せず）
1893　富岡製糸場払下げ
　　　経営不振の田中製作所（1874年創業）に藤山雷太を派遣、芝浦製作所として再起

これを見て感じることは、
●海運は国の力を借りて展開しようとしたがうまくいかなかった（三菱に2回統合されている）
●本業の金融は、政府にかなり振り回された
●官業払下げは、三菱と比べると出遅れている
といったところです。

Topics

国立銀行

明治時代に設立された国立銀行は、現代的な意味では国立ではなくて民間の銀行です。当時の米国のナショナルバンクを模倣して設置されたもので、現在は「国法銀行」と訳されていますが明治の日本では国立銀行。1872年には兌換券（金と交換できる紙幣）を発行する銀行と定められ、第一から第五までの4行が設立されました（当初は第三はありませんでした）。1876年の条例改正で不換紙幣の発行が認められるなどある程度の自由化が進み、153行を数えました。これらは第○○（設立順の数字）銀行と名付けられました。

1882年に日本銀行が設立され、翌83年から紙幣（日銀券）を発行するようになったので、通貨発行という国立銀行の初期の使命は終わり普通銀行になっていきますが、ほとんどの場合、名前はそのまま（ただし国立はまぎらわしいので削除）になっています。現存する銀行で最も数字が大きいのは地銀（香川県）の百十四銀行。

初期の第一（国立）銀行は三井系でしたがその後三井には三井銀行ができ、1943年に第一銀行は三井銀行と合併して帝国銀行、48年に財閥解体で三井と分離して第一銀行がふたたび生まれ、71年に日本勧業銀行と合併して第一勧業銀行、これが日本興業銀行、富士銀行と合併してみずほ銀行になっています。

なお1872年に存在しなかった第三銀行は別の発起人により1876年に設立され、統合を繰り返し1923年安田銀行、財閥解体で戦後は富士銀行、これもやがてみずほ銀行に統合されることになります。

つまり三井には、国に密着した金融業以外には、これといった事業がありませんでした。しかし運のいいことに、井上馨と益田孝のおかげで三井物産を設立して成功しています。そして官業払下げで炭鉱経営と繊維に多角化します。その後銀行が危機を迎えると中上川がやってきて経営を改革する。それだけではなくて、製造業への多角化を進めていきます。

三井を改革したのは外部人材

考えてみると、三野村も「生え抜き」ではありません。どうも三井というのは、この時期、三野村、井上、益田、中上川という外部の人々によって救われることの連続であったと言えるでしょう。

なぜそうなったのかというと、ここからは私見ですが、三井家が経営の実務にタッチしないのだとすると、経営をしていたのは番頭さんや手代です。これに対して三野村は没落した武士から商人になった人なので、身分はそう高くありませんが経営者。その三野村が連れてきた井上は明治の元勲、益田は旗本、そして井上が連れてきた中上川は福沢の甥。3人とも海外経験がある。三井の番頭さんではできないような改革ができたんだろうなと想像することは、それほど難しくないと思います。

もちろん、すでに推理したとおり、越後屋が大きくなる過程で、番頭や手代のなかには暖簾分けより三井で昇進することを選択した人がいたはずです。でも明治維新という革命の際には、彼ら番頭さんだけでは変化に適応していけなかった。これもすでに見たとおり、明治初期の経営者はほとんどが武士階級。武家の商法というと下手でうまくいかないことを指します。何しろ廃藩置県で失業したのでそういう人が多かった（私の曽祖父も醤油屋を始めて失敗したそうです）のでしょうが、うまくいった人も武士なんです。

三井の多角化は三菱より早く始まっている

もう少し、維新後の三井の事業展開をよく見てみることにしましょう。

ウォルシュ兄弟の神戸製紙所を三菱の三代目、久彌が買い取ったのは1898年のことです。これに対して、三井が王子製紙設立に際して出資したのは年表のとおり1873年でした。ウォルシュ兄弟のパルプ工場の設立は1875年だったので、王子製紙より後です。

三菱は73年の時点ではまだ吉岡鉱山を手にしていないので、多角化するだけの原資がありません。というより、まだ創業してあまり時間もたっておらず、必死に海運業をしていました。ウォルシュ兄弟のパルプ工場を買い取ったり、74年に後藤象二郎が払い下げてもらった高島炭鉱を買い取る（1881年）のはまだまだ先のことです。そう考えると、三井のほうが三菱より先に多角化し始めていたということになるのでしょう。

王子製紙――政府まわりの多角化

渋沢栄一が井上馨の下野とともに退官したのが1873年。この年に渋沢はさっそく三井、小野、島田の各「御用商人」を従えて王子製紙を設立しています。同年設立の第一国立銀行では、三井、小野の二人頭取制にして自分がその上に総監という役職で立っている。小野組破綻の後は自分が頭取です。三井が多角化したというより、イニシアティブをとったのは渋沢。

ここで考えておきたいのは、三井が王子製紙に出資したのはいったいどう解釈すればよいのか、ということ。この質問は、答えより前に質問そのものがわかりにくいと思います。重要なところなので、少しの間我慢して付き合ってください。

まず、次の4つ。

- 政官界に強い影響力を保持し続ける渋沢に付き合った
- 渋沢が提供してくれたビジネスチャンスに乗った
- 小野組、島田組との付き合い
- 小野組、島田組との競争

いわゆる思惑とか経緯としては、こんな感じになるのでしょう。

渋沢が天下国家を第一に考えていた人だとすると、日本に近代産業が花開く、それも一気に花開くことが理想で、かつそれは外資の手によるものであってはならない。では、その資金を出せるのは誰かというと、

- 政府（財政）
- 旧大名家
- 生き残った豪商（その後、政商）

です。王子製紙設立は１８７３年、つまり明治6年（当時の社名は抄紙会社）。そして旧大名家は

必ずしも事業投資知識があったわけではないので、豪商に運用を委ねることも少なくなかった。つまり、王子製紙をつくろうかと渋沢が考えたときに、資金（資本）調達でどう行動するかというと、旧大名家に行くのではなくて商人のところに行くことになります。銀行も資本市場もない時代です。ほかに資金確保の方法はありません。

ついでに言うと、王子製紙は日本で２番目に洋紙の製紙を始めた会社です。一番は有恒社で王子の１年前、１８７２年設立。オーナーは広島の旧大名家の浅野。のちに王子に吸収されました。つまり渋沢は旧大名家に資金拠出を頼みに行ってもよかったのかもしれませんが、商人のほうが扱いやすかったのでしょう。相手が商人なら、もと官僚として「上から」行けるからです。王子製紙の大株主は、三井組45%、小野組25%、島田組10%、渋沢10%でした。三井の会社みたいなものですね。

また工場建設中に小野組と島田組が抵当増額令で

✽✽✽✽✽✽✽✽✽✽✽✽✽✽ Topics ✽✽✽✽✽✽✽✽✽✽✽✽✽✽

富士電機のITはもちろん富士通

私より20歳くらい年上でかなり偉かった人と富士電機の幹部との会話です。40年くらい前のことで、当時はITという言葉はありません。

私の先輩：富士電機の情報システムは「どこ製」ですか？

富士電機の幹部：そりゃあ富士通です。

先輩：え、どうして？

幹部：子会社だから。

確かに、富士通は1935年に富士電機の電話関連事業を分離独立させた会社です。設立時の社名は富士通信機製造。つまり富士電機の通信機製造部門。でもすでに40年前には富士電機より富士通のほうが売り上げが大きくなっていました。参考までに現在（2021年3月期）の富士電機の売り上げは8759億円、富士通は3兆5897億円。富士電機は富士通株の3.2%を保有する3位の大株主、富士通は富士電機株の2.7%を保有するこちらも3位の大株主です。

さらに余計な話をすると、富士電機は古河電気工業と独シーメンスによる合弁会社（1923年）。社名の由来は古河の「ふ」とシーメンスの「し」で富士になったという、ウソみたいな話。

その古河電工は古河鉱山（現・古河機械金属）の一部門として1884年設立。銅山の会社が電気部門を持つのは、電気精銅が主な理由で、精銅すると電線製造会社になります。だから古河電工はいわゆる電線御三家で、またそれゆえに必然的に光ファイバーに（ずっと後のことですが）多角化していきます。

破綻します（1874年）。このため、小野と島田からは事業資金が調達できなくなりました。それで三井と渋沢はどうしたかというと、渋沢が三井と小野に工場をつくらせ、自分が経営している第一国立銀行から建設資金を調達しています。調達時点ではすでに小野組は破綻しているので、「絵柄」としては、

●三井と渋沢が経営している第一国立銀行が
●三井と渋沢が経営している王子製紙にお金を貸す

という、現代的なセンスではかなりあやしい関係。しかも第一国立銀行は、自前で通貨（紙幣）を発行できる銀行です。

そして完成した工場は、政府から地券状（現代で言えば土地の権利書になるでしょうか）の大量発注をしてもらって成功します。これも現代なら通用することなのかどうか。とにかくこうして、三井は製紙業に多角化しました。

つまり、官業払下げよりも前に、商人のまわりには、事業機会があったということです。そして商人にはお金があったので、政府、政治家、そして渋沢のような「もと官僚」には、頼りにされていたと考えてよい。換言すれば三井は、政府まわりから頼まれて早い段階で多角化していたのです。もちろん、製紙という事業には知識がなかったはずなので、財閥に典型的な「お金による多角化」になります。

王子製紙や鐘紡は経営論的には三井の会社

　ここで確認しておきたいのは、三菱も三井も、払下げだけで多角化したのではないというところです。財閥の多角化というと、自己資金で多角化した三井や三菱などがうまくいって、という論理展開になることが多いのですが、三井は製紙王（藤原銀次郎）や紡績王（武藤山治）を生んでいる。王子製紙は日本最大の製紙会社です。そしてそうだとすると、経営論的な観点からは、持株比率が低いという理由で、王子製紙や鐘紡を三井の経営史から除外して考えるわけにはいかなくなる。

　前著にも書いたのですが、中世北部ドイツ（国名としては神聖ローマ帝国）を拠点とする**ハンザ**の商人たちは、船舶の大型化に伴い、リスク分散を目的として、自分の積荷を複数の船に分けて積み込みました。船の所有権を持つときも、全部を買わない。それがマネジメントだとすると、内部資金調達で日本の財閥がうまくいったのだとしても、王子や鐘紡の例があることを無視すると、三井のマネジメントをちゃんと観察したということにはならないのでしょう。

ハンザ
中世ドイツ北部、バルト海を中心とする都市（商人）同盟。ロンドン、ノブゴロド（ロシア）等に商館を設け交易を実質的に支配していた。

東京株式取引所（共同）

CHAPTER III

発展と変動の時代

1

日本、強国になる

2

日本でも恐慌が始まる

3

株式市場の創設と変動

4

このころの銀行について

5

1890年恐慌

6

ふたたび企業設立の時代

7

非関連多角化の合理性

8

住友の事業展開

9

三井が最大財閥になっていく過程

10

三菱と岩崎家の事業展開

11

論点をまとめると

この章では、日清戦争～日露戦争～第一次大戦のころの日本企業を取り上げていきます。前の章と時代は少しかぶるのですが、観点は少し変わって「発展と変動」です。

わずか四半世紀の間に、戦争が3回もありました（1894年日清戦争、1904年日露戦争、1914年第一次大戦）。このあたり、現代の感覚ではよくわからないところのある時代です。明治維新も濃密でしたが、19世紀末からの時期も、とても目まぐるしかったと言ってよいでしょう。企業は環境の変化に後押しされたり苦しんだりします。

日本の地政学上の位置づけについて、いつも思っていることがあります。それは「日本とキューバは似ている」。キューバは自由主義諸国の隅のほうに置かれた唯一の社会主義国家。日本は社会主義国（ロシア、中国）の端に置かれた西側の国。西側、東側という陣営を代表して、対極の大国とつねに緊張関係にある。気疲れするような立地。

ただ、キューバと違って日本は「一人」ではありません。大韓民国がいてくれている。というより、西側と東側の戦い（朝鮮戦争）の戦地になり、いまだに国が分断されているということを考えると、日本が韓国に楽をさせてもらっていると言うべきでしょうか。

韓国（というより朝鮮半島にあった国家）は、半島内国家間の争いを除くと、これまで侵略戦争を一度もしたことがありません。攻め込まれるばかり。日本は13世紀の元寇（げんこう）をしのいで、これ以外には侵略されたことがない国です。出ていくほうは、7世紀の白村江の戦い（唐・新羅（しらぎ）軍vs百済（くだら）・日本軍）で負けて、16世紀に豊臣秀吉が朝鮮出兵に失敗。実は明治より前にはこれだけしかありません。

明治以降、日本は朝鮮、中国、そして台湾へ。7世紀からの3回の侵略戦争の舞台がいずれも朝鮮半島という、その地域の人には実に申し訳ない歴史があります。そして3回目の対外戦争である日清戦争はとりあえず成功して、日本は強国への道を歩み始めます。

1 日本、強国になる

さて、日清戦争ですが、名前のとおり日本と中国（清）の戦争です。大義名分としては、朝鮮の反体制派が清から独立したいと言っていて、日本はこれに味方した。朝鮮の体制（権力）側の軍事力とは清の駐留軍なので、日本は清と戦うことになります。戦地も朝鮮半島だけではなく、中国に及んでいました。

結果は日本の勝利で、日本が得たものは朝鮮の独立（日本が清にかわって支配するということです）と、台湾、遼東半島等を日本の領土とすることでした。このうち遼東半島については露・仏・独の反対（三国干渉）で手放しますが、それでも日本は朝鮮と台湾を確保し、欧米列強のような「宗主国」ごっこを始めます。

✣✣✣✣✣✣✣✣✣✣✣✣✣✣ Topics ✣✣✣✣✣✣✣✣✣✣✣✣✣✣

戦争とイノベーション

魏志倭人伝は3世紀末に書かれた『三国志』（中国では正史）の一部です。そのなかに、日本には「牛馬なし」と書かれています。実際には馬がいたことはいましたがかなり小型でした。『日本書紀』によると、6世紀に百済は日本と結んで新羅や唐と対抗しようとするのですが、日本の朝廷は兵士、船、そして馬の提供を約束しています。この「馬」は、軍馬として百済から日本に持ち込まれたものでした。つまり百済は、同盟国である日本の軍事力を高めようとして馬を提供したんですね。

時代は下って16世紀後半。秀吉軍は朝鮮に侵攻して、あまりいいところなく戻ってくるのですが、そのときに陶工を連れてきました。これで日本の陶磁器にイノベーションが起きています。馬もこの例も、戦争によって日本の文化や日本人の生活様式が変わったことを示しています。

軍事的な発想をするなら、日本にとって、朝鮮半島が清の属国である間はまだよいのですが、清は弱体化していて、朝鮮半島をロシアやフランスに奪取されると、日本は国防上かなり危険なことになります。それなら自分たちで進出しようと考える。これ自体は合理的な判断だと言えるでしょう。

つまり表向きは「朝鮮の独立維持」、気持ちとしては「朝鮮が欧米列強の植民地になると困る」、だから朝鮮独立維持。そして軍事組織のホンネとしては「強国になって他の国を支配したい」。で、手近だったのが朝鮮と、ついでに台湾。

日本は朝鮮を実質的に支配したので、宗主国らしく、「えげつない」こともしています。少し時代は下るのですが、たとえばケシの栽培をさせてアヘンをつくり軍資金にする。こんなところまで英国の真似をしなくてもと思うのですが、茶を輸入したくてもお金のない英国がアヘンで儲けたのも事実。一方、台湾の上下水道は、日本よりはるかに進んだものを日本人が整備しました。

組織の方針は、意思決定階層や人によって異なるのが普通です。それも、同時にいろいろなものが併存している。だから日本による占領の時代はよかったと思う人と、ひどい目にあったと言う人がいる。

つまり、日本のためとはいえ朝鮮の独立を求めた日本人もいれば、朝鮮人に無理やりケシを栽培させた日本人もいたということで、こういうちぐはぐなことは、会社でも政府でも日常的に起こっている。前の章で取り上げた例で言えば、三井さんたちと三野村さんでは決定的に方

三国干渉

日清戦争後の下関条約で日本は遼東半島を得たが、露仏独が返還を勧告、日本は清による講和条約批准拒否をおそれたのと、露仏独との戦争回避を目的として遼東半島を清に還付し、代償金を得た。ロシアは遼東半島の一部に租借権を獲得した。

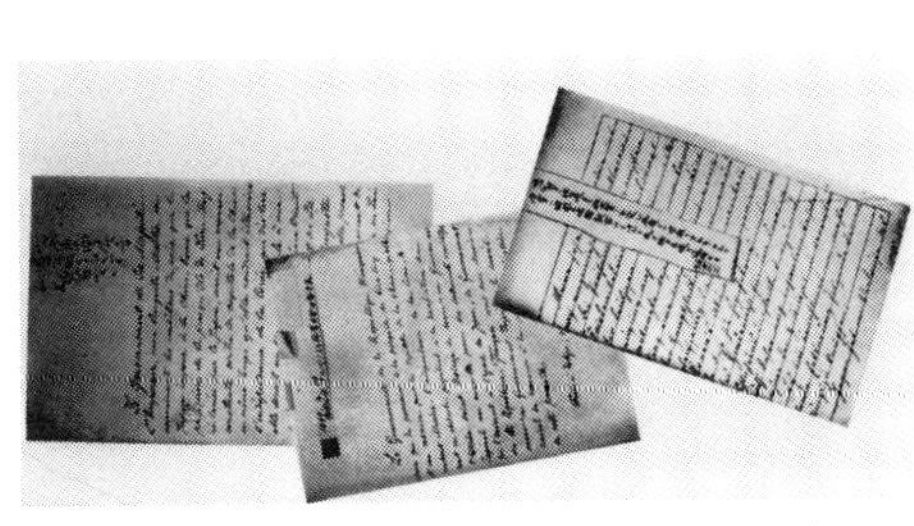
露・仏・独の三国干渉の通告文書（毎日新聞社／アフロ）

針が違う。益田さんと中上川さんも正反対。だから日清戦争に統一的な目的がなくてもおかしくないんです。

でもとにかく日本は勝って、欧米列強は日本をあなどれないと思うようになる。明治維新前に結ばれた不平等条約を改正していくためには、これは結構重要なことだったようです。日本を対等に扱わないと日本は戦争を仕掛けてくるかもしれないし、結構強い。列強がそう思うようになりました。

戦争に勝つとお金が入る

日清戦争で日本が清から得た賠償金は2億両でした。1両は銀37グラム。現在、銀1グラムは100円です。したがって2億両＝100円×37×2億＝7400億円。現代の国家予算（一般会計で年間100兆円くらい）から考えると、7400億円はそんなに大きな金額ではないように思えます。実感としてはもう少し大きな額だったのかもしれませんが、重要なのは、戦争に勝ってお金が入ったこと。

すでに述べたとおり、明治維新は勝者のいない革命でした。少なくとも武士たちにとっては、一番の目的は列強の植民地にならないこと。国内で誰が勝つか負けるかというのは、実はどうでもよかった。

Topics

台湾出兵は日清戦争より前

日清戦争は1894年に始まっていますが、それより前の1874（明治7）年、日本軍は台湾に行っています。なぜ行ったのかというと、3年前の1871年に宮古島の船が遭難して台湾に漂着、乗組員66人のうち54人が先住民に殺されます。生き残った12人は台湾府により保護されて宮古島に戻ることができましたが、戻ってきたので大勢が殺されたことがわかりました。

日本政府は清朝に抗議するのですが、台湾先住民については支配の対象外なので責任を負わないという趣旨の回答をしてきます。つまり損害賠償をしたくない。それで日本から3000名が出兵して制圧します。日本側の戦死者は12人なので少ないのですが、マラリアで500人以上が死んでいます。

なお、第II章でも説明したとおり、このとき政府は大型船を購入して日本国郵便蒸気船会社に運航を委託しようとして拒否されています。かわりに引き受けたのが三菱蒸汽船会社。これが三菱の成長の始まりでした。

では日清戦争では政府は清に勝って賠償金をもらってトクしようとしたかというと、それは大きな目的ではありません。中世地中海、たとえばヴェネツィアの商人たちはどう考えていたのかというと、戦争をしようとしている王のうちの片方を支援します。その王が勝てば、商人は王に貸したお金に利子がついて戻ってくるのと（原資は負けた王が支払う賠償金です）、さまざまな権益を手に入れることができました。

日清戦争の目的はすでに述べたように「同床異夢」のところも多かったと思われるのですが、究極的にはロシアや中国が朝鮮半島経由で日本に攻め込んでくるのを防ぐことです。つまり、防衛的であって侵略的でない。もちろん、朝鮮半島で暮らす人々にとっては、北から来ようが南からだろうが侵略は侵略。でも日本は何か儲けようとしていたわけではなくて、遅れを取り戻し、属国化・植民地化を防ごうとしていたのも確かです。

戦争で景気が大きく変動する時代に

では、戦争は経済や企業にどのような影響を与えたのか。現代に生きる私たちは、

● 戦争特需で景気がよくなる

● 戦争が終わると景気は後退する

と考えます。考えるというより、概ねこれが正しい。

でも日清戦争当時は、この戦争で景気が拡大するだろうと考えるのが一般的だったかというと、そうでもなかったようです。むしろ、

- 国内の船舶を軍が徴用するので国内物流、貿易が機能しなくなる
- 徴兵によって農業生産が滞る

と思われていました。

実際には、農村部にはちゃんと労働力があったこと、船舶がやや供給過剰だったこと、そして戦争が長引かなかったことによってマイナスの影響はあまりなく、戦争は需要拡大をもたらしました。ただし、高い山が来れば谷は深くなります。戦争は景気変動の振幅を大きくするので、企業経営のリスクも大きくなるということです。

日本軍は民間船が多いほうがよい

とくに影響が大きかったのは海運で、徴用されていた船が戻ってくると供給過剰で値引き競争が始まります。

三菱と三井のこの競争を終結させるために生まれた（合併してできた）のが日本郵船（1885年）でしたが、同じ時期、瀬戸内の中小海運会社の競争を避けるために大合同が行われ、住友の総理人である広瀬宰平を代表として設立されたのが大阪商船（1884年。のちに住友系→商船三井）です。西南戦争、台湾出兵があったので、船は過剰気味でした。

ただ、船舶が適正数だと国としては徴用が難しくなります。また船が過剰だと新鋭船の建造が進みません。軍にとってこれは、戦力として見劣りするということです。そのため日清戦争後の1896年に航海奨励法と造船奨励法ができました。航海奨励法は海外航路に就航する船

に補助金を出します。造船奨励法は優れた船やエンジンを製作した造船会社に補助金を出すものです。

新鋭船を奨励し（それも外国から買うのではなく国内で建造する。買おうとする相手と戦争をすることもあるので国産に意味があります）、意図的に供給過剰にすることで戦時の徴用を円滑に進めることが志向されていました。

2 日本でも恐慌が始まる

ところで、戦争はこのように景気変動を大きくするのですが、19世紀後半から世界的に見られる、それも頻繁に見られるようになったのが「恐慌」です。景気変動とは需要や供給が増えたり減ったりすることですが、恐慌は経済や産業の構造が変わります。もとには戻らない。2008年9月のいわゆるリーマンショックの後に「ニュー・ノーマル」という言葉が生まれました。直訳すると「新しい日常」なので、意味としてはもとには戻らない。だからリーマンショックは一種の恐慌です。

産業革命と供給過剰

19世紀後半に、世界で何が起きていたのかというと、市場の多国籍化です。つまり、ある国の企業が、他の国の市場に展開していく。もちろん、香辛料は中世にアジアから欧州に運ばれました。

グローバル経済は、なかったわけではありません。でも産業革命の結果として、交易のグローバル化が急速に進んでいきます。そして製品は生産性の高い機械で量産されます。利益はつねに生産過剰・供給過剰と隣り合わせになったと言うことができるでしょう。

日露戦争と第一次大戦による変動

日露戦争（1904－05年）も日清戦争と同様に日本が勝ちます。戦地は満州、つまり清朝（満州族です）の故郷みたいな地域なので、日清戦争の戦地の多くが朝鮮半島であったのと同じくらい地域住民には申し訳ない話ですが、当時のロシアの南下政策はバルカン半島を諦めて極東重視でした。遼寧省（内満州）遼東半島（日清戦争後の三国干渉で日本から返還させた地域です）の旅順と大連には艦隊基地も建設。つまりロシアは満州を自国のものにしようとしていた。だから戦地が満州にならざるを得なかった。

日本は勝ったのですが賠償金はありませんでした。このため政府は海外で集めた戦争資金の返済に苦労するのですが、使うほうはもちろんものすごくたくさんお金を使いました。国の歳出は18・2億円。戦争前年の歳入が2・6億円なので、その7倍です。

日露戦争の日本海海戦（Mary Evans Picture Library／共同通信イメージズ）

第一次大戦（1914－18年）では、日本は連合国側で戦勝国になります。戦地は主に欧州だったので戦争そのものへの関与は大きくありませんでした。そのかわり経済への影響はきわめて大きかった。欧州各国の産業活動が戦争のために停滞したからです。結果として日本から世界への輸出が急増し（たとえば繊維品）、輸出が増えると海運、そして造船、鉄鋼……と芋づる式に好況になっていきました。戦争が好況をもたらし、その終了は不況の谷を深くしました。

3　株式市場の創設と変動

恐慌のもう一つの理由は、株式市場が生まれたこと。考えてみるとこれは逆説的で、株式市場は企業の資金需要と投資家とをマッチングして経済を円滑に発展させていくための手段のはずなのですが、市場全体としてバブルになったり、暴落したりすることがあります。

会社設立ブーム

１８７０年代から、会社設立がブームになっていました。70年代のブームは国立銀行（民間銀行です）で、１８７３年から79年までに１５３行が設立されています。そして80年代は繊維と鉄道。資料によって設立年に少し違いはあるのですが、概ね以下のとおりです。

1882　東洋紡
1883　日本鉄道、住江織物
1884　南海電気鉄道
1886　伊予鉄道、日光鉄道等鉄道6社
1887　有限責任神栄会社（創業当時は生糸問屋）、東京綿商社（のちのカネボウ）、関西鉄道等鉄道11社
1888　倉敷紡績、甲府紡績等5社、九州鉄道
1889　北海道炭礦鉄道（官営の譲受）、セーレン（現在の主力は自動車用シート材）、尼崎紡績（→大日本紡績→ユニチカ）、摂津紡績等14社

会社と言っても商法の施行は1893年、改正（というより新）法が99年なので、1880年代までの会社は、法的にはかなりテキトーなところがあると言ってよいでしょう。

渋沢、証券取引所をつくる

でもそのテキトーな会社の株式を公開させようと考えた人がいました。それが渋沢栄一。前史から始めると、1871年に兜町の土地が政府から明治維新の功績により三井組等に下賜されます。当時、江戸にあった大名屋敷は今ふうに言えば国有化されていて、兜神社と周辺の国有地が下賜されました（三菱は維新の功績がなかったので……存在しなかったからです……丸の内の土地は遅

れて1890年に有償で払下げを受けています)。

その土地にまず第一国立銀行が1873年に設立され(もともとは三井銀行をつくるつもりの場所だったのだと思います)、78年に渋沢を発起人代表として東京株式取引所が開設されました。現在の東証です。発起人は11人、つまり渋沢を除いて10人ですが、この構成が面白い。

渋沢、例によって三井を使う

まず、三井さんが二人。3人目は三野村利助。利左衛門の婿養子で初期の三井銀行を経営していた人です。益田孝は三井物産社長、木村正幹(まさもと)は井上馨の部下で三井物産副社長、つまり半分が三井系。そして残る5人ですが、小室信夫は官僚で知事も経験した人ですが、息子が三井の役員。小松彰は官僚。初代の取引所頭取です。深川亮蔵は鍋島藩家令、福地桜痴は大蔵省出身(渋沢と同じ)。そして渋沢の従兄の喜作。

これから見て取れるのは、渋沢は三井を使おうとしていますが、いつものこととして、三井の自由にはさせていません。渋沢という人は、直感的にか論理的にかはともかくとして、たぶんガバナンスがわかっていた。だから第一国立銀行では頭取(三井と小野の二人)の上に総監という役職をいわばでっち上げて自分が就任し、三井と小野の影響を小さくしたと考えるとつじつまが合うんです。

なお同年に大阪株式取引所も営業を開始しています。東京とは別会社で、発起人はつぎのとおりです。

五代友厚（鉱山王）、鴻池善右衛門、三井元之助、住友吉左衛門、山口吉郎兵衛（山口財閥）、井口新三郎（第一国立銀行大阪支店支配人）。

鴻池、三井、住友の財閥の当主が名を連ね、関西の実業家の五代、山口がいます。東京とは違って渋沢がいない。では大阪に任せたのかというと、そうでもありません。渋沢が代表を務める第一国立銀行の井口が入っている。また資料によっては、第一国立銀行からもう一人発起人が出ていると書いてあるものもあります。どちらかが不正確というより、変更とか交代があったとも考えられるのですが、簡単に言えば渋沢主導で東京株式取引所と一体のものとして設立されています。

三菱と住友は上場しようとしない

さて、このようにして、例によって三井に負担をかけながら（もちろん三井は損得勘定で）東京株式取引所はスタートするのですが、創業当初は上場株式はゼロで、債券3銘柄が上場されただけでした。渋沢には、いわば「べき論」で、政策的に動いてしまうところがあります。中央銀行としての三井も、この取引所もそうだったということなのでしょう。株式公開に対する需要や、上場株式の人気は、ありませんでした。

一応1878年のうちに、東京株式取引所、東京蠣殻米商会所、東京兜町米商会所、第一国立銀行株が上場されていますが、東京取引所と第一国立銀行はいわば渋沢の自前の会社、残る2つの商会所は相場師の田中平八が仕手戦をするための取引所なので、簡単に言えばまともではない。渋沢としては、そうまでしても株式取引所を成立させたかったということなのでしょう（図表2）。

なお1884年に上場した東京海上火災は三菱系企業ですが、発起人は渋沢栄一で、筆頭株主は華族組合、岩崎は第2位でした。つまりこの時点では渋沢系の会社でもあったと言うことができます。

1880年以降は横浜正金銀行といくつかの国立銀行が上場しますが、三菱と住友は株式上場と無縁でした。なぜかというと、まず三菱は、利益を再投資して拡大するというビジネスモデルです。つまり、外部の資金を必要としません。1874年に手に入れた吉岡鉱山と高島炭鉱が資金源になっていました。住友は別子銅山を明治維新の混乱のなかで「死守」したので、外部の資金に頼る必要がありませんでした。

一方、このような恵まれた状況にない会社にとっては、後で述べるグループ内の機関銀行と株式市場が重要な資金源です。銀行借入と株式は、今から見ると当たり前の資金調達手段なのですが、当時は今より変動の多い、つまりリスクの大きい時代でした。この2つに資金を依存していた企業はリスクにさらされることになったのです。

図表2　**東京・大阪株式取引所の売買開始株式銘柄一覧**

年	東京株式取引所	大阪株式取引所
1878	東京株式取引所、東京蠣殻米商会所、東京兜町米商会所、第一	
1879	第二、第六、横浜洋銀取引所、大阪株式取引所	大阪株式取引所、堂島米商会所、東京株式取引所、横浜取引所
1881	横浜正金銀行	硫酸製造、横浜正金銀行
1883	第三、八、十三、十四、十九、二七、三十、三二、三九、四十、四五、六十、百、百七、百三二	
1884	日本鉄道、東京海上火災	大阪商船、日本鉄道

注：第一、第三、あるいは数字のみの三九等はすべて国立のナンバーバンク（引用者が省略した）
出所：千田康匡「我が国の株式会社誕生と上場の道のり——上場会社ゼロで開業した東京株式取引所」『月刊資本市場』2018年7月号
原典：神木良三『証券上場理論の展開』晃洋書房、1989

三井は渋沢と付き合い続ける

三井は、1878年にはまだ成長軌道に乗り切れていなかった。銀行と物産設立が1876年ですが、三井銀行設立に際して、三井家にも旧三井組にもお金がありませんでした。だから大元方、三井家、そして社員が株主になるのですが、大元方と三井家は、出資するお金を三井銀行から借りました。

これはどう考えてもおかしい。設立前の銀行からお金を借りてその銀行に出資するなんてことはできません。それくらい、三井にはお金がありませんでした。そういえば抵当増額令（1874年）のときも、三井組は未だ存在しない三井銀行の株式を担保に外銀からお金を借り、外銀には国が返済しています。よくやるとしか言いようがない。三井物産も、発足当初は資本金ゼロです。三井にお金ができるようになったのは、三池炭鉱払下げ（1888年）のおかげです。この炭鉱が潤沢な資金を提供しました。

重要なのは、三井がそんなにも苦しいのに渋沢の「理想」に付き合ったというところなのだと思います。三井からすると、渋沢とは「中央銀行設立と引き換えに越後屋を強制分離させた人（しかも中央銀行はつくれず）」「抵当増額令で三井組を破綻寸前に追い込んだ人」「第一国立銀行が三井の銀行になるのを阻止した人」なので、毛嫌いしてもおかしくない。でも三井は渋沢に付き合い続けました。

4　このころの銀行について

この章でも、少し銀行について整理しておきたいと思います。

すでに述べたように、幕末から明治初期にかけて、いわゆる豪商は幕府や明治政府から資金を吸い上げられて没落したところが多い。三井は生き延びましたが三池炭鉱を手にするまではお金がなかった。お金がないのであまり資本のいらない商社に多角化したのだと言えるでしょう。

このころ、まとまったお金を持っていたのは政府と旧大名でした。政府には税金が入ります。旧大名は**秩禄処分**の結果として、かなりの額の一時金（現金だけではなく秩禄公債の割合が高い）を明治政府から受け取りました。しかも旧藩の赤字から解放され（そのぶん商人は割を食っているはずです）、東京在住を義務づけられたので藩士の面倒も見なくて済むようになっていました。

結果として旧藩主たちは生活は安泰で心配事もなく、ゆえに新政府に対抗せず「大人しく」

秩禄処分
明治政府は華族・士族に家禄を与えていたが、1876年に廃止した。経過措置として公債が支給されたが、償還（現金化）は抽選によった。西南戦争等の士族反乱の要因の一つである。

していたので、明治維新という革命が静かに成功しました。

短命だった国立銀行制度

ところで、現金も公債もインフレで目減りします。金融資産として運用したくても、銀行も証券会社もありません。だから旧藩主、つまり華族は、古河市兵衛や藤田伝三郎に事業資金を提供したり、華族組合として東京海上保険に出資したりしていました。

国は集めた税金＝公金のほうはどうしていたかというと、第II章で解説した為替方（三井、小野、島田）、そして第一国立銀行（三井、小野。1873年設立）に預けています。預かった公金は為替方や銀行で運用されていました。でも為替方は抵当増額令で行き詰まり（小野と島田が破綻）、国立銀行もうまく機能しないので、同じ1873年のうちにその国立銀行の制度が大きく改革されました。

国立銀行と現在の民間銀行との大きな違いは、紙幣を発行したこと。当時の米国のナショナルバンクと同じです。ただ当初、政府はこの紙幣を兌換紙幣、いつでも正貨＝金貨に交換できることを国立銀行に義務づけていました。つまり金本位制を民間である国立銀行に委ねたということです。

では民間は国立銀行を設立したかというと、4行しかできませんでした。金貨を準備したり、コストをかけて紙幣を発行したりする理由がないからです。そこで早々に制度が改正されます。

具体的には、

- **不換紙幣**の発行を認める
- 秩禄公債も資本として認める

というのが重要な変更でした。

藩士たちも秩禄処分の対象なので現金と公債を得ましたが、もちろん大した金額にはなりません。とはいえ人数が多い。集まればそれなりの金額になります。

この資金をどう使ったかというと、自分で、あるいは藩士どうしで資金を出し合って事業を始めるとか、広島紡績所のように官営工場の払下げを受けるという方法もありましたが、あまり商売に向いている人々ではありません。

結果として行き場のない公債が滞留する（一応償還もされていたようですが抽選制）ことになっていたので、これを国立銀行の出資金として認めることにしたのです。旧藩主が出資したところに藩士も出資する、そんな光景も見られました。そしてこのような法改正の結果として、国立銀行は急速に数を増やしていきます。

考えてみると、公債を資本金として受け入れても、お金を貸し出すことはできません。預金のない時代の銀行です。だから国立銀行は、不換紙幣発行を認めてもらったと考えればよいと思います。発行限度は資本金の8割でした。つまり、

- 秩禄公債が資本金（の一部）になる
- でも秩禄公債はお金ではないので貸し出しには使えない
- だから紙幣を発行し、貸し出して利益を得る

不換紙幣
本位貨幣（金本位制なら金貨、銀本位制なら銀貨）との交換（兌換）が義務づけられていない紙幣。義務づけられているのが兌換紙幣である。現代の先進国紙幣はほとんどが不換紙幣。

というビジネスモデルでした。この改正で国立銀行は多数設立されることになります。最終的には1879年に153行で「打ち止め」になりました。中央銀行を設立するので、紙幣発行銀行は不要になったのです。

このころの銀行は資本金と預金の区別があまりはっきりしていません。というより預金がほとんどなかった（公金を除きます）ので、米国の当時の銀行にも同じようなところがあるのですが、

◉出資者が資本金を貸し出す（あるいは事業債などに投資する）

というビジネスモデルでした。

国立銀行以外の銀行のほうが数が多い

なお、当時の銀行は国立銀行だけではありません。1875年には三井バンク（国立銀行条例により銀行と名乗れませんでした。のちの三井銀行）が設立されています。つまり三井には第一国立と三井バンクという2つの銀行がありました。同じように安田善次郎（安田財閥）は、第三国立（1876年）と合本安田銀行（1880年）を設立しています。その他多数の銀行が設立され、1901年には2308行ありました。

さて、1882年に日本銀行が設立されると、銀行の経営環境は大きく変わることになります。第一は、通貨（紙幣）が日本銀行券に統一されていく

Topics

ナンバーバンクの名前はいくつ残っているか

第○○国立銀行をナンバーバンクと呼びます。153行が生まれたのですが合併や解散で減りました。現在、あるいは最近まで名前が存在している（いた）銀行の数字はつぎのとおりです。

4（新潟、2021年に第四北越）、16（岐阜）、18（長崎、2020年に十八親和）、77（宮城）、105（三重）、114（香川）

つまり、残りは16、77、105、114の4行になりました。

なお長野の八十二銀行は六十三銀行と十九銀行が合併（1931年）した際に名前を「足し算」して82にしています。もとの第八十二国立銀行は1897年に合併（行名は第三銀行）していたので問題ありませんでした。

こと。これによって紙幣発行銀行としての国立銀行の存在意義はなくなり、普通銀行への転換が進みます。第二は、公金取り扱いが日本銀行に集約されていったこと。結果として、銀行はビジネスモデルを一つ失うことになりました。

日銀が機能し始める

一方で日銀は、民間銀行が取引先企業から買い取った（割り引いた）手形を引き受ける（再割引）、あるいは貸し付けることにより銀行に資金を提供します（このときの金利が公定歩合）。

一例として『日本銀行百年史』によれば、1887年末の国立銀行の融資残高が1億534万円。日銀の民間貸付残高は1842万3000円でした。日銀の貸出先は国立銀行だけではないのですが、それでも日銀のプレゼンスの大きさを示していると言うことができるでしょう。

では、国立銀行ではなくて三井銀行ではどうだったか。手元で確認できる資料は1900年末のものなのですが（**図表3**）、資金の2割強が日銀からのもの（再割引）で、残りは預金です。[21] この時期にはすでに、大きな銀行は預金を集めることができていたということなのでしょう。ちなみに、五大銀行の平均預金量は、地方銀行の100倍弱でした（**図表4**）。

日本銀行（イマジンネット画廊所蔵／共同通信イメージズ）

とはいえ資金が不足すれば日銀を頼りました。つまり、ビジネスの原資が、公金から「預金＋日銀」という、第二次世界大戦後の状態に近づいていたということです。

機関銀行が多かった理由

つぎに、このころの銀行の特徴として、特定の事業会社のために存在する「機関銀行」が多かったことがあげられます。理由は3つあって、第一に当時の銀行は現在とは違い、他のビジネスの兼業が禁止されていませんでした。だから銀行は運用先に困ると、自分でビジネスを始める。必然的にそのビジネスへの貸付が多くなります。

第二は、三菱の荷為替で説明したケースですが、ビジネスに金融機能が不可欠な場合があることです。明治初期だと近代的な金融サービスを提供してくれる会社が多くない。あっても値段が高いとすると、資金力のある会社なら自前で為替手形のビジネスをしたほうがよいということになります。

第三に、これが機関銀行のいわば「本来形」なのですが、銀行が同じ企業グループの会社の資金調達のために存在しているようなケースです。

図表3　1900年末の三井銀行の資金状況

（千円）

一般貸出	11,518	預け金一借入	2,429
三井貸出	6,296	再割高	5,056
現在金	1,333	一般預金	25,642
再割高*	5,056	三井預金	928
計	24,203	計	34,055

＊：この資料では、貸出に含まれている割引手形は日銀で再割引されたものだけである。これ以外に日銀再割引不適格の手形があるかもしれない。また三井銀行が割り引き、日銀に持ち込む前の手形の残高もわからない。これらが、表の左右の合計金額が大きく乖離している理由であろう
資料：粕谷（2020）

代表的な機関銀行の失敗

機関銀行の失敗と言われる有名な事例を少し見てみることにしましょう。

【川崎財閥と十五銀行】川崎造船所（現・川崎重工業）の松方幸次郎社長（松方正義の息子）は、第一次世界大戦後の不況で兄が頭取を務める十五銀行に資金依存。１９２７年の昭和恐慌時に十五銀行は預金取り付けで休業し、川崎造船所も実質的に破綻しました。ただし川崎造船所は軍部の支援によって存続。

【藤田財閥と藤田銀行】藤田財閥（現・ＤＯＷＡホールディングス）傘下企業は第一次大戦後の不況で市中借入ができなくなったので、財閥内の藤田銀行に資金依存。１９２７年の昭和恐慌時に藤田銀行は取り付けで解散。

【鈴木商店と台湾銀行】台湾銀行は台湾の中央銀行かつ最大の商業銀行で、日本政府が１８９９年に設立。鈴木商店は台湾銀行を一種の機関銀行として活用していた。第一次大戦後の不況で鈴木商店への貸し出しが不良化、台湾銀行は休業し、鈴木商店への新規貸出停止で鈴木商店は破綻。台湾銀行は日本政府主導で経営再建。

これらはいずれも機関銀行と融資先企業がほぼ同時に破綻した事例で、また第一次大戦後の不況を契機とするものです。有名な大型破綻事例はこの時期に集中するのですが、機関銀行そのものはもっと早く、明治初期には一般的なものとして存在していました。破綻した小さな会

図表4　1902年末の銀行主要勘定

（行、千円）

	五大銀行	地方銀行
行数	5	1,836
払込資本金	14,000	244,112
預金	109,815	426,888
借用金	1,919	57,586
貸出金	90,867	606,685
有価証券	29,088	87,406

資料：大波多充（全国銀行協会）「明治期の銀行事務について」 https://www.zenginkyo.or.jp/fileadmin/res/news/news300126_1.pdf

社や銀行は歴史に名を残さないということなのでしょう。

現代であれば、特定の企業グループに貸し出しが集中することはリスク管理の観点から好ましくないことを誰でも知っているのですが、当時の銀行は特定企業に融資し、しかも担保としてその会社の株券を預かった。藤田財閥のように、銀行と事業会社が実質的に一体であればこうせざるを得ないのかもしれませんが、川崎造船や台湾銀行のケースではもう少し何とかなったんじゃないかという気がします。

大財閥はどうしていたか

一般的には、三井銀行、住友銀行、三菱銀行は各財閥の機関銀行ではなかったと説明されています。

でも**図表5**では、三井銀行の大口貸出先には、三井系が多いことがわかります[22]。

たとえば1909年を見ると第1位が台湾精糖、2位が田中長兵衛（釜石製鉄所）です。台湾精糖は井上馨の影響力の下……というと出てくるのは当然三井。加えて毛利さん（元大名）等を出資者として1900年設立。要は政治との付き合い。釜石は

Topics

勤務先の会社の株を買うのは正しいか

日本のほとんどの上場会社には従業員持株会があります。大株主（10位以内）になっていることも多い。会社から見ると安定株主なので、従業員にメリットを提供して持株会に入ってもらおうとします。

でも、自分が勤めている会社の株を保有するというのは、リスク管理の観点からは好ましいことではありません。なぜなら、会社が倒産すると「給料がなくなる」と同時に「株価がなくなる」、つまりリスクの相関が高い、というより相関係数が1（つまり最大）だからです。安全のためには、勤めている会社と無関係な会社の株を買うのが正しい（ただし自社株なら持株会で少額の積み立てで買えますが、市場で株を買うためにはある程度の額の資金が必要です）。

米国の巨大エネルギー会社エンロンが会計粉飾で破綻した（2001年）とき、従業員はこの「相関係数1」を体験することになりました。失業して仕事と給料はなくなり、保有していたエンロン株は無価値になりました。日本でも不祥事が起きると破綻まで行かなくても株価が落ち、賞与も下がる。リスク管理を考えた株式投資が必要なのでしょう。

図表5　三井銀行の三井系大口貸付先

1893			1897			1901		
1	三井組	55,883	1	三井物産	62,341	1	岡本貫一（三井鉱山）	87,159
2	三井物産	30,902	2	三井工業部	26,587			
3	鐘淵紡績	16,540	4	鐘淵紡績	5,610	3	王子製紙	52,116
4	三越徳右衛門	3,629	18	芝浦製作所	1,305	5	三井物産	16,727
7	王子製紙	3,016				7	三井鉱山	10,112
11	富岡製糸場	1,797				23	芝浦製作所	1,294
						25	鐘淵紡績	1,204
						26	三井呉服店	1,188
取引先収入上位30社に占める三井の割合（%）		77.6			64.7			53.9

1904			1909		
1	三井鉱山	48,263	1	台湾精糖	31,548
2	三井物産	33,052	2	田中長兵衛	30,996
4	北海道炭礦汽船	22,069	4	三井鉱山	30,030
7	芝浦製作所	14,554	6	王子製紙	19,706
13	田中長兵衛	7,916	7	三井物産	19,681
17	鐘淵紡績	7,146	8	鐘淵紡績	17,087
19	王子製紙	6,032	12	日本製鋼所	7,980
26	台湾精糖	3,119	23	芝浦製作所	3,437
			26	三井呉服店	3,175
		43.2			54.1

注1：利息収入と手形割引収入の合計（単位は円）
　2：田中長兵衛は釜石製鉄所創始者
資料：武田晴人『日本経済の発展と財閥本社』東京大学出版会、2020

従業員持株会

会社およびその子会社の従業員を構成員とする民法組合で、従業員が拠出した資金により会社の株式を取得する。会社にとっては安定株主となる。従業員は少額の資金（証券市場の株式購入代金に満たない資金）であっても実質的に株式を購入できるというメリットがある。

一時、三井グループになります。王子製紙、鐘淵紡績、芝浦製作所はもと三井工業部で中上川人脈の会社。

三井「家」的な見方をするなら、右に掲げた企業は、出資比率が低いので三井ではありません。でも現代では、支配とは「資本による支配」と「人的支配」。そして出資比率は低くても人的なつながりの強い有力製造業に三井銀行は融資していました。現代の感覚で言えば、どう見ても三井グループです。

これをどう解釈・評価するかですが、歴史的には、三井組→三井バンク→三井銀行なので、三井銀行は三井財閥そのものと言ってよい。つまりその意味において、機関銀行ではないんです。でも多角化に成功して、いわゆる「本家筋」ではないグループ企業が増えて、そこに本家筋以上に多額の融資をしていることがわかります。

ここから先、経営論的な観点から、三井銀行は果たして機関銀行なのかを検討してもあまり意味がな

Topics

経営史は時代とともに変わる

重要な観点を一つ示しておきたいと思います。

日本企業に関する記述、とくに解釈や評価は、経営史の書籍・文献によって大きく違うことがあります。理由はどうも、新しい資料が発見され続けているかららしいんです。

本書でもすでにいくつか、そのような「解釈の違い」に言及しています。たとえば「官業払下げ」は、先進的な官業を民間がもらい受けた。結果として民間は新規事業のリスクテイクをしないで済んだというのが昔ながらの解釈ですが、どうも官営工場は新鋭ではないし、払下げ時点では民間工場のほうが進んでいたことも多いというのが、現在では周知の事実になっています。

たとえば三菱の長崎造船所は、一般的なイメージとしては最新の工場を「政商・三菱」がもらって、船舶建造で儲けたということになっているのではないかと思います。しかし実態は、三菱はまず造船所を「貸し下げ」てもらって、自分たちで経営できるかどうかの試行錯誤の時間を確保しています。そして払下げ、つまりお金を支払って政府財政に貢献する。でも当初の主力事業は造船ではなくて修理です。実力が伴っていなかったからなのでしょう。

このように、官営工場の払下げは、政商を優遇するための安易な施策ではありませんでした。すでに説明したとおり、政商は政府から逃れられなかったのです。渋沢と三井との関係を見ていてもそう感じます。

いのでしょう。間違いないのは、第一に、グループ企業が発展していく過程で、三井銀行のグループ企業への貸出も順調に伸びたというところです。そして第二に、三井銀行の融資先はグループ外も増えていった。銀行が自律的に成長していったということです。だから機関銀行としてのリスク増を気にしなければならないような状況ではなかったと言ってよいと思います。

安定した銀行が成長の鍵に

また見方を変えるなら、安定した銀行を擁する企業グループが生きながらえたということです。すでに説明したとおり、非関連多角化はリスクに強い。だから財閥はリスクに強いと言うことができるのですが、加えて三井、三菱、住友は鉱業という資金源を持っていました。この資金源は投資原資を生み出すだけでなく、グループ内の事業会社が財務危機に陥っても救済の原資を提供することができます。だから安定しています。

そしてやがて日本経済が成長し、財閥企業も巨大化すると、鉱山資金だけでは足りなくなります。安定した銀行を有していることが成長に不可欠の要件になってきます。三大財閥以外の財閥は、安田を除くとこれを満たしません。その結果として、繰り返される戦争という変動要因に対応できなかったということなのでしょう。

安田財閥は金融が本業なので、グループの事業会社の不振を助けるということが少なかったので問題は起きませんでした。ただし、1922年、つまり第一次大戦後の不況の影響で浅野財閥が危機に陥ると救済・統合しています。浅野財閥には日本昼夜銀行という名前の、典型的な機関銀行がありました。この救済によって、安田財閥は旧浅野系の事業会社を擁することになったのです。

安田財閥グループの企業は、安田銀行（↓富士銀行↓みずほ銀行）、安田信託、安田火災海上など直系の金融機関と四国銀行、大垣共立銀行、肥後銀行の地銀のほか、金融以外の大手としては東京建物、日本精工。一方、浅野財閥は太平洋セメント、日本鋼管（↓ＪＦＥスチール）、沖電気工業など事業会社（数が少なく見えるかもしれませんが、最盛期の浅野財閥は部分的に出資して運営を任されるというビジネスモデルだったので数多くの企業が傘下にありました）ばかりで、この救済によって安田は多角化した財閥になりました。

5 1890年恐慌

このように、この時代の銀行の多くは、実業家が資金を調達するためのものなので、事業会社に対して必ずしも独立していませんでした。言い方を変えるなら、事業会社の別動隊みたいな銀行も多かったのです。

銀行は融資先の株主になっていた

銀行は資金に余裕があれば、新しく設立される会社に融資しました。そしてその際に、今でいう担保の一つとして、その会社の株式を受け取っていました。理詰めで考えるなら、その会社の株式は担保にはなりません。なぜなら、その会社が借入を返済できない状態なら株価もゼロになるか、最大でも土地建物などの資産の金額にしかならないからです。そしてその資産が抵当に入っているとすると、抵当が優先されれば株式は資産価値を反映できない。

でも銀行が株式を受け取っていたのは、その会社が成功すれば、利息収入だけでなく配当収入、さらには株式売却益が期待できたからなのでしょう。

現在、日本の銀行は、他の会社の株式をシェア５％まで保有してよいことになっています。なぜ制約があるかというと、銀行が大株主になると、銀行の利益のためにその会社の経営を歪めてしまうと考えられるからです。

詳細は割愛しますが、このあたりは国によっても考え方が違います。ドイツでは大会社の大株主が銀行だというのが一般的で、個人による銀行への株式預託も制度化されていたので、議決権の過半を銀行が持つことも珍しくありませんでした。

１８９０年恐慌のメカニズム

この時代には、「筋のよい会社は上場することが稀」でした。だから取引所とは投資というより投機の場所であり、仕手戦の舞台でもあった。さて、この前提で１８９０年の日本初の恐慌を解説するなら、起きていたのは、

- 紡績業の設備が多すぎて過剰生産⇒業界団体の決定で操業短縮（カルテルの始まりです）⇒一部が倒産
- 倒産した会社の株を保有している銀行の経営危機
- 東京株式取引所仲買人が投機に失敗して破綻

などでしょう。おそらくこれらに加えて、株式取引所に上場しているほとんどの会社の株式が

カルテル
複数の企業が競争を回避するために結ぶ価格・生産等の協定を指す。消費者利益に反するものとして、原則禁止されている。

一斉に下がっていたはずです。いわゆる大暴落。ですから企業は資金調達ができなくなって破綻。

　この例を見ると、

- 産業革命による過剰設備
- 銀行による企業支配
- 証券（仲介）会社の自己売買

に加えて、株式取引所が存在すること自体が恐慌の引き金になっているように思えます。複雑系の言葉で言えば創発（emergence）、つまり一つひとつ（個別銘柄）の性質とは異なる性質を全体（市場）が獲得してしまう。資本主義の宿命かもしれませんね。１８９０年の時点では、上場している会社はまだ少なかったので、株価が暴落しても経済への影響はそれほど大きくなかったと言ってよいでしょう。でもやがて20世紀に入ると、株式市場が恐慌を生み出すようになっていきます。

6 ふたたび企業設立の時代

このように、19世紀末の日本企業は、

- 産業と市場の成長・拡大
- 恐慌と戦争による不安定

という環境余件のなかにありました。

少しおさらいをするなら、幕末から明治維新にかけて成長した会社はありません。明治維新は勝者なき革命。だから幕府方につくか、勤皇方につくかは、生き残りを懸けた選択ではあったものの、生き残っていい目を見られるかというとそうでもない。どちらについても、どのみち資金は吸い上げられていきました。当時の巨大企業は両替商、豪商でした。幕府も明治政府も彼らの資金を吸い上げた。三井は、三野村利左衛門が幕閣の小栗忠順に頼んで御用金供出を減額してもらったことで倒産しないで済みました。

明治政府は企業に頼っていた

明治維新後は、政府は大企業に頼っています。三井、小野、島田で為替方、三井、小野で第一国立銀行という展開は、生き残った両替商に依存しているということです。そして政府内部の方針変更によって、小野、島田はいとも簡単に倒産させられてしまう。

金融以外の鉱業、海運、製造業では、明治政府はこれらの産業である程度成功した会社を支援し、官業を払い下げました。小林正彬[18]は、政商は政府の援助から「逃れられなかった」と表現しています。

つまり政商は出来の悪い政府を食い物にしたのではなく、政府の方針を実現するために使われた。そして政府の方針は政府内部の対立によって揺れ動くので、政商、というより民間企業は、急な方針変更で梯子を外されたり（三井は渋沢の命で中央銀行をつくろうとしていましたが、伊藤博文がノーと言ったので小野組と一緒に第一国立銀行をつくらされた）、民間でつまらない争いをさせられたり（三菱の海運事業と三井系の共同運輸の競争）しています。

同じ産業の会社が同じ時期に設立される

そして19世紀末に一気に日本にやってきた産業革命によって、いろいろな会社が生まれることになります。**図表6**は、新聞、鉄道、製鉄、鉱業などを除いて、他の産業でどんな会社がいつ生まれたのかを示したものです。財閥直系の会社は、ほとんど出てきません。その理由は、

図表6 明治維新から第一次大戦の間に創業した企業

1869		木村屋總本店			
1872				資生堂	
1873	片倉工業		大成建設*		
1874			西松建設		
1875			古河機械金属		
1876	トンボ（学生服）	サッポロビール			
1877		本髙砂屋			三菱製紙
1878				塩野義製薬	川崎重工業
1881			戸田建設	日本ペイント	沖電気工業 セイコー 日立造船
1882	東洋紡				
1883			飛島建設		
1884			同和鉱業		
1885		キリンビール	フジクラ 東京ガス		
1887		エビスビール		日産化学（肥料） 花王 カネボウ**	ヤマハ
1888	倉敷紡績		ENEOS		
1889	ユニチカ	アサヒビール			任天堂
1890		大日本製糖		参天製薬	クボタ イトーキ
1891		小岩井農場		ライオン	
1892			大林組		
1893				日本化学工業 ツムラ	
1894				大日本印刷	
1895					アンリツ
1896	フジボウ グンゼ 日本毛織	イカリソース 井村屋		東洋インキ	ニチアス
1897			宇部興産	大日本（住友）製薬	明電舎
1899		森永製菓 カゴメ サントリー		三共（第一三共）	日本電気 ミキモト
1900		文明堂 日清製粉	昭和シェル石油		
1902		ブルドックソース			
1904					ノリタケ
1905					日本碍子
1906	レナウン	明治製糖（明治）		旭化成	
1907	日清紡		コスモ石油		AGC ヤンマー ダイハツ
1908				凸版印刷 大日本インキ	
1909		味の素		牛乳石鹼共進社	スズキ
1910				シャボン玉石けん	
1911			出光興産		日立製作所
1912				大正製薬	
1913		ハウス食品			

注：＊創立は大倉喜八郎
　：＊＊初代社長は三井得右衛門

- 財閥系企業は内部組織として生まれることが多い。つまり会社としては設立されない
- 払下げを受けた会社はそれ以前（財閥に属する前）に設立されている

といったところでしょうか。また、この表はほとんどが現存する会社を取り上げています。「なくなった会社」を正確に追っていくことはなかなか難しいからなのですが、それでもわかることは、同業の会社が同じ時期に生まれている例が見られるという点です。つぎのとおりです。

サッポロビール（1876年）、キリンビール（1885年）、エビスビール（1887年）、アサヒビール（1889年）

資生堂（1872年）、花王（1887年）、カネボウ（1887年）……この3社は創業時は別の産業でした。

川崎重工業（1878年）、日立造船（1881年）、長崎造船所貸下（三菱、1884年）

ダイハツ工業（1907年）、スズキ（1909年）

イカリソース（1896年）、カゴメ（1899年）、ブルドックソース（1902年）

イノベーションの同時性

「イノベーションの同時性」について解説しておきたいと思います。同じ内容のイノベーションが、世界の「つながりのない地域」で、同時に起きます。たとえば、1920年代には米国

の化学分野のデュポンが事業部制を考案しましたが、少し遅れて、松下電器産業も事業部制を採用しています。デュポンと松下には、もちろんコミュニケーションはありません。化学とエレクトロニクスなので分野は異なるのですが、製品の多様化という同じ環境変化の下で、同じ適応行動をとったということです。

日本の明治時代には、イノベーションは生み出すというより導入するものでした。ビールで言えば、キリンは横浜、サッポロは北海道、エビスは東京、アサヒは大阪。当時のビールは瓶に詰めて遠くまで輸送するようなものではなかったので、日本各地に醸造所ができていて、そのなかで生き残ったのがキリン、アサヒ、サッポロです。

面白いもので、明治のころのビール製造業は、日本でもどこでも、地元の醸造所で生産するので、シェアの集中が起きにくい産業でした。現在の日本では地ビールを除いて5社（右の3社とサントリーのほか沖縄にオリオンビールがあります）による、教科書的には寡占ですが、世界的に見るとこれでも集中度合いは低いほうです。他の国では1位のシェアがもっと高い。

新産業の会社は一気に増える

話を戻すと、新しい産業が生まれるとき、新しいアイデアを生み出した1社が成長するというイメージを持ちがちなのですが、実際にはたくさんの会社が参入することが多い。

Topics

BMWとダイハツの社名が似ている

BMWとダイハツ、全然違う名前です。でも「つくり」が同じなんですね。

まずBMW（1916年設立）は、Bayerische Motoren Werkeつまり「バイエルンの」「発動機の」「工場（製造所）」の頭文字を並べたものです。ダイハツ（1907年設立。自動車用エンジンは1919年から）は「大阪発動機製作所」がもともとの社名で、略してダイハツ。

明治期の日本のように、イノベーションを輸入している場合はもちろんそうなるのですが、当時の先進国である欧米でも状況は同じです。たとえば、米国で電話産業が生まれたのは１８７８年なのですが、この年、１４８社の電話会社が事業を始めています。エジソンやグラハム・ベルが独占したのではないということです。

7 非関連多角化の合理性

明治期の日本企業、とくに財閥は、いわゆる「非関連多角化」を行います。当時の日本企業には、技術やノウハウはあまりありません。だから外国の技術を導入して、日本で製品をつくって販売する。自前の技術やノウハウを使うわけではないので、多角化していく分野は、何でもよかったということです。結果として、非関連分野の多角化が多くなります。財閥がこのようにして発展したというより、こうして発展した会社が財閥になったということなのでしょう。なお第Ⅱ章でみたように、初期の三菱は関連多角化をすすめていますが、これは例外に属すると思います。

複合事業はリスク耐性が高い

ここで少し面倒な検討を進めてみたいと思います。明治になって企業というものが増えていったのですが、この時代は戦争による景気変動や恐慌など、とてもリスクが大きかったと言うことができるでしょう。このリスクに耐えるためには、非関連多角化が適切でした。逆に言えば、単一事業会社はリスクが大きかったということです。

まず、会社Aが事業Xと事業Yを持っていたとします。この2つの事業は、相互に関連がありません。XとYのどちらが「そもそもの本業」であっても構わないのですが、典型的な非関連多角化を実現した状態だと考えます。

事業Xの「失敗」確率を3％とします。失敗を定義すると、「①赤字になる」でもよいし、「②赤字幅が純資産より大きくなる」でもよい。失敗していない状態、つまり97％の確率で起きるのは、黒字であるとします。事業Yの失敗確率は8％とします。

ここで、事業XとYが同時に失敗する確率はどの程度になるでしょうか。小学校高学年くらいの答えは、

3％×8％＝0・24％

になるでしょう。

ただ、この答えが正しいためには、事業XとYが相互に無関係でなければなりません。でも、そんな状態はほとんどあり得ない。たとえば事業XとYがどちらも日本でビジネスをしているとすると、それだけで「相互に無関係」とは言えなくなってしまいます。同じ環境の影響を受けるからです。

とはいえ、ここで議論をあまり複雑にしてもいけないので（実務的には意識しておいてほしいので

すが）、右の０・２４％を近似値として使ってよいものだと考えることにします。

そうすると、Ａ社の２つのビジネスについて、次のように説明することができます。

●事業ＸとＹが同時に成功する確率　（１００－３）％×（１００－８）％＝89・２４％

●同時に失敗する確率　０・２４％

●どちらか１つが失敗し、１つが成功する確率　10・５２％

Ｘが成功、Ｙが失敗　（１００－３）％×８％＝７・７６％

Ｘが失敗、Ｙが成功　３％×（１００－８）％＝２・７６％

そしてこの結果から、つぎのような点を指摘することができるでしょう。

①Ａ社は、全面的に成功する確率が低い

ＸとＹの同時成功確率は89・２４％です。もしＸとＹを別の会社で実施していたのだとすると、成功確率はそれぞれ97％と92％なので高い。

②同時失敗確率が著しく低い

右の①の「成功確率」の差は、それほど大きくありません。でも失敗確率は、

Ｘ＝３％、Ｙ＝８％、ＸＹ同時＝０・２４％

なので、桁が違います。

ここで、事業Ｚにも多角化するとします。この事業の失敗確率は10％とします。そうすると、Ｘ、Ｙ、Ｚすべて同時に失敗する確率は、３％×８％×10％なので、０・０２４％です。また

一つ桁が小さくなっています。そのかわり同時成功確率は97%×92%×90%で、約80%まで下がります。

つまり、複合事業は「全部成功させる」ことがかなり難しいのですが、「全部が失敗する」確率が劇的に下がります。そしてもしそうだとすると、ふだんはほとんど「全部が失敗する」ことを想定しなくてよいので、自己資本に余裕ができていると言うことができるでしょう。X、Y個々の事業が会社なら、失敗すると倒産するかもしれません。でもこれらが一つの会社に束ねられていることによって、仮に事業Xが失敗してそのぶんの自己資本が毀損しても、事業Yの自己資本は残っているのです。

さらに言うなら、すべての事業が同時に失敗する確率がきわめて低いという前提の下では、自己資本を少なくすることができるかもしれません。

たとえば、事業X、Y、Zの自己資本がすべて30億円であったとします。合計で90億円です。でもこの90億円を同時に使い果たすのは確率としては0・024%、つまり4166年に一度なので、そのために90億円を用意しなくてもよいと考えるのが普通だと言ってよいでしょう。複合事業の自己資本は、少なくてよい、節約できるのです[23]。

念のために言うと、この議論は、アナリストからはものすごく嫌われるようです。証券アナリストは、複合事業会社には**コングロマリット・ディスカウント**があると主張します。ここから先は、会社とは株価を高くするために存在するのか、あるいは変動にびくともしないでいるようにすることが優先されるのかという、方針の違いの戦いになっていきます。

コングロマリット・ディスカウント

複合事業会社の株式時価総額が、保有する個々の事業の価値合計を下回る現象を指す。たとえばベンチャー企業株はハイリスクだがハイリターンも期待できるので、ハイリスク・ハイリターンを求める投資家が買う。しかしこの企業が成熟した会社の一部門（株式は発行しない）だとすると、投資家はローリスク志向なのでローリスク・ローリターンの会社として株価が形成される。

リスクに強い大財閥に企業が集約されていく

さて、話は明治に戻ります。結論は、複合事業のリスク耐性が強いこと。この時期、さまざまな会社が生まれ、経済成長期には好調だったのでしょう。でも不況になると、単独事業会社は倒産します。一方、複合事業会社は生き延びるだけでなく、倒産した会社を吸収して大きくなっていく、というのが基本的な構図です。

つまり、途上国の（この場合は明治期の日本のことです）財閥の多角化は先進国とは違って「非関連多角化」になるのですが、非関連であることによって、財閥という企業グループとしてのリスク耐性が高まるという、ちょっと予定調和的なことが起きています。

一般集中問題

複合事業のもう一つのメリットは、不振の事業、あるいは投資先行型の事業を他の事業で支えられるという点です。

いくつか例をあげてみたいと思います。まず、ボストン・コンサルティング・グループのPPM（プロダクト・ポートフォリオ・マトリックス）（**図表7**）。

この図が示しているのは、「金のなる木」に相当する事業があれば、他の事業に低コストの資金を供給することができるという点です。もちろん、「金のなる木」事業も配当しなければなりませんが、この事業で生み出した利益が十分大きければ、配当した後に内部留保して、他の事業に投資していくことができるでしょう。

この考え方は、現代ではあまり支持されません。内部留保が大きいとＲＯＥが下がり、株価を下押しするからです。簡単な計算式を示すなら、

ＲＯＥ＝純利益÷自己資本（資本金と準備金）

なので、純利益が一定だとすると、自己資本が小さいほど株価が上がりやすいからです。そして自己資本を小さくする方法は、配当と自社株買いです。

図表7　プロダクト・ポートフォリオ・マトリックス（PPM）

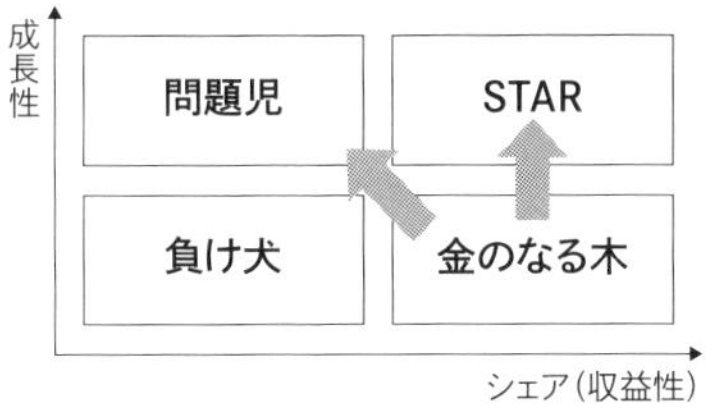

注：太い矢印は企業内部での資金の流れ

配当と内部留保が同じ意味という時代

この時代の会社は、株式を公開しているところが少なくて、配当と言っても本社に配当したり、本社は一族に配当するということが多かったとすると、「配当＝資金の外部流出」にはなりません。つまり、配当も内部留保もあまり意味が違わないということになります。「企業グループ＝一族」の資本金が大きいのはよいことだという時代であり、そのほうが多角化リスクに対抗できたということでもあるのでしょう。

２番目の例は現代のアマゾン。この会社はＥＣ（電子商取引）の巨大企業で、米国の全世帯の過半数が有料の会員になっていると言われていますが、そのＥＣ事業は赤字です。収益源はク

ラウド・サーバー事業。BtoBなので目立ちませんが、構造としてはクラウドがECを支えています。

適正競争の観点から言うと、これでよいのかという問題があります。なぜなら、EC事業でアマゾンと競争しようという会社（たとえばS社としましょう）の事業がECだけだとすると、S社は本業のEC事業を赤字にしてまで価格低下やサービス拡充をすることができません。逆にアマゾンは、クラウドの利益でEC事業の価格を下げて、競争相手を退出させてしまうことができるんです。日本の公正取引委員会的にはアウトだと思います。

では実際にアマゾンはどうしているかというと、配送料無料のプライム会員からは年会費を受け取っています。本論の流れとは異なるのですが、アマゾンがサプライヤーに配送料無料を強制すると、これも公取的にはアウトです。だからプライム会員には配送料を無料にして、そのぶんは会員からの年会費でまかなうという論理を成立させています。ともあれ本論として重要なのは、

- アマゾンが会員制度なしに
- サプライヤーに送料負担を無理強いすることもなく
- 自腹で送料を負担して
- 結果としてECが赤字になっていて
- かつアマゾンがECの世界で競争に勝つ

Topics

自己資本マイナスの優良会社

米国企業のなかにはちょっと極端な財務行動をとる会社があって、上場会社でも自己資本がマイナスという例が見られます。日本でもよく知られている企業としてはマクドナルドがそうです。自社株買いで資本金を小さくして、利益を上回る額の配当をすると自己資本がマイナスになります。それでも、キャッシュフローが潤沢にあれば財務上の問題はないという判断のようです。投資家もそれを認めているので構わないということなのでしょう。

のだとすると、適正競争にならないということです。

会員（アマゾンではプライム会員）制度があるのは、マーケティングの世界ではCRM、つまりリピーターを増やすことが目的ですが、もう一つの目的は、公正でない競争をしていると指摘されないことだと言ってよいでしょう。

もちろん、プライム会員制度によって本当に競争がゆがめられていなければ問題はありません。ここから先に深入りすると本書の文脈から外れていくのでこのあたりでやめておきますが、何しろ舞台は明治時代なので、大きな企業グループが何か一つの事業で価格を下げ、赤字にしても競争相手に勝つ、という戦略を選択したとしても、問題視されることはありませんでした。

つまり、

- 市場：新たな市場が存在することが確実。開国によって急に市場が生まれた
- 産業組織：競争相手が少ない。とくに政府の外資規制のおかげで強い外資がいない

⇒この2つの理由によって、参入を検討することができる事業の幅が広い

- 金融資本市場が未成熟：何かのきっかけで資金（資本）を持つ会社が成長する。換言すれば「資本の偏在」が解消されないというより高進する傾向
- 非関連多角化によるリスク耐性が高い
- **一般集中規制**が未発達

という状況にあったので、非関連多角化が合理的だったということなのです。

CRM
(Customer Relationship Management：顧客関係管理)
顧客から提供された基本情報（年齢、住所など）と購買履歴にもとづいて行われるマーケティング活動。20世紀には顧客情報を獲得できる業種が限られたが、ウェブとECにより飛躍的に発展した。

一般集中規制
集中規制は市場集中規制と一般集中規制に大別される。市場集中規制は、マーケットシェアが高くなりすぎることを規制する。これに対して一般集中規制は、特定の企業グループに経済力が集中して競争が機能しなくなることを抑止する。

8 住友の事業展開

では、実際に巨大化した3つの財閥の事業展開はどうであったかをざっと検証しておくことにしましょう。まず住友ですが、下谷政弘[20]によれば、つぎのとおりです。

明治の前半期になるといわゆる「初期多角化」事業（たとえば、製糸、製鉄、再生茶[*1]、樟脳製造など）にも手を染めたものの、その後半期になるとすべてから撤退してしまった。したがって、明治の後半期以降における住友家の事業の主要部分とは、「財本[*2]」を中心とする銅精錬業（および、そこから派生展開した関連事業）、そして、倉庫を活用した並合業から成長してきた「銀行業（1895年、住友銀行の設立）」の二本立てであった。

＊1　引用者注：おそらく「再製茶」。幕末から明治初期にかけての製茶業は欧州向け輸出で成長したが、「再製」＝仕上げ加工を輸出業者に委ねていたため利益率が低く、ブランドも確立されなかった。

そこで再製に参入する日本の会社が多く見られた。
＊2　引用者注：別子鉱山を指す。

面白いのは、江戸期（17世紀後半）において、住友はすでに鉱業と金融の二本柱だったことです。金融は両替商で江戸にも進出。三井の越後屋より少し早いのですが、第I章でも説明したように、このころは江戸という都市が巨大化して江戸と大坂に拠点を置く両替商が必要とされた時代でした。ただし並合業とはビジネスモデルが違うと思われます。鉱業は吉岡鉱山で、当時の住友の資金源でした。別子はまだ開発されていません。

なお吉岡鉱山は明治になって三菱の資金源になります。産出は銅と硫化鉄。鉱山の面白いところは、精錬などの技術によって、あるいは金属需要によって掘り出される金属が変わることがあるという点です。別子銅山は銅とともに銀を産出していました。吉岡鉱山は住友が持っているころには主に銅、加えて硫化鉄（塗料の原料）。硫化鉄からベンガラという赤い顔料を日本で初めてつくったのがここです。三菱が手に入れたときには硫化鉄の日本唯一の鉱山で、ベンガラは明治になってガラスの研磨剤として需要が急拡大しました。

住友には商社がなかった

住友は第一次世界大戦（1914年〜）の好況期に多角化を進めていったというのが、いわば定説です。でも、年表ふうに整理すると少し違った景色が見えてきます。

Topics

金山は銀山

金属関係の仕事をしている人ならよくご存じだと思いますが、鉱山には複数の金属の鉱床がよく見られます。たとえば釜石鉱山は金・銀・銅・鉛・亜鉛・鉄鉱石・ウラン、尾去沢鉱山は銅・亜鉛・鉛・硫化鉄・マンガン。佐渡島は金山が有名ですが銀も出ます。

1876　住友別子銅山土木方（→三井住友建設）

1884　大阪商船（代表は住友総理の広瀬宰平ですが資本的には住友ということではありません。ただしその後住友系になっています）

1888　新居浜製作所（別子銅山工作方→住友重機械工業）

1893　大阪保険（この段階では住友ではない。1916年大阪商船グループ傘下）

　　　庄司炭礦（九州）入手、1924年に坂炭礦（北海道）経営参加（→住友石炭鉱業→住石マテリアルズ）

1895　住友銀行

1897　明電舎（住友系になったのは1966年）

　　　日本製銅を買収し住友伸銅場設立（→住友金属工業、住友電工）

1898　別子鉱業所山林課（→住友林業）

1899　住友本店倉庫部（→住友倉庫）

　　　日本電気（この段階では住友ではない。筆頭株主はウェスタン・エレクトリック社だったが、1932年外資圧迫を避けるために経営を住友に委託）

1901　住友鋳鋼場（日本初の民間平炉会社である日本鋳鋼所を買収して設立→住友金属工業→日本製鉄）

1907　日之出生命保険（→住友生命保険。この段階では住友ではない。住友になったのは1924年）

　　　磐城セメント（→住友大阪セメント。この段階では住友ではない。住友になったのは1963年）

1909　ダンロップ日本工場創業（→住友ゴム工業。住友になったのは1963年）
1910　日新工業社（この段階では住友ではない。1930年に住友電線〔現・住友電工〕と提携→日新電機）
1913　住友肥料製造所（別子銅山の一部門→住友化学）
1916　正連寺川沿地主組合（1927年大阪北港→44年住友土地公務→45年日本建設産業→52年住友商事に社名変更）
1917　東海電線製造所（この段階では住友ではない。関東大震災で甚大な被害を受け、1931年に住友電線〔現・住友電工〕と資本提携→住友電装）
1918　日米板硝子（この段階では住友ではない。1922年に住友が再建→日本板硝子）
1925　住友信託（→三井住友信託銀行）

留意事項がいくつかあります。第一に、会社としては住友商事は1916年に地主組合として設立されているのですが、住友グループは第二次世界大戦終了までほとんど商社事業をしていません。方針としてしませんでした。戦後になって、社員の生活を守るために、資本が少なくてもできるビジネスとして商社を選んだと書かれています。もちろんうまくいって現代にいたっています。財閥というと貿易というイメージがありますが、住友は違ったということです。

住友は金属加工と製鉄にM＆Aで参入している

2番目の例は、1897年の住友伸銅場。名前からするといかにも住友の別子鉱山→製錬事業の自前のノウハウで会社ができたように思えるのですが、実際には日清戦争後の恐慌で経営危機に陥っていた日本製銅という会社を買い受けています。そして1899年には大阪製銅も買収。この会社は住金の社史によると「わが国伸銅事業の創始」。つまり、住友は銅精錬の会社なので、西欧から輸入した近代的な圧延加工（伸銅）技術を持っていませんでした。そこでM＆Aによって伸銅分野に進出したということです。

3番目です。その精錬をしていたのが住友金属ですが、この会社は銅のような非鉄だけでなく製鉄の大手でもありました。でも住友には鉄のノウハウがありません。だから1901年に日本鋳鋼所を買収しています。この2つの例からわかるのは、歴史のある金属関係の大企業であっても、明治維新に伴うイノベーションに「ついていく」のはかなり大変なことだったのだろうという点です。

4番目は、いうなれば住友が「付き合わされた」例です。住友は関西随一の会社なので、何かあると真ん中あたりに座らされる。本章で見た事例では、渋沢の大阪株式取引所がありました。1884年の大阪商船も同じです。そして海運と言えば保険なので、1893年設立の大阪保険が20年ほど後に大阪商船グループになります。

住友「化(か)」

5番目は、年表を見るとわかるとおり「住友ではない会社」が、住友に合流、変更……表現が難しいところですが、要は住友になっていく例が少なくありません。

一例として、1907年に日之出生命保険が設立され、これが住友生命の設立年とされています。日之出生命を設立しようとしたのは岡本敏行という医師でした。設立時の社長は大倉喜三郎、岡本は専務取締役でした。本社は東京。

大倉というと喜八郎（1837-1928年、大倉財閥）が有名ですが、喜八郎の親族リストには喜三郎はいません。喜八郎は新潟県新発田市出身で、喜三郎の出身地はわかりませんが同じ新潟県長岡の宝田石油（19世紀末、日本石油と並ぶ二大石油会社。1921年に日本石油と合併）の取締役をしていました。また長岡出身の梅浦精一（1852-1912年、石川島造船所専務等。渋沢配下）の娘が喜三郎の妻。少なくとも住友系ではなさそうです。

創立時の取締役はほかに、

白石元治郎（1867-1945年）　浅野財閥創始者（浅野総一郎）の娘婿で日本鋼管初代社長

久米民之助（1861-1931年）　宮内省、工部大学校助教授をやめて大倉組（大倉財閥）に入り、その後衆議院議員（1898-1904年）。ついでに言うと父方の祖母の実家が五島さん、つまり東急

福島行信（1874-没年不詳）　有楽座、九十二銀行の取締役。完全な確認はとれていません

が、おそらく東洋塗料製造社長。妹は三井の中上川彦次郎（福沢の甥）の次男の妻の3人なので、やはり住友系ではない。

そして1923年に関東大震災。住友は、関西が本拠だったので比較的影響が小さかった。おそらくそれもあって、日之出生命は1924年に住友合資に譲渡されます。

日之出生命以外には、明電舎、日本電気、磐城セメント、ダンロップ、日新電機、日本板硝子など、独立会社が多くの場合、経営危機によって住友に救済され住友グループの会社と位置づけられていく。ここではこれを住友「化」と名付けてみることにしました。住友の顕著な特徴であるように思います。

住友が1920年代に多角化「したように」見える理由

さて、これらを除いて「純住友」をピックアップすると、

1888　新居浜製作所（↓住友重機械工業）
1895　住友銀行
1898　別子鉱業所山林課（↓住友林業）
1899　住友本店倉庫部（↓住友倉庫）
1913　住友肥料製造所（別子銅山の一部門↓住友化学）
1925　住友信託（↓三井住友信託銀行）

なので、第一次大戦ころに積極的に多角化した印象を持つことができません。ここで右に加えて、住友が買収したり経営参加したりした会社を見ると、

1897　住友伸銅場
1901　住友鋳鋼所場
1916　大阪保険
1922　日米板硝子
1924　日之出生命保険
1932　日本電気

です。設立年ではなくて、住友になった年で並べているのですが、やはり「第一次大戦ころに積極的に多角化」ということではなさそうですね。

このあたりが混乱している理由は、おそらく、事業展開の議論と、グループ組織の議論が「一緒くた」になっているせいなのだろうと思います。どういうことかというと、

◉住友の多角化は、ゆっくりとしたものである

◉一方、住友グループの組織は、1921年の合資会社設立、事業部門の会社化、そしてグループ企業の「**連系会社**」指定に伴い、急速に変化した

連系会社
グループ内の主要企業を指す。住友合資固有の表現。

のですが、この連系会社指定というのが１９２０年代に集中しています。結果として、住友の多角化がこのころに急速に進展したように見えるということのようです。

住友はしばらく銅山「一本足打法」

実際のデータで確認することができます。**図表8**は、住友グループ全体の利益と、収益源となった会社の利益それぞれの推移を見たものです。表で「割合」と書いてあるのは、グループ全体の利益のなかで、その会社の利益がどの程度の割合になっているのかをパーセンテージで示したものです。たとえば、１８７５年の別子鉱山については１１９％になっています。つまり、グループ全体の利益より別子の利益のほうが大きい。言い換えれば、住友グループは別子の「一本足打法」みたいな状態であったということができるでしょう。

念のためにこの年の事業別利益を見ると、別子以外の事業が一つだけあります。それは「白水丸」。英国から買った木製蒸気船（54t）で、この船は事故で１８８０年に沈没しますが、住友はその後もしばらく船を買い続け、これが大阪商船につながっていくことになります。ただし海運事業は白水丸を含めて利益はそれほど大きくなかったので、別子鉱山一歩足打法はしばらく続きます。

住友銀行は戦略的に巨大化

１８９５年に設立された住友銀行は２番目の基幹事業、そして３番目は、買収して始めた伸

図表8　住友の純損益と主要事業の貢献

（千円、％）

年	利益計	別子鉱山	（割合）	銀行	（割合）	伸銅場	（割合）
1875	83	99	119				
1876	69	104	151				
1877	101	111	110				
1878	128	130	102				
1879	89	98	110				
1880	173	201	116				
1881	154	145	94				
1882	180	178	99				
1883	167	196	117				
1884	44	－2	－5				
1885	54	43	80				
1886	78	68	87				
1887	148	137	93				
1888	300	278	93				
1889	269	231	86				
1890	215	197	92				
1891	197	176	89				
1892	40	－8	－20				
1893	306	219	72				
1894	496	362	73				
1895	701	561	80				
1896	1,019	695	68	188	18		
1897	854	575	67	238	28	－1	0
1898	1,141	666	58	341	30	25	2
1899	1,308	917	70	334	26	95	7
1900	1,589	1,271	80	428	27	141	9
1901	1,832	1,710	93	427	23	111	6
1902	1,711	1,322	77	351	21	129	8
1903	1,663	1,413	85	223	13	200	12
1904	1,708	1,475	86	346	20	385	23
1905	1,726	791	46	545	32	640	37
1906	2,142	1,604	75	657	31	155	7
1907	1,067	1,292	121	547	51	56	5
1908	375	37	10	818	218	23	6
1909	1,317	979	74	673	51	－30	－2
1910	965	677	70	578	60	－80	－8
1911	1,710	720	42	671	39	60	4
1912	3,504	2,097	60	1,050	30	308	9
1913	3,911	2,389	61	917	23	258	7
1914	3,679	1,641	45	755	21	744	20
1915	3,986	2,752	69	360	9	1,519	38
1916	8,128	7,243	89	866	11	3,576	44
1917	19,961	7,657	38	3,896	20	7,044	35
1918	16,735	5,002	30	3,044	18	8,154	49
1919	32,105	2,867	9	4,817	15	3,673	11
1920	15,064	－480	－3	1,3840	92	3,281	22

資料：下谷（2020）

銅場（1897年）、ついで鋳鋼場（1901年）でした。

表には伸銅場だけを示していますが、グループ全体の収益の柱になるのは1914年ころから。その後の展開に即して言えば、伸銅、鋳鋼は住友金属の事業になっていきました。現在は住友金属が存在しないので住友グループの「絵柄」としては住友伸銅場の「現在形」は住友電工になっていますが、もちろんちょっと無理があるように思います。

ともあれ、住友はゆっくりと多角化していきました。安田銀行が10を超える銀行を一気に統合したのは1923年、関東大震災の年でした[24]。その翌年から住友銀行は田中興業、若松商業、久留米、浅田、若山倉庫、佐賀百六、豊前、三州平和などの各銀行を順次統合・系列化していき、預金高が他の銀行を上回ったのが1929年でした。住友伸銅と製鋼が合併して住友金属工業が生まれたのは1935年。

住友銀行について少し付け加えるなら、この時期、規模を拡大したいという明確な意志（戦略）を持っていたようです。規模拡大は当たり前だと思われるかもしれませんが、三井と三菱はあまり預金が増えなくてもよかった。放っておいても他の中小銀行から預金が大手に回ってくる時代なので、三井と三菱は預金の運用先がなくて困っていた。では住友はどうか。

ここで**図表8**をもう一度見ると、1919年から別子鉱山の損益が低下、というか20年には赤字になっています。第一次大戦終了とタイミングが同じです。表には示していませんが21年も赤字。22年からは回復しますが、住友グループの事業規模が大きくなるので、相対的に別子の位置づけが小さくなる、また別子の利益が景気変動に合わせて変動するなら、別子以外の収益源が求められる。
だから住友は、その活路を銀行に見出そうとしたのでしょう。換言すれば、

- 出発点は、別子の収益力の相対的低下である
- だから住友は銀行の収益力を高めるために
- 住友以外を（も）取引先とするビジネスを拡大する
- そのためには、「放っておいても集まる預金」に加えて、自ら預金量拡大を目指す
- でも支店開設は大蔵省が認めないので、他行をグループ化する
- 融資先は、よい会社である
- でも時とともに、何らかの理由で住友銀行の支援が必要になる
- そのときに、住友「化」が実現される

と考えると、いろいろなことの説明がついてくるように思います。

もちろん、この気の長い、そして実際に長い時間のかかる戦略が進んでいく間には、住友のオーナーや経営者が代わり、方針の修正もあったかもしれません。でも確かなのは、右に書いたような気の長い戦略は、環境への適応行動でもあるというところです。だから住友を担う人が変わっても、行動そのものはあまり変わらなかったのではないか。

9 三井が最大財閥になっていく過程

さて、つぎに三井です。すでに解説したとおり、三井は幕末・明治維新でときの権力に振り回されました。三井組の銀行を日本の中央銀行にするつもりだったのですが、伊藤博文に阻止されました（伊藤は三井の野望を阻止したつもりはありません、米国型の国法銀行を民間が設立すればよいと考えたのです）。そして国法銀行として第一国立銀行を設立し、渋沢に持っていかれ、仕方なく三井銀行を設立します。

三井銀行と三井物産はともに１８７６年設立。この時点では、住友は別子鉱山以外には何もしていません。住友銀行の設立は１８９５年です。三井が早いというより、住友が例によって遅い（批判ではありません。そういう体質）。

三井銀行の経営危機と中上川の2つの仕事

さて、その三井銀行は1891年に経営危機を迎えます。理由は融資の焦げ付きで、井上馨は福沢諭吉に依頼して甥の中上川彦次郎（1854―1901年）を差し向けてもらいました。中上川は英国留学中に井上と面識ができ、帰国後井上に請われ官僚になり、明治14年の政変で下野し、三菱の荘田平五郎の要請で山陽鉄道初代社長に就任しますが、辞任して三井へ行きます。三井合名の理事長になった人です。

三井は、1888年に払下げを受けた三池炭鉱をいわば財務的なエンジンとして事業展開を進めていくことになります。でも払下げ資金を提供した三井銀行の貸し出しがおかしくなっていました。中上川の三井での仕事は2つでした。第一は、三井銀行の不良債権処理。第二が三井合名の工業化です。当時の三井の実力者は、物産の**益田孝**（旗本）と中上川。幕末以降の三井は、三野村利左衛門、益田、そして中上川、つまり外部人材によって危機を乗り越えていきます。

（近現代PL／アフロ）

益田孝
(1848–1938)
三井物産の設立に関わる。三井合名理事長。

三井は製造業への展開に消極的ではなかった

益田と中上川は、共同で銀行改革にあたりました。しかし工業化については、益田はあまり賛成しなかったらしい。結果として派閥が生まれ、派閥間の不和が生まれます。また中上川の不良債権処理は厳しすぎて評判がよくなかったのと、日清戦争以降、製造業が全般的に不振であったためか、中上川の事業展開はあまり評価されませんでした。そうこうしているうちに中上川は47歳で死んでしまいます。

さて、このような経緯から三井は製造業への事業展開に積極的でなかった、あるいは成功しなかったと評価されることが多いようなのです。三井の本業は金融と商業。つまり越後屋です。でも、東京に所在する歴史のある豪商として、国（幕府、ついで明治政府）あるいは渋沢の方針に付き合う過程で、そして投資機会を求めて、さまざまな事業を実施していました。そのなかには、製造業もあったのです。小林正彬[18]は書いています。

かくして、太平洋戦争の敗戦時、かつての商人資本三井は、重工業で国内払込資本で鉱礦業、造船業、化学工業の分野で三大財閥中第一位を占め、金属工業で住友に、機械器具工業で三菱に一位の座を譲ったが、軽工業分野においても製紙業以外の窯業、繊維工業、農林・水産・食品、雑業のすべてで第一位を占める。

少し具体的な企業を取り上げて確認してみましょう。

【東芝】

1875　田中久重、銀座に電信機工場創業

1893　三井から藤山雷太（のちの藤山コンツェルン総帥）招聘

この会社は抵当流れで三井の手に渡っています。おそらく三井銀行が債権を持っていた。中

上川が三井に来たのは1891年なので、藤山を差し向けたのも中上川だと考えてよいと思います。そして言うまでもなく東芝は発展。

【王子製紙】現在の王子製紙ではないので注意が必要です。

1873　渋沢栄一が抄紙会社設立。例によって出資は三井、小野、島田

1896　三井が藤山雷太を派遣（第二次大戦終結まで代々社長は三井から）

1911　三井の藤原銀次郎が社長

1933　大王子製紙（王子、富士製紙、樺太工業が合併）

藤山は東芝の次に王子製紙に派遣されます。その後50年間社長は三井から出ているので、三井グループの会社でした。日本最大の製紙会社になっています。

【カネボウ】

1887　東京綿商社設立。社長は三越得右衛門。事業内容は当初中国綿花売買の予定だったが紡績事業を追加

1891　三越が官営新町紡績所の払下げを受ける（のちの鐘紡新町工場）

1892　三井銀行からの融資で危機回避（中上川が三井銀行に着任する前）

1894　中上川、鐘紡会長（社長職はなし）

1899　武藤山治、三井銀行の命で鐘紡兵庫工場（実質的な本社）支配人に就任

1900　上海紡績と合併、河州紡績、柴島紡績を買収

　　　淡路紡績を買収

　　　　武藤山治、全社支配人
1901　中上川逝去
1902　中津紡績、九州紡績、博多絹糸紡績それぞれと合併

鐘紡は創立直後から国内の過当競争で操業短縮を繰り返したり経営危機に陥ったりするのですが、競争回避のいわば王道として、他の会社と合併します。そして、中上川会長が亡くなった後も、武藤山治がこの買収路線を踏襲していることがわかります。

【ダイセルと富士フイルム】
1908　堺セルロイド設立
1919　堺を含むセルロイド8社が合併し、大日本セルロイド（1966年ダイセルに社名変更）
　　　株主は三井、岩井、鈴木。社長は三井出身の森田茂吉（1865－1962年）
1934　写真フイルム部門が独立（富士写真フイルム→富士フイルム）

セルロイド8社の合併は第一次大戦後の不況が原因でした。8社のなかで最大だったのが三井物産系の堺セルロイドで、合併は三井主導で進められています。そして森田が分離独立させた富士フイルムは親より大きくなりました。

【日本製鋼所】
1907　北海道炭礦汽船と外資で製鋼・兵器製造所設立
1919　北海道製鉄（輪西製鉄所）と合併
1931　輪西製鉄所に製鉄・炭鉱を分離移管（輪西製鉄は1934年日本製鉄に統合）

【ニップン（日本製粉）】
1879　泰靖社創立
1886　大蔵省製粉工場を譲り受け日本製粉会社
1893　日本製粉会社解散、東京製粉設立
1896　日本製粉設立
1928　三井物産傘下に
日本製粉は初期において経営体制が頻繁に変わった会社です。1904年の日露戦争特需で製粉会社が乱立し景気後退の過程で日本製粉が数多くの製粉会社を吸収していきましたが、結局日本製粉も単独では存続できず、三井物産に救済されています。
【小野田セメント（↓秩父小野田↓太平洋セメント）】
1881　士族授産を目的として設立
1901　三井物産と一手販売契約。小野田セメントは生産に専念
小野田セメントも日本製粉と同様、三井に救済された会社だと言ってよいでしょう。そもそもが士族授産会社で経営体制は脆弱でした。
【その他】
1903　三井物産船舶部（↓商船三井）
1909　三井銀行から東神倉庫独立（↓三井倉庫）
1915　電気化学工業（↓デンカ）、三井系有力者により設立。会長は物産出身の馬越恭平

1917 三井物産造船部
1918 大正海上火災保険（三井物産が設立）
1920 三井物産棉花部から東洋棉花独立（1970年社名をトーメンに変更、2006年豊田通商が吸収合併）
1924 三井信託
1925 三井物産機械部から三機工業（傍線部が社名の由来）
1926 東洋レーヨン（三井物産出資）
　　 三井合名が高砂生命保険を買収（翌年、三井生命保険に社名変更）
1933 東洋高圧工業（三井鉱山から分離→三井化学）

福沢チルドレンが三井を救った

いくつか面白いことがわかってきます。まず1888年に三池炭鉱の払下げを受けるまでは、三井はあまり先の見える状態ではありませんでした。三井銀行から融資を受けて（全額ではありません）応札します。そしてかろうじて三菱に勝って将来の「資金源」となる三池炭鉱を確保しました。

ところが今度は銀行のほうが経営危機に陥る。そこで井上馨が中上川彦次郎を差し向ける。中上川はまわりから嫌われるくらい激しい改革をして三井銀行を救います。問題は本当に嫌われてしまったらしいというところなのですが、ともあれ、三池炭鉱と中上川によって三井は立ち直ります。

そして中上川は、すでに述べたように福沢門下を採用して三井の要職に就けました。三井そのものの要職だけではなく、投資先、救済した会社……製造業の経営を委ねています。鐘紡は自ら会長を務めました。そして中上川なき後も、三井はこれらの会社の経営を続けていることがわかります。

経営を続けるというのは、いずれ清算するまでの間赤字が出ないように面倒を見るというような消極的な対応ではなく、カネボウのようにM＆Aをしたり、ダイセルのように不況下の企業統合の中核になったり、しかもその会社が有望な新事業に展開するのを助けたり、ということをしていました。三井の製造業は、決しておとなしくしていたわけではなかったのです。

団琢磨という「理系人材」の意味

なぜそうなったのかというとおそらく、団琢磨が益田の後継者だったから。団は岩倉使節団に同行して（1871年）米国留学。最終学歴はマサチューセッツ工科大学（鉱山学科）です。日本に戻ってからは東大の助教授などをしていました。1884年工部省に入り、官僚として官営三池鉱山の技師を務め、88年の払下げの際は三井の強い要望で三井に移っています。1893年三井鉱山専務理事、1909年会長、1914年三井合名理事長、つまり三井のトップになった人です。

益田孝は1911年に引退しています。だから大日本セルロイドや富士フイルムの設立、王

団琢磨
(1858–1932)
三井合名理事長。

（国立国会図書館所蔵画像／共同通信イメージズ）

子製紙大合同、日本製粉救済、三機工業、東洋レーヨン、東洋高圧に関与していません。住友と違って、三井は人（経営者）が代わって経営方針が変わったということなのでしょうか。でも会社は、人と違って衰えて引退するということがないので、経営資源を連綿と引き継いでいくことができていました。そこは住友と同じ、というより、どんな会社でも同じです。

きっと三井のなかでは、20世紀はじめの10年間くらい、製造業は逆風だったはずで、その理由は「不景気」と「益田と中上川の不和」。不景気は事実で、不和は憶測ですが、重要なのは、その逆風下でも、それぞれの会社はちゃんと前に進んでいたということだと思います。

159ページの**図表5**に戻ります。これは1893年から1909年にかけて、三井銀行は三井系のどの会社から収入（利息収入と手形割引収入の合計）を得たのかを見たものです。台湾精糖は日清戦争勝利後、台湾の産業振興を目的とし、例によって元老井上馨と三井主導で1900年に設立した会社で、宮内省、そして益田孝も株主になっています。

中上川が三井銀行にやってきたのが1891年。不良債務者を切っていき、あわせて三井工業部を設立して製造業への展開を積極化します。ですから、1893年、97年の貸付先上位に鐘淵紡績や芝浦製作所がある。そして中上川が表舞台から消えても、これらの会社は大口の貸付先であり続けているのです。

会社の規模が大きくなると、それぞれの事業部門や事業会社が、その部門・会社が直面する課題に対処するようになっていきます。というより、そうならないと企業グループは大きくなりません。部門や会社が有能な幹部を得て経営資源を蓄積していく。組織が自律的に動けるようになるということです。三井はそうなっていたということなのでしょう。

物産、銀行、鉱山による財閥の完成と非関連多角化の始まり

景気変動がもたらす収益の波は、益田の本業である物産、中上川が改革した銀行、そして団が率いた鉱山がもたらす利益によってカバーされるという状態がしばらく続くことになります。そしてここから先は、すでに述べた「財閥型多角化」の強みを発揮することができるのです。

外部経営者と「三井さん」の良好な関係

また『史料が語る三井のあゆみ』には巻末に簡単な年表があって、面白いのは次のような記載があることです。

1907　三井家同族の重鎮である三井高景、益田孝と欧米見学へ
1910　三井高棟、団琢磨とともに欧米視察に出発

三井高景（1850－1912年）と高棟（たかみね）（1857－1948年）は1872年に大蔵少輔吉田清成が外債募集のため渡米した折に随行、現地の銀行で研修も受けています。その後高棟は三井家の代表、高景は三井鉱山社長。益田も1863年に父とともに遣欧使節団。団はマサチューセッツ工科大学卒です。つまりこの4人にとって外国に出るのは別にすごいことではないはずですが、わざわざ記載がある。

なぜなんだろう。高棟が妻の苞子(もとこ)さん（富山藩主の娘）や長女の慶子(のりこ)さん（のちに中御門侯爵に嫁ぎます）に海外旅行をさせたかったとしても、それだけではないでしょう。おそらく、創業家（三井さん）と外部からやってきた経営者との融和を図ろうとしているのではないかと思います。団琢磨は帰国後、三井合名の総帥（理事長）になりました。

比較のために言えば、住友は創業家の後継者が少なくて、よく言われる「番頭経営」。三菱は岩崎彌太郎・彌之助兄弟の直系が経営する。岩崎さんが創業家です。いわゆる三大財閥でも、経営の仕方は違っていたと言うことができるでしょう。

Topics

組織の三菱、人の三井、結束の住友?

この言葉は、3つの企業グループの特徴をあらわすときによく使われるものです。私は純粋持株会社解禁に関する本を1997年に日本経済新聞社から出版したこともあって、DAIAMONDハーバード・ビジネス・レビュー編集部が始めた少人数の勉強会のメンバーに加えてもらったのですが、その会であるとき盛り上がったのがこの話題でした。

「あなたは三菱にいてどう思う？」という質問が来ました。当時の所属は三菱総合研究所で、本業のコンサルタントとあわせて社長の財界活動の支援もしていたので三菱、三井、住友だけでなく他の大企業の歴史の知識も不可欠で勉強が大変でしたが、質問に対する私の答えは「外国の人に言わせると違いなんてないみたいですよ」。盛り上がりに水を差すような、いちばん嫌がられる答え。でもたぶん、これが真実だと今でも思っています。

10　三菱と岩崎家の事業展開

さて、三菱です。第II章で確認したとおり、三菱の多角化は、細かいもの、うまくいかなかったものまで拾い上げるといろいろあるのですが、基本は、

- 海運（創業時の本業）まわり
- 鉱山が資金源

でした（**図表9**）。

この図にない会社や事業も含めて概観すると、以下のようになります。

1879　東京海上火災保険（筆頭株主は華族組合、岩崎が2位。発起人は渋沢）
1881　明治生命（三菱の福沢門下が設立）
1884　官営長崎造船所貸し下げ（→三菱重工業）

図表9　三菱の事業展開とシナジー

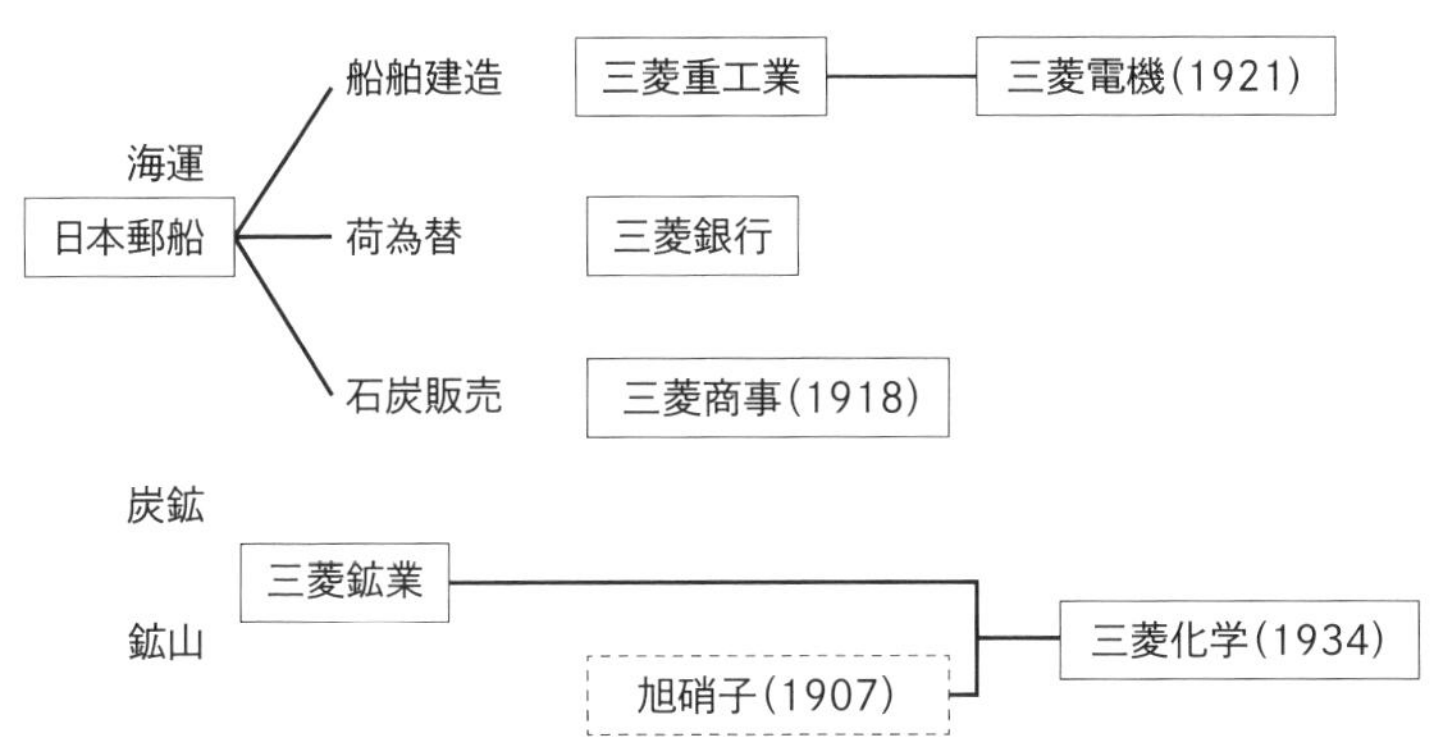

1885　キリンビール
1887　東京倉庫（↓三菱倉庫。三菱為換店倉庫部から独立）
1895　三菱合資会社銀行部
1898　買収によりコークス製造に参入（副産物が化成品）
1906　大阪島田硝子製造（↓1908年旭硝子、岩崎家）
1917　日本光学工業（1896年設立の和田計器製作所の光学部門が分離独立。岩崎小彌太が出資）
1918　三菱商事
1921　三菱電機
1927　三菱信託
1933　新興人絹（鈴木商店系。1942年日本化成と合併し三菱系）
1934　日本タール工業（三菱鉱業と旭硝子の折半出資↓三菱ケミカル）

1896年の佐渡と生野の鉱山、油戸炭鉱、大坂精錬所の払下げで、三菱への払下げは終了します。その後三菱は、ヤマを買い続けました。つまり住友と三菱は鉱業中心で、三池炭鉱を得た三井も同じです。

「三菱」と「岩崎」が分かれた理由

三菱は三菱蒸汽船会社が政府からの手厚い保護を受ける際、他の事業から手を引くことを求められました。三井も同じで、中央銀行設立（実現しませんでした）の条件として経営不振の越後屋呉服店（三越）を分離しています。国としては、保護した会社の利益が他の事業に回されるのはまずいと思ったのでしょう。筋の通った話だと思います。

見方を変えるなら、三井や三菱に依存しなければ、中央銀行も軍用船も成立しなかったということなんです。それで三菱はどうしたかというと、三菱が会社として実施する事業と、岩崎家が投資する事業を分けることにしました。

三菱銀行の発展は戦略的には見えない

紆余曲折を経た事業もあります。たとえば1880年に三菱為換店は郵便汽船三菱会社から分離されます。85年に日本郵船が設立されると三菱為換店は閉鎖。郵船は合併会社であり三井には金融があるので、三菱としての為替金融は不要になったということでしょう。

さて、別の流れとして臼杵藩設立の第百十九国立銀行と島原藩設立の第百四十九国立銀行がありました。両藩の藩主は親しく、共同で設立した事業会社がありましたが、これが経営危機に陥り、郵便汽船三菱からお金を借りて保証は両行。結果として1885年に両行が経営危機に陥ったので合併させ、三菱が実質的に経営、合併行からの営業譲渡等で1895年に三菱合資に銀行部が生まれます。これが三菱銀行なので、百十九のほうは三菱銀行の前身とみなされています。

どうも意図的かつ積極的に銀行を設立した感じがしません。三井は銀行が本業の一つで、住友銀行も太平洋戦争末期には意図して日本最大の銀行になっていました。三菱は違う。

三菱のつく会社、つかない会社

独立した事業会社としては、第II章でも登場した東京海上火災、明治生命に加えて旭硝子、日本光学工業。つまり、三菱社設立ではない事業には、当初は三菱の名前がついていませんでした。すでに説明したとおり、東京海上火災は「渋沢」銘柄で彌太郎は株主としては2位（1位は華族組合）、明治生命は三菱にいた福沢の弟子たちが設立しています。

旭硝子は彌之助の次男が設立した会社で、事業内容はガラスとソーダ。ソーダのほうは三菱が化学産業に展開していくうえで重要な役割を果たしました。

また**図表9**にも示したとおり、旭硝子は三菱鉱業と折半出資して日本タール工業を設立。これが三菱化成の前身です。つまり三菱鉱業には石炭複製品としてのコールタールがあって、旭硝子には化学の技術があった。こんなかたちで、三菱社の事業と岩崎家の事業が今ふうに言えば「コラボ」していったということです。

少し複雑なのは三菱レイヨン。

1907　後藤毛織設立
1915　後藤毛織を鈴木商店が買収、東洋毛織に社名変更
1917　東洋毛織、東京毛織物、東京製絨が合併して東京毛織（鈴木系）

Topics

三井と三菱に製鉄がない理由

いわゆる三大財閥が持っていない主要産業がいくつかあります。「大物」としては製鉄。住友にはあります（ありました。住金）が三菱と三井にはありません。なぜかというと、日本製鉄に統合されていったからです。日本製鉄が誕生したのは1934年。政府が鉄鋼メーカーの統合を求めたことによるものです。発足時とその直後に加わった会社は次のとおりです。

- 官営八幡製鉄所　1901年操業開始。この会社が中心でした
- 北海道炭礦汽船輪西製鉄場　1909年創立。北炭は三井系です
- 釜石鉱山　幕末に盛岡藩営で製鉄開始、1874年官営、1883年閉鎖の後払下げで1887年田中製鉄所、1924年に三井鉱山に経営権が移っています
- 九州製鋼　筑豊炭鉱の安川財閥が設立（1917年）。株主に渋沢がいます
- 富士製鋼　1917年設立。しかしすぐ経営難になり1920年浅野財閥が再建。その後ふたたび経営危機に陥り倒産。渋沢の三男の正雄（1888―1942年）が1925年に永野重雄（1900―84年）を招いて（と言っても永野は25歳です。よほど優秀だったのでしょう）支配人・工場長にします。正雄は渋沢の息子らしくいろいろな会社の役員をしていましたが、1934年の統合からは日本製鉄に専念して常務取締役で八幡製鉄所長も務めます。もっとすごかったのは永野で、第二次世界大戦後、日鉄解体で生まれた富士製鉄社長、八幡製鉄と合併した新日鉄会長も務めました
- 三菱製鉄　1917年設立。主力製鉄所は兼二浦（現在の北朝鮮）にありました
- 東洋製鉄　1916年設立。日本製鉄設立後、同年に吸収合併。1921年より八幡製鉄に経営委託されていました。渋沢が設立した会社です
- 大阪製鉄　1916年設立。日本製鉄設立後の1936年に同社に吸収合併

つまり日本製鉄は、官営の八幡に加えて、三井系2、三菱1、渋沢絡み3、その他1という構成で統合されています。そして設立年が1916～17年という会社が多い。釜石、北炭輪西、八幡は古いのですがほかは第一次世界大戦後です。つまり鉄の特需で生まれて、終戦で不況になって統合にいたったという流れで考えてよいでしょう。そしてこの統合によって三井と三菱は製鉄所を持たない財閥になりました。

なお、1934年の統合に参加しなかった主な会社は川崎造船所（現・川崎重工）、神戸製鋼、そして浅野系の3社、すなわち日本鋼管、浅野造船所、浅野小倉製鋼所でした。このころにはすでに株式会社制度があって株主がいて、国の言うことを何でも聞いたのかというとそうでもなかったのだということがわかります。そして1938年に国家総動員法（次章で解説します）公布。国の言うことを聞かないという意思決定が、だんだん難しくなる時代になっていきます。

住友は住友金属。2012年に新日鐵住金です。1934年から78年後に、三大財閥系製鉄所の日鉄への併合が完了したことになります。

１９２７　鈴木商店破綻。東京毛織は毛斯綸紡織と合併し、合同毛織
１９２９　合同毛織倒産
１９３０　合同毛織の一部を新興毛織として設立
１９３３　新興人絹に名称変更
（１９３６年に合同毛織再建会社として毛織工業設立、鐘淵紡績が経営受託→１９４１年吸収合併）
１９４２　日本化成工業（→三菱化成）と合併
１９５０　財閥解体で日本化成から新光レイヨン独立（→１９５２年三菱レイヨン）

三菱とかかわりのない会社が三菱になるというのはかなり珍しいことです。三菱レイヨンは戦時中の大合同で三菱にならなければ、おそらく三菱系にならなかった会社なのでしょう。

日本光学（現・ニコン）は、１９１７年に岩崎小彌太が個人で出資設立した会社です。前身は東京計器製作所光学計器部、岩城硝子製造所反射鏡部門。望遠鏡、双眼鏡、照準器など、光学製品は軍用が多かった時代です。なお岩城硝子には、１９５２年に旭硝子が資本参加していま す。岩城は三菱と縁のある会社なのでしょう。

三菱は積極的に多角化したか？

三菱のこのような事業展開から感じられるのは、多角化についてあまり意欲的ではなかったのだろうという点です。住友はゆっくりと、傘下にいろいろな会社を引き入れていきました。

関西最大だったのでいろいろと頼られたのでしょう。三井は意外にも製造業に積極展開していました。三菱はというと、三菱本体の事業は鉱山と造船、これに岩崎家の事業が加わるぶん、事業範囲は広く見えるのですが、あまり熱心に財閥的な非関連多角化をしているようには思えません。

11 論点をまとめると

重要な論点をいくつか指摘してみたいと思います。

①リスクテイクしたのは国か、それとも民間企業か

日本の産業や企業の発展の流れとして説明した「定説」は、

- 国が西欧型の産業をまず始めた
- 官業払下げによって、民間は同じ産業に参入したのだが、参入した時点では、すでにトップランナーとしてのリスクは国が負ってくれていて、民間はその状況を見極めながら参入したのでリスクはかなり小さかった

というものでした。そして払下げを受けた民間の多くはいわゆる財閥なので、官業払下げは財閥の「低リスク参入」に有利にはたらき、財閥の成長を助けたということになるのだと思います。

Topics

製糸場と紡績所の違い

製糸は絹糸（生糸）を生産することで、紡績は木綿などの生産を意味しています。英語でも同じように区別があって、生糸製造はsilk reeling、紡績はspinningです。短繊維の木綿と長繊維の生糸では生産工程が違っているので違う言葉が使われています。「糸を紡（つむ）ぐ」は、紡績を意味しています。

しかし一方で、

- 国が当初払い下げようとした工場には人気がなく、民間が払下げを求めたのは主に鉱山だった
- 繊維産業は払下げの時点で民間がすでに事業展開している

というのも事実です。

つまり国としては、高い年俸を支払って外国人を雇い、リスクを負って参入してはみたもののなかなか利益をあげられない工場（たとえば繊維系）を、払い下げたい。逆に鉱山はキャッシュを生むので売りたくないと思っていたようですが、国にはお金がないので、背に腹は代えられなくて鉱山を手放したということなのではないかと思います。

そういう目であらためて払下げのリストを見ると、新町紡績所と富岡製糸場を買い受けたのは三井で、ひょっとすると政府とのいわば「付き合い」でそうしたのではないかと思えてくるのです。富岡製糸場は世界産業遺産になってとても有名ですが、三井は手放しています。新町のほうは鐘淵紡績に統合されていきますが主力ではありません。

結論として、国はリスクテイクをしているのですが、それによって何か産業を独占するつもりはなく、トップランナーであり続けようとしたのでもなさそうです。民間もリスクをとっていて、官営工場を買い受けるより自前で展開しようとしたことが多かったのではないか。

②総合商社が成立した理由と多角化

総合商社は日本固有の業態です。なぜそんなものが生まれたかというと、明治期の日本企業

が財閥型の非関連多角化をして、その販売機能が集約されたからだと考えるとわかりやすいように思います。つまり、**ハウス・マーチャント**です。

歴史的には少し違う見方をしなければならないようです。三井物産は、三井が多角化する前に存在しました。したがって初期の主な事業は三井ではない商品の取引です。住友商事が生まれたのは第二次世界大戦後で、戦前に商社が存在しなかったのは住友家の方針、戦後に誕生したのは、資本を使わずに社員の生活の糧を得るためでした。

しかしやがて、全国に分散する事業の営業販売機能を商社が担うようになります。そのほうが全社としてはやりやすい。もちろん、財閥内の他の会社と関係ない取引もありました。あった、というより、そちらのほうが重要だった場合も少なくなかったでしょう。ただ、総合商社がいろいろな商品を取り扱うことの合理性は、本社、本家が非関連多角化をしていたところにありました。たとえば、石炭を販売して、炭鉱のために掘削機械を輸入する。あるいは、繊維製品とあわせて米などの食料を軍に納品する、そんなイメージです。

つまり、開国→一気に産業化→非関連多角化→総合商社、という流れを見ることができるのです。

③機械工業が意外に発展していない

欧州の産業革命は、機械工業の発展とともにあったと言ってよいでしょう。たとえば、紡績機や炭鉱の排水ポンプに蒸気機関を使う。あるいは、窒素肥料の製造（ハーバー・ボッシュ法）は高温高圧でなければできません。ジェームズ・ワットは英国産業革命に不可欠な人ですが、彼

ハウス・マーチャント
とくに明確な定義のある言葉ではないが、ここではグループ内事業部門の販売・調達・貿易等の機能を担う組織の意味で用いている。

ハーバー・ボッシュ法
アンモニアの製造手法。1906年にドイツでハーバーとボッシュにより開発・実用化された。化学肥料を大量・安価につくることができ、農作物の収穫量が飛躍的に増加した。

は紡績王ではなく、蒸気機関を改良した人、つまり産業機械技師なんです（前職は「時計師」でした）。あるいは米国の産業革命初期の強みの一つは、販売した機械について、汎用部品が用意されていることでした。

つまり、日本は産業を海外から移入するときに、その産業の機械技術までは持ち込めません。持ち込めたのは生産機械そのものでした。だから日本の機械製造業は、思いがけず苦労し、なかなか発展しなかったのです。換言すれば、開国で一気に産業化が進んだとはいっても、進めたくても進められない産業もあったということです。

✲✲✲✲✲✲✲✲✲✲✲✲✲✲✲✲✲ Topics ✲✲✲✲✲✲✲✲✲✲✲✲✲✲✲✲✲

トヨタのサプライヤーは
昔は豊田自動織機のサプライヤー

明治・大正のころとは違って、現在の日本は機械工業が進んでいます。一番はもちろん自動車産業。言い方を変えるなら輸送用機械工業ということになるでしょうか。

私はトヨタ系の部品メーカーの方に初めてお目にかかるときに、必ずしている質問があります。それは「トヨタ自動車の部品をつくる前は何をつくっていたんですか？」。

結構多い答えが「豊田自動織機の部品」なんです。つまり、豊田さんの部品をつくり続けている。もちろん、付き合いが長ければ使ってもらえるような世界ではありません。競争は激烈です。でも生き残っている会社が多い。藤本隆宏さんのいう「能力構築」の成果かもしれません[(34)]。

ルシタニア号。英国の旅客船で当時世界最大。
1915年にドイツ軍の潜水艦による魚雷攻撃で沈没。犠牲者は1000人を超え、
うち128人が米国人だった（World History Archive／ニューズコム／共同通信イメージズ）

CHAPTER IV

恐慌と三大財閥の発展

私は企業の株を買ったことがありません。一番の専門は企業分析なので、企業分析ができるなら株を買えば儲かるでしょうと言ってくれる人は少なくありません。

でもたぶん、株を買うと企業評価にバイアスがかかります。たとえば東芝の株を買う。買ったときは割安だと思っている。いずれ今より業績がよくなると予測している。もちろん、株価が上がってほしい。そうすると、東芝の業績はよくなるとついつい考えてしまう。実はロジカルではなくてただの願望なんだけれど、ロジカルなのだと自分に嘘をつく。

1　恐慌が続く

明治から大正、そして昭和を生きてきた企業家、経営者も、1890年以降の戦争景気とその揺り戻しの景気後退、場合によっては恐慌のなかで、論理か願望か、区別がつきにくい状況に置かれた人が多かったのではないかと思います。大きな経済変動をまとめると、つぎの年表のようになります。1890年から30年までの40年間に7度の恐慌が起きました。多くの場合、その直前は好況です。まさかと思う。好況が続いてほしい……が、続くはずだ、になる。

1881　明治14年の政変。財政膨張政策の大隈重信が下野
　　　松方正義が大蔵卿。緊縮政策（いわゆる松方デフレ）
○1882　日銀設立。85年から銀本位制
　　　物価安定→金利低下→起業ブーム（鉄道、紡績）

●1890　恐慌。株価暴落
○1894　日清戦争（好況）
1897　日清戦争の賠償金で金本位制
　　　再度起業ブーム（鉄道、紡績）
●1900　貿易赤字（綿花輸入による金貨流出）と日銀の引き締めで2度目の恐慌
○1904　日露戦争（好況）
●1907　外債利払い（賠償金がなかったため）と綿花輸入で国際収支赤字、経済危機（3度目の恐慌）
○1914　第一次大戦（未曽有の好況）
1918　大戦終了に伴う不況（6カ月程度）
1919　戦中以上の好況（1年程度）
●1920　本格的な戦後恐慌（4度目）。長期的な経済停滞の始まり
●1923　関東大震災（5度目の恐慌）
●1927　昭和金融恐慌（6度目。日本だけ）
●1930－　昭和恐慌（7度目。世界恐慌と連動）

政策当局が未熟だから恐慌が起きた

それにしてもなぜこんなに景気が大変動するのか。理由を整理すると、

- 戦争
- 震災
- 銀行（預金取り付け）
- 証券取引所（株価暴落）
- 政策当局の知識

が主なものだと言えると思います。

このなかで、震災は仕方ない。戦争も、財政金融当局の意向ではないので「仕方ない」と考えることにします。そうすると残りは3つ。まとめてひとことで言えば「資本主義についての技術が未熟」であるということになるのではないでしょうか。

弁護するなら、問題を起こしていたのは日本だけではありませんでした。19世紀後半からドイツは度重なる不況に悩まされる（念のために言うと、ドイツ帝国ができたのは1871年。普仏戦争の勝利を背景としていますが、この普仏の「普」はまだプロイセンです。ドイツ帝国になってから、普仏戦争の勝利によって反動の不況が始まります）。

ドイツは株式市場があまり発達しない国でしたが、いつも欧州のどこかで戦争をしていて（ドイツが参戦していない場合もありますが、ドイツ製の兵器は性能が高いので「参戦」していました）、しかもドイツ重化学工

世界大恐慌　暗黒の木曜日のニューヨーク証券取引所（共同）

業の供給力は欧州随一だったので、需要変動、つまり好不況の波がとても大きかったのです。米国は1929年のウォール街の大暴落で世界大不況の引き金を引いてしまいます。いうなればどの国も未熟でした。現在は違うかというと、自信を持って大丈夫とは言えないように思います。1990年以降の日本の政策は……これについて詳しい議論はしないことにしますが、将来この時期を振り返ったとき、何と未熟であったことかという評価になるのかもしれません。

それに、当局や金融機関だけが未熟だということでもありません。第二次世界大戦後で言えば、日本の繊維、造船、半導体……つまり軽工業、重化学、ITなど、時代時代のいわば花形だった産業が苦難を経験している。ただ、これらの産業の苦境はあったとして、それが経済全体の落ち込みとか、あるいは恐慌につながったかというとそんなことはない。大恐慌にはほぼ必ず金融資本市場、そして当局が絡むんです。

そう考えるなら、19世紀末から20世紀初頭にかけてと比較すると、現在の財政金融政策は格段の進歩を遂げたと言うことができるでしょう。あえて裏のとれていないことを書くなら、1980年代後半以降、社会主義圏が後退して民主主義の勝利みたいなことになっているのは、民主主義国≒資本主義国の、そして国を超えたグローバルな財政金融制度・システムが安定しているからだと言うことができるように思います。

面倒な議論をもう少し続けるなら、資本主義は経済システムとして実現しているし、社会主義の経済システムよりどうやら優れているらしいということです。また資本主義が経済システムなのだとすると、その形態は多様なものになってよい。このあたりは、ブルーノ・アマーブル『五つの資本主義』[25]が現実をみごとに表現してみせているように思います。

人々は恐慌が終わったと思いたがる

さて、さきほどの年表では好況に○、不況・恐慌に●をつけてます。一見してわかるように、第一次大戦で未曽有の好況になった後は、●ばかりです。関東大震災があって、ニューヨーク発の世界恐慌に巻き込まれて、というタイミングなので、まあ仕方がない。仕方がないというのは、財政金融政策の技術的な遅れや失敗のせいではない。「ではない」というより、責任を政策当局に負ってもらうのはちょっとかわいそうかな、というくらいのニュアンスです。

そして問題は2つあって、この長い経済停滞の直前が第一次大戦で未曽有の好況、つまり山がとても高かったのが第一の問題です。そのぶん揺り戻しが大きい。第二に、年表の1918年と19年を見るとわかるのですが、第一次大戦が終わって皆の予想どおり不況になったものの、半年くらいでまた景気がよくなった。

この2番目がなぜ問題かというと、「あ、戦後不況は終わった」と皆が考えるからです。きっと、そう思いたい人が多かった。好況に戻ったということなら、経営方針を変更する必要はありません。戦中と同じイケイケでよい。そしてそのぶん傷が深くなる、あるいは、本来しておかなければならなかったような対策に手がつかない。

どんな会社にも、いつでもこれは起きることで、例をあげ始めるときりがないのでしませんが、日本のバブル崩壊とか、米国自動車メーカーのコンパクトカー開発の30年の遅れとか。環

『五つの資本主義』
資本主義にはアングロ＝サクソン型、アジア型、大陸欧州型、社会民主主義型、地中海型がある、つまり資本主義は多様であることを示した。

境をちゃんと見ずに自分に都合よく判断すると、決定的な失敗を犯すことになります。

そもそも、自分に都合よく判断したいときというのは、実はかなりまずいときですよね。決定的な負けが忍び寄っている。忍び寄っていたと後で思うのは当事者だけで、まわりから見るとその「負け」は正面玄関から入ってきている。自分のまわりにいるのも都合よく判断したい人たちだとすると、そこで生まれるのは「衆愚」。かなりまずいときほど、自分と同じ意見の人の話しか聞かなくなる。

第一次大戦が日本にもたらした2度の好況

愚痴（というより経営者への警鐘）はこれくらいにして、第一次大戦中と終戦後の2度の好況には、理由が2つありました。

第一は、日清・日露戦争と同じで、軍需による好況。そして第二は、こちらのほうが影響が大きいのですが、欧州から世界への製品供給が途絶してしまったことです。

だから日本と米国は好況になっていました。念のために言えば米国はあまり参戦に乗り気ではなかったのですが、船舶に対するドイツ軍の無差別攻撃で米国人がたくさん亡くなって世論に押されて1917年に参戦しています。米国としてはあまり欧州での戦争が長引くと自国の利益にならないという判断もあったようです。

逆に日本は参戦したくてうずうずしていました。理由は、アジア（とくに中国）と南太平洋諸島におけるドイツの権益を奪うこと。欧州で戦う気はありません。欧州の参戦国が欧州以外に植民地を持っていたので戦争がいわば世界化したのが、第一次大戦でした。

日本の意図はいうなれば「見え見え」なので、米国は日本を参戦させたくなかったのですが、半ば無理やり参戦。そのうち欧州の連合国が疲れてきて日本軍の艦船に護衛目的で地中海まで来ることを依頼し、対応したのが1917年。欧州でも一応参戦したということです。

大戦によって日本の輸出が増え、海運が好調で船舶建造が増えます。すると鉄鋼が好況になり、製鉄には石炭が必要……というように、従来の繊維だけでなく、重化学工業が第一次大戦で活況を呈しました。1918年の輸出額は14年と比べると3倍です。十五大財閥（第Ⅴ章で取り上げます）のうち、新興組はこの時期に急成長しています。

加えて、というよりもっと好況で成長したのは、商社でした。右のとおり輸出が増えれば利益が出るのですが、加えて、外資系商社が大戦で機能しなくなります。ドイツ系商社は敵国なので日本の交易をビジネスにできなくなるのは当然として、欧米系の、幕末以降日本に拠点を置いて欧米や植民地とのネットワーク（商権）を確立していた商社のなかにも、欧州での戦禍によって貿易金融が使えないなどの障害に直面するところが出てきました。結果として、交易量の増加以上に、日本の商社が成長したのです。

2　1920年不況のドミノ倒しと三大財閥への企業集約

さてそれで、本格的な不況に突入すると何が起きるのか。結論を先に書くなら、新興財閥の多くが経営危機に直面し、結果として日本の産業が既存大手の財閥に集約されていきます。そしてその前提は、すでに何度か説明したように、

- 大財閥には炭鉱・鉱山という収益の源泉があったこと
- 非関連多角化がリスクに強いこと

の2つです。

順を追って説明していきましょう。

新興財閥は大手と比べると借入金依存体質である

大手財閥は内部資金で事業展開を進めました。もちろん、明治初期の三井はお金がなくて、

少しアクロバティックな資金調達もしていたのですが、「中上川による三井銀行の改革」「益田による商社事業の拡大（三井物産は財閥本社のように自前の多角化も進めていました）」「三池炭鉱の払下げ」で財務力を確立しています。新興財閥にはこのような資金源がありません。

新興財閥は大手財閥系の銀行からお金を借りにくい

では新興財閥のほうはどこからお金を得たのかというと、典型の第一は機関銀行。そして第二は、大手財閥系以外の銀行です。

なぜそうなるのか。たとえば新興財閥が大手財閥と競合するビジネスをしていたとして、大手財閥系の銀行は、その新興財閥に貸し出しをするかというとしたくないはずです。もちろんそれで儲かるのかもしれませんが、一方で自分の財閥の事業会社にとってはマイナス要因になるでしょう。だから新興財閥は大手財閥系の銀行と取引することが難しくなります。

というより、新興財閥のほうが、このような問題に直面することを避けるために、大手財閥系の銀行と取引しなかったことが多かったのではないか。たとえば三井銀行からお金を借りるためには、事業計画の説明を求められるでしょう。その情報は同じ三井系の競合会社に流れると考えるのが自然です。結果として新興財閥は、相対的に小さな銀行、あるいは自前の機関銀行から資金調達をすることが多くなるということです。

新興財閥は取引銀行の規模が小さい

新興財閥が急成長したとすると、取引銀行の融資に占めるその財閥の割合が高くなります。**図表5**（159ページ）で見たように、1900年末の時点で、三井銀行の総貸出の3分の1が三井系企業向けでした。大財閥系銀行でもこんなに高いのだとすると、規模の小さな銀行の融資に占める特定企業グループ（新興財閥）の割合は、機関銀行でなくても高かったはずです。

つまり、新興財閥に融資している機関銀行や中小銀行は、リスク分散ができていません。その新興財閥と「リスクをともにしている」状態だと言えるでしょう。

新興財閥は、大手財閥ほどには非関連多角化が進んでいない

でも、その新興財閥の非関連多角化が十分に実現されていれば、新興財閥が有する事業において、リスクが同時に顕在化する（つまり同時に破綻する、あるいは大きな赤字を計上する）確率は低くなります。しかし大手財閥と比べると新興財閥は未だ多角化の度合いが低い。

また、非関連多角化がリスクに強いことの条件は「各事業のリスク環境が異なる」ことです。でも1920年の不況は、第一次世界大戦の終了という「一つのリスクの顕在化」によるものなので、たとえ非関連多角化であっても、事業ごとのリスク環境の類似性が高い。結果として、非関連多角化は、新興財閥のリスク耐性を強くするには不十分であったということになります。

取引銀行の預金金利引き上げが危機のシグナルになる

新興財閥は借入金依存度が高いので、好況期・成長期でも銀行からの融資に頼っていますが、事業が好調であれば銀行は貸出競争をするので金利は上がりません。だから預金金利も上がることはありません。でも経営状況がおかしくなると、貸し込む銀行と逃げる銀行に分かれる。つまり融資してくれる銀行が少なくなり、そうすると数が減ったぶん各行は危ない会社に貸すために資金が必要になって預金金利が少し上がる。それで一時的には預金が増えても早晩、風評で取り付けが始まります。そうすると危ない会社に貸すお金がなくなって、会社は資金繰りができず破綻。

破綻後の流れはつぎのようになるでしょう。

- 破綻した会社は、大手財閥に買われる
- 預金者は安全のために、近くに支店があれば大手銀行に預け替える
- 中小銀行は経営危機でなくても預金流出が進む

銀行が破綻した結果として、融資先企業が資金繰り破綻を起こすケースというのがあります。つまり、企業破綻は弱小銀行を媒介として連鎖していくということです。

- 健全な（とはいえ未来のない）中小銀行が、大手銀行に統合されていく

なお大手銀行とは、三井、三菱、住友に加えて安田、第一です。安田（当時は保善）銀行は震災の1923年に10を超える数の中小銀行を傘下に収め、その後も統合を進めています。第一

銀行は昭和初期に、東海銀行（戦後の中京地区の同名の都銀とは別の銀行で、本店は東京）、古河銀行（の一部）を統合しました。

初期の日本板硝子は三井、三菱、住友

少し長い解説になりましたが、こうして１９２０年不況を契機として、大手財閥への企業集約が始まります。そしてこれに、これでもかという感じで関東大震災、昭和金融恐慌、そして世界恐慌（日本では昭和恐慌）が続いていきます。

また関東大震災について言えば、住友は関西だったので影響が少なくて、日之出生命（本社東京、1924年住友傘下→住友生命）、日新工業社が住友電線と提携（1930年→日新電機）、東海電線製造所が住友電線と提携（1931年→住友電装）日米板ガラス経営再建（1922年→日本板硝子）など、本書の表現で言えば住友「化」を進めていきました。

面白いのは日米板ガラスです。この会社の設立は１９１８年。旭硝子（現・ＡＧＣ）が１９０７年の設立なので、後発と言えば少し後発です。そういう会社をグループ化していくのが、ぜんぜん悪い意味ではなくて住友らしい。事業展開に関する戦略（はっきり言えば欲望）の「発現の仕方」が、他の企業グループと違うように思います。

閑話休題。日米板ガラスの初期の監査役に馬越恭平の名前が見える。この人は三井物産役員、大日本麦酒社長。１９１８年には74歳になっていましたが、経営の第一線にいた人です。重要なのは住友ではないこと。

では取締役はというと、4人のうち二人が三菱（山田三次郎と米井源次郎）、1人が住友（総本店支配人の山下芳太郎）。山田は1908年には旭硝子工務長。理系です。伯父は大久保利通。まあ普通ではない。のちに旭硝子の会長、日本化成（現・三菱ケミカル）の社長も務めた人で、この会長、社長をしていたのは日米板ガラス取締役より後なんです。

米井は親戚が創業した明治屋副社長の後、馬越が提案したビール会社大合同を拒否して（と言っても決定したのは岩崎さんなのだと思いますが）1907年にキリンビールを設立、専務に就任しています。

つまり、設立当初の日米板ガラスは特定の財閥に依存している印象がありません。

1914年にガラス輸入が禁止になって、15年ころに米国でコルバーン法という板ガラス製法特許が生まれ、これを杉田与三郎が買って持ち帰り日米板ガラスを設立。この時点では、必ず成功すると思っていたに違いありません。

しかし大戦が終わり、ベルギーからのガラス輸入が「復活」して日米板ガラスは経営危機に陥ります。欧州企業の復活で品質の劣る日系が苦労するという、当時一般的に見られた光景でした。板ガラスは輸出商材ではないので、傷はまだ小さかったと言ってよいでしょう。

そして住友が再建に乗り出したのが1922年。なおこの年、山下芳太郎は

✿✿✿✿✿✿✿✿✿✿✿✿✿✿ Topics ✿✿✿✿✿✿✿✿✿✿✿✿✿✿

住友の「天下り幹部」

山下芳太郎（1871―1923年）は東京高等商業（のちの一橋大学）を卒業して1893年から外務官僚。印・仏・英で勤務した後、1901年に退官して住友に入社しています。その後も官僚として日露戦争で書記官をしたり、西園寺公望首相の秘書官もしていますが、住友に戻り総本店支配人。

当時の住友は、多くの官僚を幹部として招聘していました。このあたり、三大財閥でマネジメント組織の編成原理にかなり違いがあるようです。住友は関西にいるぶん、中央の情報が入りにくい、あるいは遅れる。これを克服する手段として官僚を招聘していたのではないかと思います。

ライフワークの「カナ文字」（自分の名前もカタカナで書いていました。申し訳ないけど高級官僚にごくたまにいる変わり者）のために住友を完全引退しているようですので、日米板ガラスの再建に手腕を振るったわけではありません。まあでも、住友にとってこの会社はよくわかっていた会社でした。三井と三菱が創業の面倒を見た会社が経営危機になって住友が再建するという構図です。

3 カルテルから戦時体制へ

このように、産業革命と戦争が大不況と恐慌をもたらし、日本の場合は明治期に確立された大財閥に企業が統合されていくという流れがありました。そしてこの「大不況と恐慌」がもたらしたのがカルテルです。

過当競争の日本的理由

このころの日本では、イノベーションは国内では生まれていません。海外からの導入です。したがって、国内のごく一部の企業だけが、イノベーションによって劇的に生産性を高めて優位に立つということがありません。どの会社も外国から特許や技術、そして機械を買って、場合によっては人も連れてきて、一つのビジネスがいろいろなところで同時に始まる。そんな光景でした。だからいつも過剰生産気味の産業が多い。いわゆる過当競争。１８９０年の初めての恐慌のとき、繊維業界は操業時間を短縮しました。これが本格的なカルテルの始まりだと言ってよいでしょう。

カルテルがうまくいかない

繊維よりカルテルが早かったのは製紙です。また製麻、石油、人造肥料でもカルテルが行われました。ただ、あまりうまくいきません。理由は2つです。

第一は、組織化率が低かったこと。カルテルに加わらずに抜け駆けして安値で売って、利益を稼ぐ会社がありました。とくに大手がカルテルに加わらない場合は実効性が低下します。そして第二は輸入品です。

ここでいくつか面白い事実に気づくことができます。第一は、カルテルを求めるのは業界1位ではなくて少し弱い会社だということ。

過当競争が続くと何が起きるか。体力のない会社は倒れて、倒れた会社の生産設備や顧客などを手に入れた会社が成長する。成長する会社の数は少ない。そんな構図です。だから自分の会社はきっと生き残れると思うなら、状況をあるがままに任せて……つまりカルテルなどつくらずに、自由競争を続けていくというのも一案です。

でもほとんどの会社は生き残れないほうの「負け組」になります。たとえば、50社が5社に統合されていくのだとすると45社は負け組になる。だからきっと、カルテルを主導したのは負け組になるリスクの高い会社です。もちろん業界大手にとってもカルテルのメリットはありますが、切迫感が違う。

カルテル成功の条件は政府

そして第二に、カルテル不加盟や抜け駆けなどに対抗できるのは、業界ではなくて国です。すなわち、一般的かつ常識的には、

- カルテルをつくってグループ外への利益の流出を妨げようとするのは企業で
- 当局はこれを規制して適正な競争を促す

と考えるのですが、実際には、政府が協力してくれないとアウトサイダー規制はうまくいきません。とくに不況カルテルの場合は、政府が設置を認めているので、認めたカルテルがちゃんと運営され効果をあげてくれないと困ることになると思います。

この長期的な不況から大恐慌、そして第二次世界大戦へと続く時代に、政府主導の業界再編を進めていくために、以下のような法律が生まれました。

一つは、1931年に公布された「重要産業統制法」です。

2分の1以上の会社による団体から統制協定が届けられた場合、政府は審査のうえカルテルを許可します。それだけでなく、3分の2以上の会社による協定の場合は政府の権限によってアウトサイダーを規制します。つまり、抜け駆けのできない仕組みでした。

具体的な産業は24。すなわち、綿糸紡績、絹糸紡績、人絹、洋紙、板紙、カーバイド、晒粉、硫酸、酸素、硬化油、洋灰（セメント）、小麦粉、銑鉄、合金鉄、棒鋼、山形鋼、鋼板、線材、

銅・真鍮圧延板、二硫化炭素、精糖、揮発油、麦酒、石炭です。

もう一つは、同じく1931年公布の「工業組合法」（通称。1925年の重要輸出品工業組合法の改正）です。

主に中小企業を対象とするカルテル保護法であり、この年の改正によって、営業上の弊害を「予防」することを目的としてアウトサイダー規制ができるようになりました。つまり、問題が起きてなくても取り締まるというすごい法律。統制の対象となった製品は60を超えていて、確認できた範囲で書けば、織物、メリヤス、琺瑯（ほうろう）鉄器、セルロイド、マッチ、玩具、燐酸肥料、印刷物、水飴、懐炉灰、製氷、煉瓦、味噌、醤油、凍豆腐。

よく見ると輸出品ではないもの、どう考えても重要輸出品ではなさそうなものが含まれています。実効性はともかくとして、政府は産業内の競争に介入することができるようになりました。

企業統合の時代へ

カルテルから一歩進むと企業統合になります。内部組織なら基本的に競争はありません。ただ、株式会社は政府の意向にしたがって統合されるかというとなかなか難しい。第III章で、三井と三菱の製鉄会社は他の会社とともに日本製鉄に統合されていったことを説明しました。1934年でした。でも川崎造船所、神戸製鋼、浅野系3社はこれに合流していません。法的には株主の合意が必要で、政府が言えば何とでもなるということではないんです。

とはいえ日本製鉄誕生は、この時代の政府主導の企業統合の象徴的な成果でした。1937年の時点で、日鉄の製鉄シェアは83・9％。仕入れも販売も、自分で自由に価格を決められるようになった（必ずしもよいこととは思いませんが）ということです。

そしてこれにならって、あるいは並行して、大企業統合がいろいろな産業分野で行われていくことになります。多くの場合、それを国が後押ししました。「多くの場合」と書いた理由は、政府といえど一枚岩ではない。今でもよく「局あって省なし」と言いますよね。官僚だけでなく政治家も同じです。そして当時の政府には、官僚と政治家に加えて軍がいた。それも統一的な軍ではなくて陸軍と海軍。意見をまとめるのはきっと大変だったと思います。

一例をあげるなら、1934年に三菱造船と三菱航空機が合併して三菱重工業になるのですが、陸軍も海軍も反対しました。陸軍は海軍（造船での三菱との付き合い）が合併会社に強い影響力を持つことを懸念して反対。海軍は自分のテリトリーに陸軍が入ってくるから反対。でも岩崎小彌太は合併を実行します。

国家総動員法はオールマイティ

やがて1936年に二・二六事件、そして翌37年には盧溝橋で日中戦争が始まり、国による統制が本格化していきます。少し例をあげましょう。

1937年、「臨時資金調整法」が公布されます。金融機関が会社に設備資金（新規、拡張、改良）を貸し出すこと、あるいは有価証券の引受・募集取り扱いについて、政府の許可を必要と

Topics

日本にはカルテルはあるが、トラストとコンツェルンはない

20世紀初頭の日本企業の再編を説明しようとすると、カルテルがあって、つぎにコンツェルンとかトラストと書きたくなるところなのですが、どちらもありません。厳密に言えば、コンツェルンと呼ばれるような比較的小さな企業グループはあったかもしれませんが、それだけならコンツェルンという言葉で企業史を考えなくてもよさそうです。

コンツェルンは同じ時期のドイツに見られた企業グループで、関連事業を統合していったものです。調達や販売の安定を目的としていたと考えることができます。つまり、非関連多角化ではありません。ここが誤解が生まれやすいところです。日曹コンツェルンや日窒コンツェルンは、もうちょっと長い期間うまく経営されていれば、非関連多角化した財閥になっていたかもしれません。

あるいは日本が先進国になると非関連多角化が難しくなる（さまざまな事業分野に、その事業分野の経営資源を持つ競争相手がいるためです。自社の経営資源を活用して、「関連多角化」するほうが合理的になります）ので、財閥という「非関連多角化に成功した企業グループ」は明治維新後の70年間の特異な存在だったと考えるべきかもしれません。

くどいようですが、大事なところなので念のために。安田も野村も財閥です。つまり、非関連多角化をすることは、財閥の要件ではありません。というより、実は代表的な学者の意見が統一されていません。たとえば、安田や野村のように金融に特化したのも財閥なのか、地方財閥は財閥なのか、あるいは株式を公開したら財閥ではなくなるのか、といった問題にカタがつきません。

学者の意見がまとまらないのは、現実が多様だからです。経営学は現実に先行することのない学問なので、これは健全な状態だと言ってよいと思います。経営者は新しいことを始めます。そして学者は後ろからついていって事実認識を整理して伝える。そんな関係です。

トラストのほうはウィキペディアでも「企業結合と訳され……」と書いてあります。誤用がいつのまにか常識になってしまった。ウィキはその常識を淡々と記述します。しかし歴史を語ろうとすると、トラストは19世紀末から20世紀初頭の米国に固有の「結合ではない」形態だったことを確認しておく必要があるでしょう。米国のトラストでは、会社は結合しません。各社の株式を株主が「信託（トラスト）」します。そしてこのトラストの運営者が複数の企業を経営します。

なぜこんな方法を使ったかというと、企業統合と独占の評判がよくなかったからです。でもトラストは一種の「方便」なので、企業結合と同じく問題視されることになり、1910年ころからは持株会社を使った水平統合が主流になります。法の網の目をかいくぐって、何とかシェアを上げて利益を得たいと企業は考え、当局は抑え込もうとする。法律の通称は「反トラスト法」。この法律はカルテル禁止も目的にしています。

する。目的は日中戦争に伴う緊急事態への対応。どうもこの戦争は早くカタがつくと思っていたようです。

そして同時に公布されたのが「輸出入品等臨時措置法」。輸出入の制限や、製品の国内での配給、生産、価格決定など広範な権限を国に認めるものです。

また、1918年制定の「軍需工業動員法」が適用されたのも1937年。軍需生産のために国が民間工場を徴用、管理するという法律です。公布後20年近く使われていませんでしたが、1937年に日中戦争が起きて適用されました。

つまり、日中開戦の年にはこれらの法律が揃います。そして早くも38年には、それまでの法律を集約するかたちで、国家総動員法が施行されるのです。この法律のすごいところは、条文には具体的な統制内容が書かれておらず、勅令で決めるというスタイルになっているところです。第二次大戦まで天皇は陸軍と海軍の総帥です。だから軍の意向を天皇の名前で出すと勅令になる。完全なフリーハンドを軍が獲得したと言ってよいでしょう。

4 財閥の株式公開が始まる
――主に三井を例に

ところで、このようなカルテル、企業統合の動きと並行して、三井と三菱は株式を部分的ですが公開し始めます。三井は１９３３年から東洋高圧、三池窒素、王子製紙、東洋レーヨン（現・東レ）、北海道炭礦汽船などの株式を公開しました。三菱は翌34年に三菱重工業株の一部を公開し、株主は23人から同年末には1万６０３６人になりました。そしてその後１９４２年までに増資で資本金を8倍にしています。並行して38年、三菱は財閥本社株を公開しました。

三井の場合、グループ企業の株式公開はこれが初めてではありません。鐘紡は１８８９年に株式を上場しています。つまり、中上川や武藤山治がやってくる前です。三井銀行は１９１９年に株式公開。１９３０年代の三井の株式公開は、三菱と比較すると財閥の中心というより周辺の会社だと言ってよいでしょう。

三井のグループ企業の区分

『史料が語る三井のあゆみ』[16]には、1944年時点の三井グループの企業名や親子関係を示す図が掲載されています（図表10）。当時、三井は各社をつぎのように区分していたようです。

三井本社から見て――。

- 直系会社　物産、鉱山、信託、生保、化学、不動産、船舶、農林、造船、精機
- 準直系会社　日本製粉、三井倉庫、大正海上火災保険、熱帯産業、東洋棉花（のちのトーメン）、三機工業、東洋レーヨン、東洋高圧工業、三井油脂化学工業、三井軽金属、三井木船建造、三井木材工業
- 三井本社の子会社　33社
- 三井本社の傍系会社　10社（帝国銀行、北海道炭礦汽船など）
- 直系会社の子会社　42社
- 直系会社（ただし三井物産のみ）の傍系会社　4社
- 準直系会社の子会社　39社
- 直系会社、準直系会社の孫会社　7社

ここまでで157社です。留意点が2つあります。

第一に、この図には三井銀行が出てきません。三井銀行は物産と並んで中枢の会社のはずですが、なぜないのかというと、1943年に三井銀行は第一銀行と合併し、帝国銀行になった

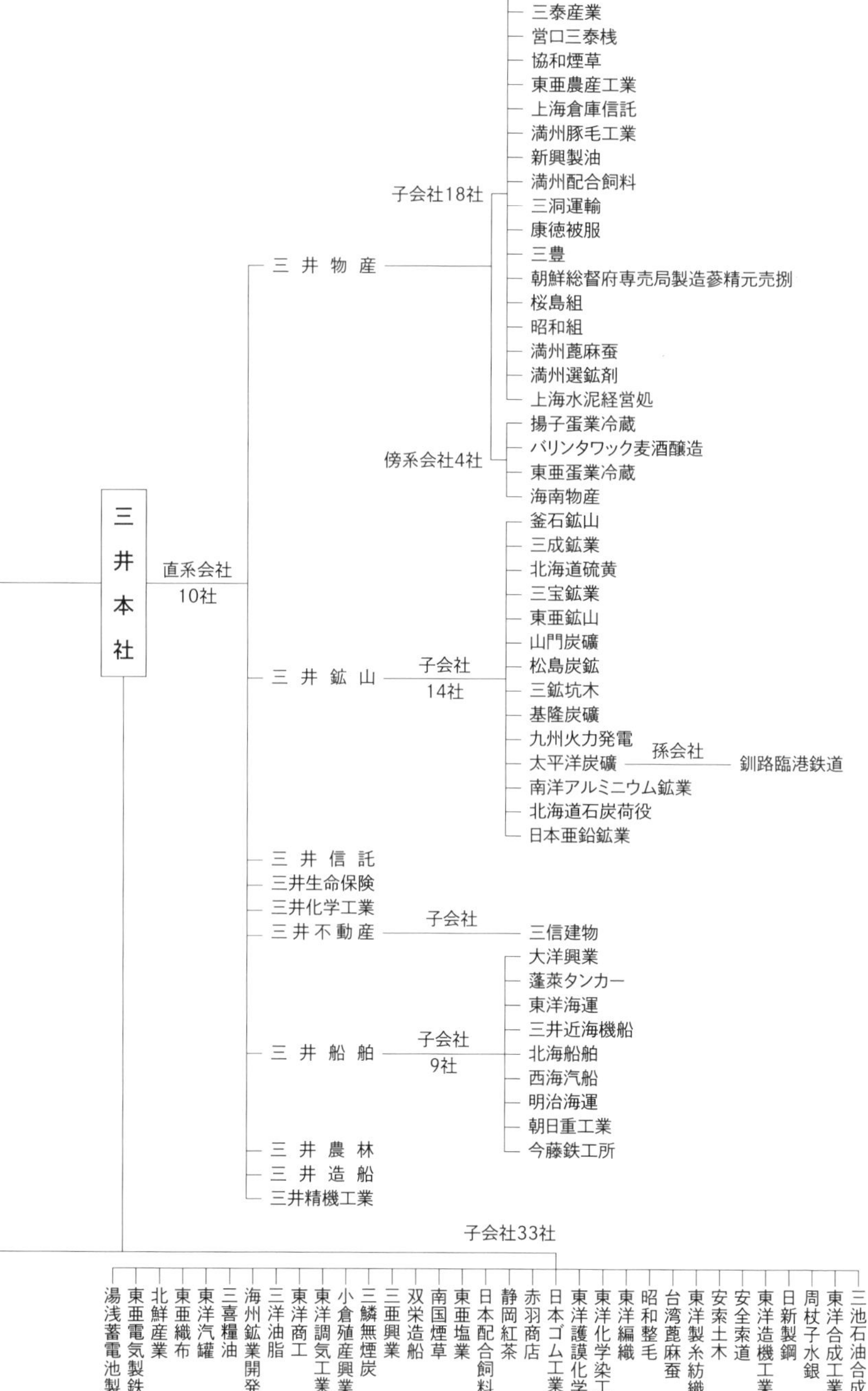
三井本社
直系会社
10社
三井物産
子会社18社
三泰油房
三泰産業
営口三泰桟
協和煙草
東亜農産工業
上海倉庫信託
満州豚毛工業
新興製油
満州配合飼料
三洞運輸
康徳被服
三豊
朝鮮総督府専売局製造蔘精元売捌
桜島組
昭和組
満州蓖麻蚕
満州選鉱剤
上海水泥経営処
傍系会社4社
揚子蛋業冷蔵
バリンタワック麦酒醸造
東亜蛋業冷蔵
海南物産
三井鉱山
子会社
14社
釜石鉱山
三成鉱業
北海道硫黄
三宝鉱業
東亜鉱山
山門炭礦
松島炭鉱
三鉱坑木
基隆炭礦
九州火力発電
太平洋炭礦
孫会社
釧路臨港鉄道
南洋アルミニウム鉱業
北海道石炭荷役
日本亜鉛鉱業
三井信託
三井生命保険
三井化学工業
三井不動産
子会社
三信建物
三井船舶
子会社
9社
大洋興業
蓬萊タンカー
東洋海運
三井近海機船
北海船舶
西海汽船
明治海運
朝日重工業
今藤鉄工所
三井農林
三井造船
三井精機工業
子会社33社
湯浅蓄電池製造
東亜電気製鉄
北鮮産業
東亜織布
東洋汽罐
三喜糧油
海州鉱業開発
三洋油脂
東洋商工
東洋調気工業
小倉殖産興業
三鱗無煙炭
三亜興業
双栄造船
南国煙草
東亜塩業
日本配合飼料
静岡紅茶
赤羽商店
日本ゴム工業
東洋護謨化学工業
東洋化学染工
東洋編織
昭和整毛
台湾蓖麻蚕
東洋製糸紡織
安索土木
安全索道
東洋造機工業
日新製鋼
周杖子水銀
東洋合成工業
三池石油合成

図表10　三井財閥の傘下企業（1944年7月）

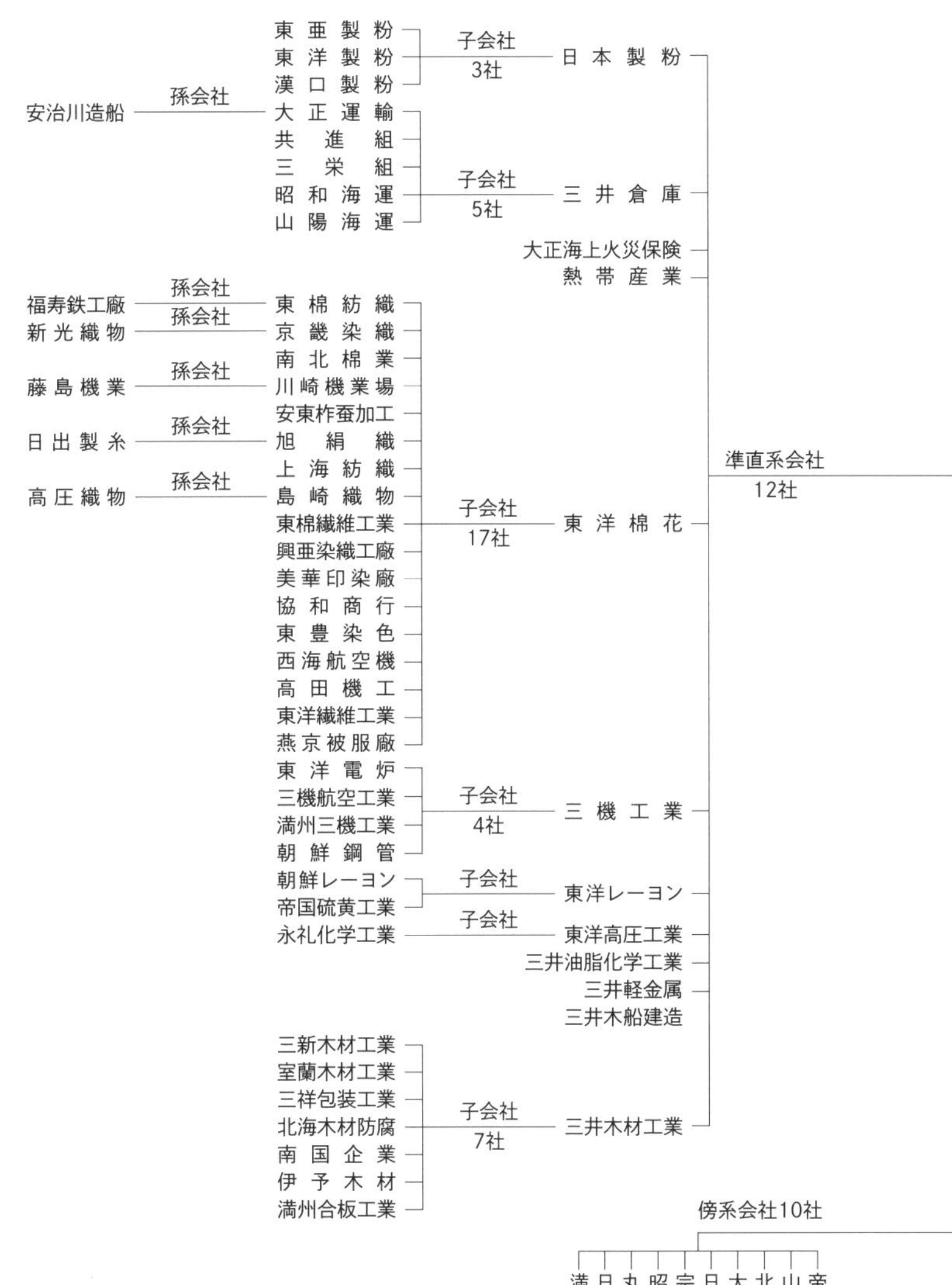

注：この図は、三井系持ち株比率30％以上の会社を抽出した史料から作成しているため、三越、電気化学工業、東京芝浦電気、大日本セルロイド、富士写真フイルム、小野田セメント製造など、三井系の会社であっても本図に含まれない会社がある
出所：三井文庫編『三井事業史』本篇所載図
出典は文献16

からです。三井本社の傍系会社として記載されています。なお第一銀行は設立時は第一国立銀行。渋沢の依頼で三井組と小野組が資金を出して設立した銀行です。２つの三井系の銀行が一緒になったのですがこの合併はあまりうまくいかず、１９４８年に分割されてもとの２つの銀行に戻ります。

第二に、このなかには三越、電気化学工業、東京芝浦電気、大日本セルロイド、富士写真フイルム、小野田セメント製造などが含まれていないという意外な特徴があります。理由は三井の持ち株比率が30％に満たないからであるという注記がされています。鐘紡もありません。

企業グループをどのようなものとしてとらえるのか、という点が、考え方によって違うんですね。その「考え方」を整理するために、あらかじめ現在の上場会社のルールをざっと確認するなら、親会社による支配は「資本による支配」「人的支配」が主なもので、連結対象子会社（親会社の持ち分50％以上、ただし40％以上の場合もある）は財務諸表を親会社と合算（相互取引・出資等は控除）、持分法適用会社（一般的には持ち分20％以上）は純資産と純利益を合算することになっています。

戦前の三井には出資比率の低い会社は「認識」されない

一方、現代の企業がグループとしての経営戦略について検討する場合、たとえば機能子会社は戦略的な重要度が低いことも多いと思います。あるいは販社全体としてどうするかというのは戦略論として重要だけれども、そのうちの一つの経営を本社で戦略的な観点から議論することはない。

観点によって重要な子会社が変わります。右のケースについて言えば、親子会社等に関する法制は、投資家保護等に主眼を置いているのに対して、戦略論は未来の成果の最大化を追求する。これが違いの理由でしょう。

では20世紀前半の三井がどうだったかというと、推測するなら、三井家の資産の最大化が最も重要な目的だったはずで、だから持ち株比率が低ければ記載されないし、三井銀行もこの時点では第一銀行と合併して帝国銀行なので傍系会社扱いになる。資本の論理（？）による整理としてはわかりやすいと言うことができるでしょう。

でも、人的なつながり、情緒的なつながりもあるでしょう。三井の持ち株比率は低いけれど社長がずっと三井から来ている会社とか、創業家の事業である三越とか、その三越得右衛門さんが初代社長を務めた東京綿商社（鐘紡）とか。

事業戦略は子会社の「領分」

では戦略論的な観点から企業グループを把握する、検討することはあったのかというと、意外に思われるかもしれませんが、たぶんないんです。なぜかというと、成功した財閥とは「非関連多角化に成功した企業グループ」なので、特定の事業についての戦略を持ちません。というより、それは傘下会社の「領分」なのです。下谷政弘[26]によれば、この結合形態は日本固有のものです。

その意味では、財閥本社が検討する戦略テーマは何なのかというと、ボストン・コンサルティング・グループが生み出したＰＰＭ（プロダクト・ポートフォリオ・マトリックス）や、米国ゼネラル・エレクトリック（ＧＥ）のＣＥＯだったジャック・ウェルチの戦略の一つである**コア・コンピタンス**の世界のものだと言うことができるでしょう。ＰＰＭは企業が持っている複数の事業を、成長性と収益性によって４象限に分け、資金投下する事業と撤退する事業とを明らかにしていきます（177ページの**図表7**）。

この「複数の事業」は、非関連であることも多いんです。というより、もし事業間にシナジーなどの関連があるとすると、成長性と収益性だけで投資判断することが難しいので、この４象限での分析が最も有効なのは、事業間に関係がない場合なんですね。

では、米国大企業はなぜそのような非関連多角化を進めたのか。米国大企業は市場シェアが高いので、一つの事業が成長を続けると反トラスト法の適用対象になるためです。だから事業に成功した巨大企業は、その事業でさらに大きくなることができないので、非関連多角化を進めることになりました。そしてこの多角化は失敗することも多かったので、撤退の判断が重要だったのです。

コア・コンピタンスについては、優位性のある事業に集中することだと理解している人が多いと思います。でもウェルチの時代に、ＧＥの事業範囲は驚くほど広がりました。製造業というより金融業になってしまった時期があります。

ではＧＥのコア・コンピタンスの本質は何かというと、

コア・コンピタンス
『ハーバード・ビジネス・レビュー』に掲載（1990年）されたＧ・ハメルとＣ・Ｋ・プラハラードの論文による。直訳すれば「核となる能力」。会社の強みの源泉となるような技術・ノウハウ等を指す。

- 世界3位以下の事業は売却する
- それで得た資金で収益の高い事業に投資・参入する

というものです。世界3位なら高く売れます。つまり撤退する。PPMの「負け犬」の撤退は資金流出を防ぐだけですが、世界3位の事業なら撤退によってお金が手に入ります。そう考えるなら、ウェルチは撤退の判断基準のハードルを驚くほど下げたのだと言うことができるでしょう。

つまり、PPMもコア・コンピタンスも、非関連多角化戦略において「どのような事業を遂行し、何をやめるのか」の意思決定に役立つツールです。非関連多角化企業グループの本社の仕事でいちばん大きいのがこれだということなのでしょう。そしてこれとは別に、事業会社は事業会社として、関連多角化を立案・実行していくことになるのです。

財閥批判への対応としての株式公開

ところで、株式公開に際して何が行われるかというと、

- 新株の発行（募集）
- 既存株主が保有する株式の時価での売却

の2つです。どちらも株式公開のときでないとできないことかというと、そんなことはない。でも、株式を公開していないと、時価での売却は考えにくいと思います。増資にあたって株主を募集するというのも、上場会社ならやりやすいと言えるでしょう。

1930年代の財閥系企業の株式公開は、当時、三井合名理事長の団琢磨の暗殺（1932年）など、財閥に対する批判が高まってきたことへの対応の一つだと説明されてきました。批判への対応のための施策をまとめて「転向」という語がつけられています。

この転向という言葉は、国粋主義者が第二次世界大戦敗戦後にいきなり民主・平和主義者になるとか、左翼運動の活動家が官憲による弾圧を恐れてマルクス主義を捨てるとか、そんな場合に使われるものだったのですが、財閥が転向するというのはおそらく半分は皮肉で、三井同族が揃って三井各社の経営陣から退任したり、社会事業に大金を使ったりという変化と並行して実施された施策として、株式を公開して財閥企業の利益を国民に還元するとともに経営に対する監視を可能にした……ように見せたものだと考えられています。

グループ企業が成長したので三井本社が保有株式を売却

もちろん、団琢磨を殺された三井同族の恐怖感はきわめて強かったはずです。気持ちはわかるのですが、武田晴人[22]によると、公開、というより財閥本社が公開株式を売却することにはちゃんと財務政策上の合理性があります。少し敷衍（ふえん）して説明するなら、次のようになるでしょう。

①大正から昭和にかけての不況のなかで、新興企業が破綻し、三大財閥が巨大化していきました。なお、戦前最大の財閥は三井です。

②財閥本社はＰＰＭと同じように資金を配分しました。つまり、グループのなかで利益をあ

げた企業から資金を得て、それを成長企業（PPMならSTARです）に投資します。もちろん、失敗した場合の「穴埋め」にも使ったでしょう。

③幸いなことに、事業拡大のスピードが速かったので、資金が不足しました。

④しかしこれも幸いなことに、財閥が保有する銀行も拡大を続けたので、銀行に集まる預金を貸し出すことで、グループ企業の資金需要をまかなうことができました。

⑤並行して、直系会社と準直系会社は「自分で多角化」し始めます。この多角化は財閥本社の非関連多角化とは違って、先進国型の関連多角化が多いんです。

準直系と「本社の子会社」の違いははっきりしない

例を一つあげるなら、準直系と位置づけられている日本製粉（現・ニップン）は、もともとは三井系ではありません。日露戦争後の過剰供給で他の製粉会社が経営危機に直面すると、吸収合併して規模を拡大しました。その過程で鈴木商店と販売契約を結び、鈴木系の製粉会社も吸収、あるいは子会社化して拡大します。しかし日本製粉自身が経営危機を迎え鈴木商店が大株主になるのですが、１９２７年に鈴木商店が破綻したところで三井物産と販売契約を締結して立ち直ります。

翌１９２８年には三井合名理事の安川雄之助が日本製粉会長に就任、この人の経営手腕は大したものですが手法の評判がよくなかったため、30年代の三井の「転向」の象徴として更迭されています。それはさておき、つまり日本製粉が三井系（準直系）になって、傘下に製粉会社を子会社としていくつか持っていました。

ただ、すんなりと再建されたわけではありません。1929年に世界恐慌が起こり、小麦粉の卸売物価は2年間で35%下落、日新・日本の両製粉会社でカルテルを形成、これに日東製粉が参加し、3社の設備能力は全体の88%あったのでカルテルは成功しました。資料を見ていると、日清製粉と交渉しているのは三井物産です。日本製粉ではありません(27)。

この例の場合、日本製粉は三井物産の子会社にはならず、三井本社の子会社です。同じように、三井物産の機械部から発展した三機工業も本社の子会社です。おそらく、投資資金を要する会社、つまり大規模な会社は三井本社直轄という位置づけになっていて、本社が(も)出資するという論理ではないかと思われます。

ただし、三井本社には、直系、準直系以外に子会社が33社あります。そのなかにはたとえば湯浅蓄電池製造(湯浅電池→ジーエス・ユアサコーポレーション)があるのですが、この会社の創業者である早川外吉は湯浅七左衛門商店に婿入りして跡を継いだ人で、実兄は早川千吉郎(1863-1922年)。東大→大蔵省、日銀→三井合名副理事長→貴族院勅選議員→南満州鉄道社長という、官僚出身のエリートの典型のような経歴。子会社化についての記録が見つからないのですが、だから三井は湯浅を支援したということなのでしょう。当時は小さな会社でした。

あるいは三鱗無煙炭(現・ミツウロコグループホールディングス)は、現在の筆頭株主は明治安田生命(もちろん経営戦略上の目的で株式を保有しているはずはありませんが)ですが、1926年に三鱗石炭と三井物産の合弁で設立された三鱗煉炭原料から始まる会社です。三井本社の子会社です。親会社の三鱗石炭は社名からはわかりにくいのですが、運送業でした。1947年の集中排除法（財閥解体）で三井物産との系列を解消しています。

どうもこういう例を見ていても、本社の子会社にするのか、子会社にぶら下げて孫にするのか、あるいは準直系に位置づけるのかという論理が見えてこないのですが、それが現実だということです。ただし、直系・準直系の子会社には、その後大きくなった会社がありません。大きくなったかどうかは別にして、この時期の三井財閥の組織特性は、

- 関連多角化する主要会社は関連多角化で企業グループを形成
- 財閥本社は傘下に主要会社（直系、準直系）を配しているので非関連多角化の本社
- これ以外に、いろいろな理由で本社直轄の子会社と傍系会社
- 株式保有シェアは低いが、経営者派遣などで影響力を残している大企業

ということになるでしょう。後半の章の議論を少し先取りして説明すると、第二次大戦後の日本企業は、先進国企業らしく、自社の経営資源を活用した関連多角化で成長していきました。これに比べると、戦前の三井の事業会社の自主的な多角化は大したことない（たぶん他の財閥も同じです）のですが、それでもグループ企業の成長に資金を要した。だから財閥本社への「上納金」が減少したと思われるのです。

子会社株の含み益を他の子会社に投資

では、本社はどうするか。武田晴人[22]によれば、ここで三井はつぎのような行動に出ます。

【STEP1】公開している、あるいは新たに公開した「直系でない会社」の株式を売却して含み益（キャピタルゲイン）を得る

【STEP2】このキャッシュを、非公開の会社、とくに直系大手の増資に使う。とくに資金需要が大きかったのは物産と鉱山

留意点は、三井本社が保有している公開会社の株式売却方法が、必ずしも証券市場ではないというところです。資金を有しているグループ企業、具体的には生損保や信託に時価で買ってもらいます。当時のことなので、株式の市場価格で相対取引をするということではないようで、金額は市場価格に近いけれど同じではなかったようです。何かの意図があったというより、そんなものだったということなのでしょう。

こうすれば、三井本社の支配力、グループの資本による結束力を落とすことはありません。時には、物産が資金の出し手になる、つまりグループ他社の株式を買い取ることもありました。これはつまり、持ち合いの始まりです。

5 幕末の豪商と同じように国に金をとられる

1912年、清朝滅亡。最後の皇帝は愛新覚羅溥儀。1931年の満州事変を経て日本が翌32年に満州国を設立して、溥儀が初代執政→34年皇帝。典型的な傀儡(かいらい)政権。このあたり映画「ラストエンペラー」(1987年)の世界です。そして37年から日中戦争。

満州国の目的は、一応反共ということになっていました。1917年がロシア革命。12年の清朝滅亡の後、中国は孫文率いる中華民国となるのですが安定しません。ロシア革命の影響を受けた中国共産党の活動も盛んです。それで日本にとっての防共の砦が満州ということになるのですが、こういう政治目的が基本原理になると、お金の議論がどこかに行ってしまう。

三井、三菱のお金の出し方

植民地の維持にはお金がかかります。だから第二次世界大戦後、欧州各国は植民地の独立を

愛新覚羅溥儀(1906-67)
満州国皇帝。

(共同)

認めざるを得なかったのですが、18世紀ころのインドのように、植民地に産業があって税金をとれるなら話は別です。だから政府というより軍部は財閥に依頼して満州や朝鮮に進出してもらう。三井と三菱に満州国の借款に応じてもらったりもしていました。

幕末・明治維新のころならともかく、昭和になってからの日本政府では民間に上物金を出させるわけにはいきません。満州国は、欧米列強に対して日本が「満州を勝手に領土にした」と言われないための、すぐばれる方便だったのですが、一応は国なのでお金を借りられる。普通に借りようとしても貸してくれる人がいないので財閥に頼む。１８６０年代の豪商の苦悩が、１９３０年代の財閥に引き継がれていく感じがします。そして三井は両方で当事者。

念のために言えば、財閥は大陸進出を嫌がっていたかというとそうでもないんです。とくに新興財閥は概ね大陸進出推進派でした。戦争で伸びた会社が多くて、日本が戦争をやめると設備過剰や債務過多が顕在化します。拡大路線を継続するには大陸進出が好都合、というより不可欠でした。

企業は社会の人材選抜システムになった

またこの時期の特徴として、財界人が政治に参加します。それも大臣になる。少し例をあげておきます。

小林一三（阪急）　近衛内閣商工大臣

池田成彬（三井）　近衛内閣大蔵大臣、商工大臣、日銀総裁

小倉正恒（住友）　近衛内閣国務大臣、大蔵大臣
藤原銀次郎（三井、王子製紙）　米内内閣商工大臣、東条内閣国務大臣、小磯内閣軍需大臣
五島慶太（東急）　東条内閣運輸通信大臣

このような、経営者→大臣というキャリアルートは、明治時代にはなかったと思います。議員になる実業家はいても、大臣になった人は、実業家をやめて政治家に転職した久原房之助（逓信大臣）を除くといませんでした。それに久原が大臣になったのも昭和に入ってから（1927年）です。政治の世界から実業家に対して大臣への就任を依頼する時代になっていました。

何が起きたのか。産業が発展して、大企業が数多く生まれた結果として、企業経営者が有能な人材であるという世の中の「了解」が生まれたということなのでしょう。第I章で紹介した「足高の制」のように、武士階級の身分制度は必ずしも硬直的なものではなく、有能な人材を抜擢する仕組みが早い段階で整備されていました。だから明治維新が成功して、日本は欧米列強の領国にならずに済んだのだと思います。

才能のある人を見つけるのは社会にとってとても大事なことで、20世紀初頭の日本では、企業がその役割の一部を担い始めていました。お金だけでなく人も供給するようになったということです。章の最後なので少し現代の話をするなら、自民党だけかもしれませんが議員が世襲的な職業になり、そのなかから大臣や首相が選ばれていくというのは、身分制度みたいなものですよね。つまり、社会システムの退化かもしれないと思うのです。

三菱銀行から運び出される三菱本社所有の証券（共同）

CHAPTER V

財閥解体と長期成長

「バルト海のシュチェチンからアドリア海のトリエステまで、大陸を横切る鉄のカーテンが降ろされた。中部ヨーロッパおよび東ヨーロッパの歴史ある首都は、すべてその向こうにある」

英国のサー・ウィンストン・チャーチルは1945年7月の総選挙（7月というと日本は戦時中ですが、5月にドイツが降伏し欧州の大戦は終わっていました）に大敗し1度目の首相在任期間を終え（2度目は1951－55年）、46年3月に米国トルーマン大統領の招きで訪米、右はそのときに、ある大学で行った演説の一部です。「鉄のカーテン」の語は、ここから始まります。

英国には自国は田舎だという自覚があって、歴史的には欧州の中心は東欧と中欧。より古くはギリシャ・ローマ。その中・東欧をソヴィエト連邦に持っていかれたという気持ちのあらわれでしょうか。

つまり、第二次世界大戦の戦勝国は、一枚岩ではありませんでした。それも、戦争が終わって、次第に方針の違いが明らかになっていったわけではありません。だから早くも終戦の翌年の春にはこんな演説になる。冷戦です。

考えてみると、資本主義の米英と社会主義のソ連（ロシア革命は1917年）が一緒に戦うというのはそもそも無理があります。大戦中は手を組まざるを得なかったのですが、戦争が終われば考え方の違いがはっきりと見えてくる。

そしてこの東西対立のおかげで、敗戦国であった日本とドイツ（当時は西ドイツ）は復興をとげ、企業も成長します。大戦前の大企業が解体されて新しい会社が起こったのかというと、意外にそうでもないんです。だから日本もドイツも、19世紀後半、あるいは20世紀初頭から続く大企業が残っている。

（Underwood Archives／Universal Images Group／共同通信イメージズ）

ウィンストン・チャーチル
Sir Winston Leonard Spencer Churchill (1874-1965)
イギリスの政治家。第二次世界大戦でイギリスを率いる。

1　財閥はどう解体されたのか

こう書くと、でも日本の財閥は解体されたという意見があると思います。イエスかノーかというような展開ではありません。見ていきましょう。

十大財閥、十五大財閥、消えた財閥

解体の前にまず、いわゆる三大財閥（三井、三菱、住友）以外の財閥を紹介しておきたいと思います。第二次大戦後、ＧＨＱは十大財閥、十五大財閥を指定します。

具体的には以下のとおり。

【鮎川財閥（創業者：鮎川義介）】

１９２０年に経営危機の久原財閥を鮎川が引き継いだもの。日本鉱業（→ＪＸ金属）、日立製作所、日産自動車など。久原財閥の総帥・房之助は藤田財閥創始者の藤田伝三郎の甥

で、鮎川義介の義弟

【浅野財閥（創業者：浅野総一郎）】

官業払下げ（1884年）の浅野セメントから発展。日本セメント、昭和海運（↓日本郵船）、日本鋼管（↓JFEスチール）、沖電気工業など

【古河財閥（創業者：古河市兵衛）】

創業者は抵当増額令で破綻した小野組の番頭。古河鉱業（1875年、現・古河機械金属）、古河電気工業、富士電機、富士通など

【安田財閥（創業者：安田善次郎）】

1866年安田商店（↓安田銀行↓富士銀行↓みずほ銀行）、安田生命（↓明治安田生命）、安田火災海上（↓損害保険ジャパン）など

【大倉財閥（創業者：大倉喜八郎）】

1859年大倉屋創業。大成建設、ホテルオークラ、日清製油（↓日清オイリオグループ）など

【中島財閥（創業者：中島知久平）】

中島飛行機（1917年）を核とする製造系の財閥。富士重工業（↓SUBARU）、マキタなど

【野村財閥（創業者：野村徳七）】

大阪野村銀行（1918年↓大和銀行↓りそな銀行）、野村證券

ここまでが十大財閥です。あと5つ。

【渋沢財閥（創業者：渋沢栄一）】

【神戸川崎財閥（創業者：川崎正蔵）】

　川崎兵庫造船所（1881年）を母体とするが1927年恐慌で衰退、のちに川崎重工業として再生。傘下に川崎製鉄（→JFEスチール）、川崎汽船

【理研コンツェルン（創業者：大河内正敏）】

　渋沢栄一が設立した理化学研究所（1917年）の成果を事業化する会社により構成された。リコーなど

【日窒コンツェルン（創業者：野口遵（したがう））】

　日本窒素肥料を中核とする。1906年発電所を創業。その後特許・技術を海外から導入。工業系の財閥。財閥解体で分離独立したのが旭化成

【日曹コンツェルン（創業者：中野友礼）】

　日本曹達は1920年設立のソーダ製造会社。第二次大戦前に実質的に解体、財閥解体で正式に解体された

　このなかで渋沢財閥についてはその後GHQが誤解（つまり、財閥には該当しない）に気づくのですが、渋沢側が何もしなかったので指定されたままになり解体されるという展開がありまし

た。

なおこれら以外にも、鴻池財閥（のちの三和銀行）、藤田財閥（久原財閥と兄弟）、あるいは根津財閥（東武鉄道）など、当時財閥と呼ばれていたものがいくつかあります。

また戦前に姿を消した財閥として第Ⅳ章で取り上げた鈴木商店があります。１８７７年設立。１９２０年ころまでが全盛期で、Ｍ＆Ａで多角化し、三井物産や三菱商事より売上高が大きかった会社です。１９２７年破綻。流れを汲む会社としては日商岩井（↓双日）、播磨造船所（↓ＩＨＩ）、神戸製鋼所、帝人、豊年製油（Ｊ－オイルミルズ）、日本化薬、三菱レイヨン（↓三菱ケミカル）など。

『菊と刀』

米国は太平洋戦争に勝つと思っていたので、戦中の早い段階から戦後の準備を始めます。たとえば日本人を理解するために文化人類学者を招集しました。戦争情報局で日本班のチーフになったのはコロンビア大学助教授のルース・ベネディクト。彼女の報告書は戦後書籍になって、タイトルが『菊と刀』[28]。

米国の占領準備は充実していて、１９４５年にはすでに大財閥に解散を求めています。つまり財閥本社＝持株会社をなくす。そして財閥一族を経営から排除する（公職追放）。源氏鶏太の小説『三等重役』の連載（『サンデー毎日』）が始まったのは１９５１年でした。公職追放で偉い人

ルース・ベネディクト
Ruth Benedict (1887–1948)
アメリカ合衆国の文化人類学者。

(GRANGER.COM／アフロ)

がいなくなって、サラリーマンが重役になって、というストーリーです。映画化されて準主役（のちに新シリーズでは主役）が森繁久彌。同氏の出世作。

対日指令244

このころの動きをざっと追ってみましょう。

1945　敗戦。マッカーサー来日

SCAPIN－244（財閥解体令）

制限会社令

GHQからの指令は、SCAPIN－○○（○○は指令文書番号）と呼ばれていました。日本語の通称は「対日指令」。これに従うかたちで日本政府は法律や省令をつくったり、そのための計画を提出したりします。SCAPIN－244では、

- 四大財閥（三井、三菱、住友、安田）解体
- 中小財閥解体
- 兼任重役制の廃止
- 法人持株による企業支配の廃止
- 独占禁止法の制定

などが指示されています。

Topics

亡命ユダヤ人

拙著『マネジメントの文明史』でも説明したように、ナチス・ドイツから逃れて米国に渡った学者、とくにユダヤ人が、戦中から戦後にかけて、米国の知的水準を一気に引き上げます。最も知られているのはアインシュタインとフォン・ノイマン。コロンビア大学でのベネディクトの先生はフランツ・ボアズ。ドイツ生まれのユダヤ人です。

制限会社令は、会社の解散や資産処分を大蔵大臣の認可によるとしたものです。これによって、財閥関連企業の「解散逃れ」を防ぐことが主な目的でした。ＧＨＱは用意周到だったということです。

ＧＨＱの二律背反

簡単な年表を続けます。

１９４６　エドワーズ日本財閥解体調査団来日、勧告書の作成
　持株会社整理委員会が活動を開始、83社を持株会社に指定
　会社経理応急措置法、企業再建整備法
　金融機関経理応急措置法、金融機関再建整備法

１９４７　独占禁止法
　過度経済力集中排除法

このころのＧＨＱの施策には、

- 日本を平和国家にするために財閥を解体する
- 日本経済を再建するために、戦争で疲弊した会社を「戦時補償債務や在外資産を有する会社」と「事業活動を行う新会社」とに分割し

日比谷の第一生命ビルに置かれたGHQ（共同）

て後者を再出発させる

という2つの、ときに葛藤するものが含まれていました。

後者の施策に記載した「戦時補償債務、在外資産」とは、簡単に言えば戻ってこない財産（債務は国の債務なので企業から見ると債権です）で、これらを持たされた会社は破綻することになります。新会社のほうは過去のしがらみから自由になって活動します。

結局、財閥解体は持株会社（財閥本社）の禁止、財閥家族やこれに類する幹部の退任を実現し、また初期の独占禁止法は会社が会社の株を持つことを禁止し（2年後の改正で原則廃止されます）、一定の成果をあげるのですが、戦前からの大きな会社は残りました。

財閥解体は「財閥本社解体」

過度経済力集中排除法で分割（および／ないし工場を処分）された会社は18社にとどまりました。ただしこれとは別に徹底的に分割されたのが三井物産と三菱商事で、物産は約170社、商事は約120社に分割されています（220社と130社に分割されたという資料もあります）。でも三菱商事は1954年、三井物産は1959年に再興されています。財閥本社による資本集中は独禁法で禁止されていましたが、商社は何とかもとに戻りました。

念のために付け加えると、住友は戦前には財閥本社の方針として総合商社を持ちませんでした。だから分割の対象になっていません。

このように、2つの商社が細分化されたり、社名に財閥名を使えなかったりということがあったので、財閥は解体されたという「印象」があります。でもよく見ると、何も「こっぱみじん」にはなっていません。極論すれば、本社がなくなった「だけ」なんです。それって、そんなに困ることだったのでしょうか。

東西冷戦が日本の大企業を必要とした

さて、ではなぜ財閥解体が完遂されなかったのか。その理由は、この章の冒頭に出てきた鉄のカーテン、つまり東西冷戦です。前章でも少し述べたのですが、振り返って整理するなら、

- 幕末の徳川幕府と維新期の明治政府は、資金源として豪商を必要とした
- 明治初期の政府は、資金源として政商を必要とした
- 昭和の軍部は、資金源として大財閥を必要とした

そして、

- GHQは、社会主義・共産主義に対抗するために日本の産業復興を求め、そのために旧財閥を中心とする大企業を必要とした

ということになるのでしょう。

中共と北朝鮮という新たな問題

西側諸国から見て、日本はドイツ（西ドイツ）以上に面倒な国でした。西ドイツならソ連一国を見ていればよい。これに対して日本は、地政学的に実にややこしい場所にあります。

まず、ソ連と対峙する。その場所はまたしても朝鮮半島。1945年8月に日ソ中立条約をソ連が一方的に破棄して千島列島や南樺太、そして満州国と朝鮮半島北部に攻め込んできます。対抗して米軍も朝鮮半島南部に展開。

そして中国。このころは、中国本土ではまだ中華民国が「健在」でした。だから第二次大戦の戦勝国の政府として、日本に占領されていた台湾の統治に向かいます。日本にGHQが来たのと同じように、台湾に中国政府が「進駐軍」を差し向けました。その後設立された国際連合では、現在では想像できませんが、中華民国が常任理事国でした。

しかし1946年に中華民国政府と中国共産党の内戦が激化し、共産党が勝って中華民国政府は進駐していた台湾に行き、49年に中華人民共和国が成立します。中華民国はアジアの戦勝国として一定の役割を果たすはずだったのですが、できませんでした。中国が共産主義国になるという想定外の事態です。

朝鮮戦争と経済回復

さてその1年前、1948年に北朝鮮（朝鮮民主主義人民共和国）と韓国（大韓民国）がそれぞれ国家樹立を宣言、北の金日成はソ連の支援を得て南に戦いを仕掛けたいのですが、ヨシフ・スターリンは米国との衝突を避けます。

現代では想像しにくいと思いますが、米ソの直接対決は第三次世界大戦を意味していました。原爆・水爆の戦争です。だから米国もソ連も戦争はしたくない。キューバ危機（1962年）と

Topics

朝鮮戦争は終わっていない

朝鮮戦争は現在休戦中です。外交・国際法上は講和が成立していません。国連軍司令部は韓国にあり、在韓米軍司令官が国連軍司令官を兼ねています。そして後方司令部は日本にあります。

同じです。そこで金日成は毛沢東の賛成と支援があると言ってスターリンから支援の約束を取り付けて、1950年、南に侵入しました。

よくある話ですね。「Aさんが賛成してます」とBさんに説明して、Bさんに賛成してもらう。つぎにAさんのところに行って、「Bさんが賛成してます」と言って賛成を取り付ける。

こうして朝鮮戦争が始まりました。北からは金日成、迎え撃つのは国連軍。当初劣勢だった南が38度線（国境）を越えて、そうなると北朝鮮に隣接する中国は国防のために参戦する。またしても朝鮮半島が戦場になります。

私は朝鮮半島の歴史を思い出すたびに、日本の4島（北方ではありません。北海道から九州までの4島）が明治維新と第二次大戦があったにもかかわらず分割・統治されなかったことが奇跡に思えてなりません。

Topics

トヨタの1950年

本文で見たように1950年からの朝鮮戦争は日本経済と産業の復興の契機となったのですが、トヨタ自動車では激烈な労働争議がこの年に起きています[(29)]。背景はドッジ・ラインによる不況。4月22日、会社は従業員の20%にあたる1600人の解雇を組合に提案（やめた人は1700人）。6月5日、創業者である豊田喜一郎をはじめとする代表取締役3人が退任し、9日、争議終結。そして25日、朝鮮戦争が始まります。

トヨタは少ない人数で戦争による需要増に対応しなければなりませんでした。それで一人の工員が複数の持ち場を担当する多能工が生まれて、仕事表（誰がどの作業をできるかがわかります）が工場の柱に貼られて、いろいろな仕事ができる人は昇給、ときに昇進して、隣の工程がわかるのでラインが動いていても不具合を見つけて、生産性が向上して、やがてこれらが「かんばん方式」や「ジャストインタイム」になっていきます。

もし朝鮮戦争が半年早く始まっていたら、きっとトヨタの50年争議はなくて、トヨタ生産方式もなかったのかもしれません。

私は日本人の経済についてのプライドの何割かは、トヨタのおかげによるものだと思っています。OECD（経済協力開発機構）加盟先進国のなかで、日本の労働生産性は最下位です。この事実は直視しなければなりませんが、「でもね」と反論できるような気がしているのは、トヨタの生産性が外国の自動車メーカーより高いおかげです。

戦後成長の始まり

朝鮮戦争は東西対立を目に見えるものにしました。だから大陸と朝鮮半島に近い日本の生産力が重要になります。兵站（へいたん）としての役割です。

もし中華民国が中共に負けていなければ、日本への期待はもっと小さかったでしょう。そして軍需によって日本企業は成長することになりました（ついでに言うと、量的には大きくないのですが西ドイツなど欧州にも朝鮮戦争特需がありました。米国も第二次大戦で欧州企業の供給力が低下したことと朝鮮戦争特需で、やっと1929年からの世界恐慌の影響を払拭することができました）。

このころ、つまり1949年当時の日本はインフレ抑止政策（詳しく説明しませんが、**ドッジ・ライン**と呼ばれるものです）によってインフレはほぼ片付いたものの、深刻な不況に突入していました。だから朝鮮特需は実にありがたかった。ここから戦後の成長が始まります。

ヨシフ・スターリン
(1878–1953)
ソビエト連邦の最高指導者。

(UPI)

ドッジ・ライン
GHQ経済顧問のジョセフ・ドッジ（1890－1964年）による日本の財政金融引締策。国家総予算の収支均衡、補助金全面廃止などを求めた。

2 財閥から企業集団へ

このような経済成長のなかで、実は解体を免れていた財閥企業がふたたび集まり始めます。社長会の設立年は、

住友　白水会（1951年）
三菱　金曜会（1954年）
三井　二木会（1961年）

でした。

でも、集まって何をするのか。三菱グループサイトでは、金曜会の概要についてつぎのように説明しています。

三菱金曜会は、三菱グループ各社の会長、社長を会員とする親睦会です。

金曜会では月1回、例会を開催しています。
例会の内容：
(1)　主としてグループ共通の社会貢献案件の審議
(2)　社名に三菱を冠称することになった会社の紹介
(3)　政治／経済、文化／芸術、科学／技術、健康／スポーツ等、各界でご活躍の方の講演

まあそうなのかもしれませんが、会が存在している目的がこの3つの内容で例会を開くことだと信じる人はいないと思います。二木会も白水会も同じです。

経営者どうしの仲がよいことが、とても重要

では何をしているのか。意外に思われるかもしれませんが、「親睦」が核心をついているんです。なぜかというと、仲良くないとできないことがあるからです。具体的には、困ったときの相談ごとや頼みごとがきわめて重要です。

想像してみるとわかりやすいと思います。社長や会長は、その会社のなかでいちばん偉い。だから社内に相談相手がいない

Topics

大タブチと志茂さん

野村證券の社長だった田淵節也(いわゆる大タブチ。後任の社長も田淵さんだったので区別するための通称です）は、社長に就任する際に条件を出しており、それは志茂明さんを役員にすること。副社長まで務めました。1990年に66歳で他界。

志茂さんは大タブチの相談相手。野村は証券業界のガリバーだし、証券会社は企業集団に入りません。業種柄、特定企業グループへの情報提供が手厚いとまずい。つまり社外に相談相手を求めにくい。だから社内に、自分にイエスと言わず、対抗もしない（おとしいれない）優れた人物が必要なんです。

でも考えてみると、志茂さんみたいな人を社内に求めるのはとても難しいですよね。みんな昇進したいから持ち上げたり忖度したりはしても、忠告はしてくれない。もちろんそういう人はいるんですが、取締役候補まで昇進してくることが珍しい。

ではどうすればよいか、というのは、志茂さんをどう見つけるかと考えると無理なんです。この本を読んでくれている皆さんが、誰かの志茂さんになればよいのだろうと私は思っています。

んですね。日常的な相談相手ならいるでしょう。でも、困りごとの相談相手がいない。

企業集団は3つではなくて6つできた

では、経営者の「困りごと」とはいったい何なのか。これを説明する前に、もう一つの現象を見ておきたいと思います。それは、

- 三大財閥以外にも
- 三大財閥の再結集とほぼ同じように
- 企業グループが形成された

ことです。

公正取引委員会は、20世紀の終わりくらいまでは「六大企業集団」と表現していました。6のうち3が旧三大財閥。あと3つ、企業グループが形成されたということです。具体的に社長会の名前をあげると、芙蓉会（富士銀行系）、三水会（三和銀行系）、三金会（第一勧業銀行系）。芙蓉会（1966年から）を例に、参加会社を示せば**図表11**のとおりです。

安田財閥の特徴として、第一に金融にほぼ特化していました。第二は、浅野財閥ときわめて親しかったことです。浅野の機関銀行が破綻すると、安田が浅野に銀行機能を提供するようになります。だから芙蓉会に旧安田・浅野がいるのは、三井、三菱、住友と同じくらいわかりやすい。

でも、他の財閥系の会社もたくさんあります。しかも、丸紅と伊藤忠商事のように、もとも

図表11　芙蓉会加盟企業の例

■富士銀行（旧安田銀行。GHQの命で行名を変更し、もとに戻さず。ちなみに芙蓉とは富士山のこと）を中心とする安田財閥
みずほフィナンシャルグループ　安田（富士銀行）+第一勧業銀行+日本興業銀行
明治安田生命保険　安田+三菱
損害保険ジャパン　安田火災海上+日産火災海上（一勧）等
東京建物
■大倉財閥
大成建設
■浅野財閥
JFEホールディングス
沖電気工業
太平洋セメント
■根津財閥
東武鉄道
日清紡ホールディングス
日清製粉グループ本社
■日産財閥
日立製作所
日産自動車
日油（旧日本油脂）
■大建産業系
丸紅
クレハ
■森コンツェルン
昭和電工
■独立系
横河電機　1920年創業、源流は三井
キヤノン
クボタ　旧住友銀行融資系列
日本精工　1914年に保善社（安田の源流）技師長が設立
日本製紙　前身の山陽国策パルプは富士銀行系、十条製紙は三井系（旧王子製紙）
サッポロホールディングス　前身の大日本麦酒からアサヒとサッポロ
ニチレイ
京浜急行電鉄　安田、浅野に近い

とは同じ会社だったところが、丸紅は芙蓉会、伊藤忠は三金会に分かれています。つまり、戦前の姿に戻すことを目的としていたかというと、そうでもないんですね。

そして独立系の会社もあります。この理由は、芙蓉会が富士銀行の融資対象の大企業の社長会だからです。三井、三菱、住友に属していなかった企業は、この3つの社長会には当然入れない。でも、これ以外の集団に入れば同様の機能を手に入れることができます。それで銀行融資系列が形成されたということです。芙蓉会だけでなく、三和銀行、第一（勧業）銀行も概ね同じ性格です。

1業種1社

企業集団の特徴として、1業種1社に近いことがあげられます。ですから、ふだんの事業活動による競争は、社長会のなかにはほとんど持ち込まれません。

芙蓉会には東武と京急があります。同業ですが、営業地は重なりません。また三菱でいうと重工も電機もエアコンをつくっていますが（ビーバーエアコンと霧ヶ峰）、重工の一部が電機になったという歴史的な背景と、エアコンの収益貢献割合がそれほど高くないので問題にならないのでしょう。

前述のとおり安田財閥は金融以外の事業をほとんど持たないので、融資で付き合いのある他の財閥系や独立系の会社が芙蓉会メンバーになりました。でも1業種1社。他の企業集団も同じです。そんなはずはないのですが、一種の予定調和に見えるという不思議。

この「競争しない集団」を、他の集団、というより団体等と比べてみると、性格や役割の違いがよくわかります。まず同業者の団体。日本自動車工業会などをイメージすればよいでしょう。トヨタとホンダの社長が仲が悪いとは思いませんが、積極的に交流する意味はないかもしれない。工業会として、たとえばアンチダンピングの提訴に反論するといった、業界としての動きはあるでしょう。あるいは経済産業省に業界の意見を一本化して示す。やはり企業集団とはすることが違う。というより、経営者どうしで悩みごとや困りごとの相談をしそうにない。

三菱の化学は例外

極端な例外として、三菱系は化学の会社が多いという特徴がありました。これまでに社長会に属していた化学系の会社は以下のとおりです（＊は現在も社長会の構成員）。

- 三菱化成（→三菱ケミカル）＊
- 三菱レイヨン
- 旭硝子（→ＡＧＣ）＊
- 三菱樹脂
- 三菱ガス化学＊

このなかでいちばん古いのは、旭硝子（1907年設立、現ＡＧＣ）です。ガラスとソーダ（炭酸ナトリウムの俗称。ほかに水酸化ナトリウム、炭酸水素ナトリウムなどを含める場合も）の会社でした。ガラスだと窯業ですがソーダは化成品。そして無水ソーダはガラス原料なので、一つの会社にソーダとガラスがあるのは一種の垂直統合です。だから今も売り上げの3分の1くらいが化学品です（住友系の日本板硝子はガラス製造がほぼ100％）。

またソーダ生産工程では、石灰石をコークスで燃やします。だから炭鉱を主力事業の一つとする三菱鉱業は旭硝子に対してサプライヤーなので関係が深い。おそらくはこれを背景として、この2社は化成品専業の会社として日本タール工業を共同で設立します（1934年）。のちの日本化成→三菱化成です。つまり、旭硝子は三菱ケミカルの親みたいなものだと言うことができるでしょう。

この日本化成が、鈴木商店系だった新興人絹に経営参加（1937年）し、のちに合併（1942年）。1944年に旭硝子も合流するのですが50年に企業再建整備計画にもとづき3社に分割、新興人絹の社名は新光レイヨンを経て三菱レイヨンになりました。つまり、財閥解体とは異なる枠組みで分割された会社です。

三菱樹脂は、第二次大戦中（1944年）に日本化成が亀戸ゴム工業という会社の経営を引き受けたのが出発点。第二次大戦

Topics

『マンスリーみつびし』

三菱には広報委員会という組織があって、社長会である金曜会より少し多い数の会社が会員になっています。三井も住友も同じです。

三菱は『マンスリーみつびし』というグループ広報誌を発行しています。発行部数は30万部。社員全員に配布されます。マンスリーなので月刊ですから、それなりの費用が発生します。旭硝子で一度、この雑誌の配布をやめようかという話が持ち上がったことがあります。お金はかかるし、社名は三菱ではないし、自分の会社の社内報で十分ではないかという、それなりに筋の通った論理。

どうなったかというと、配布は継続されました。その大きな理由の一つが、工場の従業員が廃止に反対したことだったと聞いています。アイデンティティという言葉で説明してよいかどうかはわかりませんが、旭硝子の工員さんたちは、「三菱」を自社との関係でどうとらえていたのか、検討してみると面白いテーマではないかと思っています。

ついでに言うと、当時は三菱30万人、自衛隊30万人、国鉄（民営化前）30万人でした。組織規模の限界かもしれません。

後に石油化学製品である樹脂（プラスチック）に事業転換をしています。出自としては三菱化成と一緒になってもおかしくない会社ですね。実際に現在、三菱ケミカルです。

これに対して三菱ガス化学は、1918年に三菱製紙が出資して設立された江戸川バリウム工業所がルーツなので、他の化学系の会社と資本上の接点がありません。

三菱系の化学各社を見ていて思うのは、これらの会社はいわば「同根」なので、同じ社長会に属していることにほとんど違和感がなかったのだろうということです。とくに現在は三菱化成とレイヨン、樹脂の統合で化学関係の会社は3社になって事業領域もあまり「かぶらない」ので、なおさら問題はないのでしょう。

社長会は意見を表明しない

面白いもので、企業集団は対外的に意見を表明しません。それだけでなく、日本自動車工業会や全国銀行協会には会長、つまり意思決定をする人がいますが、たとえば三菱の金曜会には会長はいません。いるのは「代表世話人」なんです。つまり意見表明する主体が存在しない。住友の白水会は会員全社で持ち回り幹事方式です。これに対して経団連には会長がいて、政府に対峙します。

面白いのは日本工業倶楽部。現在は一般社団法人です。設立は1917年で、初代会長は三菱合資頭取の豊川良平（岩崎彌太郎のいとこです）、理事長は三井合名理事長の団琢磨。当初は経済問題や労働問題などについて国に建議（今でいう政策提言）をしていましたが、第二次大戦後はその役割を旧経団連・日経連に委ね（この2つが統合されたのが現在の経団連）、工業倶楽部は経営者個人の親睦組織になっています。現在の理事長は日本製鉄名誉会長で、経団連会長も務めた今井敬さん。1929年生まれです。

企業集団に属していることは表明されない

加えて面白いのは、ほとんどの企業が、自社が属している企業集団について、積極的には語らないところです。

もちろん、三井物産とか住友電工とかであれば、言わなくても社名から出自がわかります。でも日清製粉の出自が根津財閥で現在は芙蓉会に属しているということは、普通は誰も知りません。日清製粉がそのことを積極的に公開していないからです。一方、芙蓉会（芙蓉懇談会）のサイトには、1982年加盟とちゃんと書いてありました。つまり内緒にしているわけではないのですが、積極的に表明することもありません。

この理由はたぶん、言っても意味がないからなのだろうと思います。ひょっとすると、根津財閥であったことについては、何かしらの意味を感じる人がいるかもしれません。でも富士銀行がメインバンクであることを説明しなければならない理由がないのでしょう。

建て替え前の日本工業倶楽部会館（共同）

よく知られていない小さな会社の資料には、取引先の社名が並んでいることがあります。これは、その会社が、まともな大手と取引していることを示して、相手に安心してもらうことが目的です。あるいは振込先口座が信用金庫や信用組合だけだと、銀行に相手にされていない会社に見えてしまう。

でも天下の日本製粉が、メインバンクが富士銀行であることを懸命に表明する必要はありません。会社や社員のアイデンティティも、富士銀行の融資系列であることによって形成されてくるとは思えない。対外的にわかってもらう必要がないんです。ではなぜ加盟しているのか。

メインバンク
会社の主力取引銀行。会社は複数の銀行と預金、借入、決済等で取引するが、そのなかで融資の取りまとめや経営支援等で中心的な役割を果たすのがメインバンクである。日本独自の慣行。

集団内部取引は、意外に少ない

- 三菱グループの社員は三菱自動車のクルマに乗っているのか、社用車は三菱なのか
- 三菱グループの社員の家のエアコンは霧ヶ峰かビーバーなのか
- 三菱グループの社員の給与振込口座は三菱ＵＦＪ銀行なのか

あげていくときりがないのですが、右のなかであり得そうなのは給与振込口座。ただ、三菱銀行は歴史的には支店の少ない銀行でした。合併によって支店が急に増えるということを戦前から何度も経験しているのでそれなりの支店数ですが、たとえば親密な地銀があるとその県には支店を出さない。県庁所在地にはあってもよさそうですが、ないことも多いんです。三菱重工業下関造船所の社員の給料は、山口銀行に振り込まれていました。

たまにグループのなかで「バイ（buy）三菱運動」みたいな話が持ち上がることがあって、グ

ループ企業の製品を買おう、そのかわり値段は少し安くするみたいなことなのですが、大きな動きになることはありません。たぶんその理由は、企業集団は確かに大きいのですが、日本全体と比べるととても小さいからなのだろうと思います。三菱30万人と書きました。家族・親戚含めて120万人としても、日本の人口の1%です。

あるいは、企業集団に属している企業の売上高のなかで、同じ集団の企業への割合はどれだけかというと、簡単に言えばとても小さい。これは、それぞれの会社の規模が大きくて、日本や世界を相手にしているからです。企業集団は、集団内取引を大きな目的としていません。

銀行と商社に意味があった

さて、6つの企業集団をまとめて眺めてみると、これ以外に気づくことがあります。それは、各グループが必ず銀行と商社を含んでいるということころです。

1980年代後半のバブルとその崩壊の過程で銀行の不良債権が増加し、いわゆる業界再編が起きて、銀行の数が一気に減ります。でも1960年ころは企業集団の数より都市銀行の数のほうが多かったんです。三水会は鴻池財閥の流れを汲む三和銀行、三金会は渋沢、三井の第一銀行。第一はその後、日本勧業銀行（国策により明治期に設立された特殊銀行）と1971年に合併して第一勧業銀行。

商社のほうは三水会がニチメン（↓双日）、三金会が伊藤忠。このように、企業集団に銀行と商社が含まれているのは、第二次大戦後1970年くらいまでの日本において「資金」と「販売」が企業にとってきわめて重要で、頼れる銀行と商社が必要だったからだと言ってよいでしょう。つまり、銀行と商社は、企業集団に「含まれている」というより、率いていたのです。

企業集団からの離脱は少ない

ところで、現代の企業グループに属している大企業は、この「資金」と「販売」を、それぞれ銀行と商社にそれほど委ねていません。もしそうであるなら、50年前とは違って、企業集団に属していることの意義＝メリットは低下しているはずです。しかしそれなのに、企業集団から離脱するという会社がそんなに多くありません。

まず離脱の例として、住友金属は住友グループの主要会社でしたが、新日鉄と合併して新日鐵住金になり、白水会を離れています。逆に三菱石油は最大手の日本石油と１９９９年に合併して日石三菱、２００２年には社名変更で新日本石油。三菱が名前から消え、現在はＥＮＥＯＳホールディングスですが、金曜会に属しています。

まあ個別にはいろいろあるのでしょう。重要なのは、意義が

Topics

三井物産、三菱商事、住友商事の英文社名

三井、三菱、住友の名前を冠する会社は、この「冠称」に、自社の事業を加えて社名としています。三井銀行、三菱マテリアルなど。とても自由度が小さい。また三菱レイヨンはレイヨンから撤退しても社名は三菱レイヨンのままでした。こうなると社名は、明確な事業内容というより一種の符号みたいなものです。

では英文のほうはどうかというと、面白いのが総合商社です。具体的には、

Mitsui and Company / Mitsubishi Corporation / Sumitomo Corporation

なんですね。グループの他の会社とは違って、業種を説明しません。どう見ても、三井、三菱、住友の本社で、他の事業会社の親会社だと勘違いされてもおかしくないような社名になっています。

こうなった理由は、

- かつて、日本企業は規模が小さかった
- 輸出あるいは海外展開では商社が支援する。場合によっては前面に出る
- その場合、グループを商社が率いているように見せるほうが相手の信頼度が高い

からだと思います。

なくなれば、社長会そのものが解散してもおかしくない。でも続いているというところです。細々と、という感じもありません。昨日と同じように今日があって、それと同じように明日がある。この理由が「親睦」なんですね。つまり、ふだんから仲良くしておく。個人としてというより、会社どうしが仲良くする（同業団体ではこれができません）。それによって、いざというときに備える。相談に乗ってもらったり、助けてもらったりするんです。

そして、集団を離れる積極的な理由がないという点も重要です。つまり、離れることにメリットがない。そして離れなければ親睦は続く。それなら残ろう、というか、離れようとしないということでしょう。

初期の大きな目的は乗っ取り防止

この判断、つまり親睦を大事にするというのは、頭で考えた概念的な話ではありません。集団としての実体験にもとづいています。ではその実体験は何かというと、戦後初期は株の買い占めでした。

この章の冒頭で整理したように、１９４６年に持株会社整理委員会が活動を開始し、何段階かに分けて83社を持株会社に指定します。財閥家族に指定されたのは10財閥56人でした。これらの会社や家族が持っていた財産（グループ企業株式が多い）を引き取って（没収です）保管し、取引市場で売却処分します。

一方、同年施行の会社経理応急措置法と企業再建整備法では、企業の破綻を避けるために、会社を旧会社と新会社に分けて、旧会社のほうに国に対する債権とか、旧植民地に保有する財産を集め、新会社を身軽にするということをしました。これによってかろうじて企業は生き延びるのですが、ではその株式を買おうという人がいたかどうか。たとえいたとしても、絶対数が少なかった。

そして、１９４７年に施行された初期独占禁止法では、法人が会社の株式を保有することが禁止されていました。民主主義の市民社会をつくるのだから、法人が他社の株を持つという財閥のような外形になったり、金融機関が事業会社の株式を持って戦前のドイツのような金融資本主義になることを避けたい。米国でも実現できていない、この「ピュアなルール」も、いろいろな制度をリセットした日本なら実現できる、実現したいという意図があったようです。

さてそうなると、この状況にチャンスを感じるのは「**相場師**」とか「**乗っ取り屋**」と呼ばれるような人たちです。そして「**総会屋**」。

会社、というか経営者が苦労するのは、株主総会、労働問題、人権問題などです。そして日本では、総務部という管理部門が担務していました。総務という「何でも屋」的な名称になっているのは、本当の仕事を書きにくいからなのだろうと私は思っています。

安定株主も持ち合い企業もいない時代

で、割安なのに買い手のいない株式が増えると、会社は乗っ取られる。それを避けるための方法は、誰か安心できる人や会社に株を持ってもらうことで、

相場師、乗っ取り屋、総会屋
相場師は株式や商品（大豆など）の市場で投機的な売買により利ざやを得る。乗っ取り屋は会社を所有するために株を買うのではなく、同族などに高値で買い戻させる、あるいは買収を目論む第三者に売ることで利益を得る。総会屋は少数株主として株主総会に参加して議事を滞らせる者であり、この行為を見送ることと引き換えに会社から不当に金品を得る。

- 安定株主をさがす
- 従業員持株会
- 持ち合い

ですが、初期独占禁止法では企業は株式を持てないので持ち合いができません。だからどうしていたかというと、証券会社の自己取引を活用しました。つまり、証券会社に株式を保有してもらいます。資金は何らかの方法で会社が出す。今なら自社株買いですが、当時はそんなルールはないので法令違反ぎりぎりというより、明確な違反です。

三等重役のネットワーク

独禁法改正によって企業は他社の株を持つことができるようになりました。それで**株式持ち合い**が始まります。でも乗っ取り屋と総会屋は健在で、現在より労働争議も多い。総務の仕事と経営者の悩みは解消されません。そして経営者は昔と違って「三等重役」、つまりサラリーマンから昇進して就任している人々です。

株式持ち合い
企業がお互いの株式を保有しあうこと。相互に安定株主となる。日本の上場会社に一般的に見られる。

三井さんや岩崎さんなど、はじめから経営者になるつもりの人々は、婚姻とか学校とか、さまざまなかたちで若いころからつながりがあって、困ったら相談に乗ってくれる人がいる。いろいろなケースも見てきているでしょう。でもサラリーマンから経営者になった人たちには、ほとんどこのようなネットワークと経験がありません。だから企業集団に頼るということです。

そして経営者は財閥家族より早く交代します。社長を２期４年、会長を４年というのが一つのパターンです。一応合計8年ですが、社長に就任した4年後にはつぎの社長が就任して交代です。つまり、経営者の経験の浅い人がつぎつぎと登場する仕組みになっているので、社長会にはつねに新たな交流の場を求める人がたくさんいます。

副社長や専務取締役など、代表権はあるけれど会社のトップではない人たちは、数年後には自分が社長かなと思って、他社の同じ肩書の人たちと交流します。そして数年後には一定の確率で実際にそうなります。つまり、社長会というネットワークの外縁が広がっていく。

企業集団内の企業にネットワークを「移植」する

自分の会社の社長になる人ばかりではありません。でも、企業集団のなかでも中枢の会社、つまり銀行や商社をはじめとする大手の幹部は、グループ企業の社長になることも多い。たとえば、スーパードライで成長したアサヒビールの当時の社長は樋口廣太郎さんで、住友銀行の副頭取だった人です。三菱商事の益子修さんは、同社執行役員から三菱自動車に転じて常務取締役、翌年社長になりました。

樋口さんも益子さんも、大企業の社長になったくらいですからきっと優秀です。そして彼らがアサヒビールや三菱自動車で経営者として手腕を振るうことができたのは、本人の能力もさることながら、前職のネットワークを引っ提げてやってきたからなのだろうと思います。

3　三大財閥と銀行系列の論理の違い

　ところで、芙蓉会、三水会、三金会が銀行の融資系列で（も）あったとすると、この3つの集団の編成原理は、旧財閥系と少し違うかもしれません。なぜなら、銀行にとっては加盟企業が多いほうがメリットがあるからです。企業集団は経営者の悩みごとや困りごとを解決することが期待される集団だったのですが、いつのまにか銀行が取引先を増やすためのツールになってしまったように思えるのです。

　もちろん、集団の一員になれば株式持ち合いや安定株主工作でかなり有利です。でも旧財閥系においては、まずはじめに集団があって、その**資本政策**をいわば「最適化」しようとしたのですが、銀行系列として形成されている企業集団の論理は、たぶんこの2つが逆になっている。つまり、資本政策を最適化するために集団の一員になる。これが事業会社側の論理で、主宰者である銀行のほうは優良な取引先のメインバンクとしての地位を確かなものにするために事業

資本政策
資本金の額、自己資本比率、株主構成（大株主とその所有比率等）などを検討・決定する。

会社を集団に引き入れます。

あえて少し「机上」で考えるとするなら、旧財閥型と銀行系列型の、どちらの集団が大きくなりやすいかというと、銀行系列型になる。旧財閥型は、たとえば住友の白水会であれば、この集団は住友の企業集団であって銀行がメインバンクをしているからといって加入できるという性格のものではありません。メンバーシップに制約があるということです。芙蓉会、三水会、三金会にはこの制約がないとすると、そちらのほうが拡大しやすいと言えるでしょう。

広報委員会という外周組織

でも、旧財閥系でもグループ企業数は増えました。一方、銀行融資系列型の企業集団が無際限に企業数を増やしたわけでもありません。前者の理由は、旧財閥の企業集団が、社長会の外周に広報委員会加盟会社というステータスを設けたことです。

ただし三菱は広報委員会を持っていますが、外周の拡大にこの組織をあまり使っていません。金曜会企業の関係会社がメンバーになっているだけで、銀行の融資先が入っているかというとまず見られない。逆が住友で、第III章で述べた「住友化」を続けています。ただし繰り返しになりますが、住友金属の例でわかるように、住友であるかどうかについて一定の判断をしています。

銀行系列型企業集団がそれほど拡大していかなかったのは、これらの集団でも、1業種1社に意味があることです。これは、

- すでに一つの業種で集団に参加している企業がある場合は、2社目を加えることが難しい
- 特定の業界（とくに自分の企業集団、あるいは六大企業集団に会員企業がいないような新しい産業）について、その業界の上位企業がどの企業集団にも所属していないなら、「その下」の会社を集団に引き入れることにはデメリットがあるからなのだと思います。また、その業界の会社数が多ければ、特定の一社に肩入れすることは銀行にとって得策ではありません。

三大財閥では銀行が「偉くない」

旧三大財閥の企業集団では、銀行の重要な営業対象だという理由で大企業が社長会に加盟するというのが見られません。その理由はおそらく、旧財閥のなかでは、銀行がそんなに偉くないからなのではないかと思います。つまり、銀行の都合で構成員を増やせない。どの会社をメンバーにするか銀行の一存では決められないということです。銀行は偉くないと言うと反対意見がたくさんありそうですが、解説を試みたいと思います。

まず三井銀行は、１９４３年に第一銀行と合併して帝国銀行。日本最大の銀行になりましたが、三井系と第一系の「そり」が合わなかったらしい。それで１９４８年に分かれて第一銀行と三井銀行です。占領軍の指令による分割ではありません。

Topics

一つの銀行に人事部が2つ

第一銀行と日本勧業銀行が1971年に合併して第一勧業銀行になりました。合併すると、簡単に言えばポストが半分になります。二人だった頭取が一人になって、支店の数も2分の1ということはないけれどかなり減るでしょう。

この両行は、合併に際して人事部を2つ置くということをしました。目的は、旧2行の行員の面倒をちゃんと見ていることを行員に示すことと、自分の側が損をしていないかチェックすることです。合併でポストが減ってマイナスサムなら、行員も処遇が気になるはずですね。

単にもとに戻ったのではなくて、三井は小さくなってしまいました。

　では物産はというと、こちらは２００社前後に分かれていて中枢機能がない。そんなことで、旧三井本社を吸収したのが三井不動産でした。外から三井を見ていて、ずいぶん不動産の「社格」が高いと思っていたのですが、たぶんこれが理由です。

　住友というと銀行がいちばん偉い、というかウルサイと思っている人が多いのではないかと思います。バブル崩壊後の１９９５年、大和銀行は米国で大きな損失を出していて、これを背景に住友銀行と合併という記事が出ます。誤報だったのですが、驚いたのは大和の取引先企業が合併に猛反対したこと。合併すると、信託併営でのんびりしていた大和銀の行風から住友になるのが嫌だ、という論調でした。

　住銀は帝国銀行が誕生するまでは国内最大。占領政策でも銀行各行はほぼ無傷で、しかも住友には商社がなかった。そう考えると、住銀が住友グループのイニシアティブをとってもよさそうなのですが、住友グループは別子というか、新居浜の会社の社格が高い。銀行中心の集団にはなり得ないということです。

　ただ、１９９０年代半ばに住友各社の役員構成を確認したことがあるのですが、銀行出身者が他社にほぼ必ずいました。意外に思われるかもしれませんが、三菱や三井はこれが必ずしも見られない。住友銀行はゆっくりじっくり人的支配を進めたと言うことができると思います。「住友化」ではなくて「住銀化」です。

　三菱銀行はどうかというと、他社を支配しに行かない銀行です。三菱銀行だけでなく、三菱系の社格の高い会社に共通の慣行かもしれません。例外は自分たちで設立した会社、あるいは事業に深く関与している会社です。

私が身近に見た例を一つ。伊勢丹が経営危機に陥って、五代目の社長は創業家以外から初めて就任（1993年）。生え抜きの小柴和正さんです。不動産会社の秀和が伊勢丹株を3割近く買い占め、イトーヨーカ堂に売ろうとしました。かつての白木屋と東急を彷彿とさせるような光景です。これで四代目の小菅国安さんが退任して社長は小柴さん。メインバンクの三菱銀行から専務の城森倫雄さんが副社長（のちに会長）で来ます。目的は買収防衛。

１９９０年代というとほとんど現代。でも、経営者のわきが甘いと会社は乗っ取りの危機にさらされる。伊勢丹は世の中の経営者にその事実を伝えてくれたのだと思います。「わきが甘い」って、何を失敗したのかというと、小菅さんはメインバンクの三菱と、あまり付き合いのなかった三和を競争させようとしたらしい。そうするくらいなので、四代目は三菱銀行の言うことを聞かない。そんなことだったようです。

そして小柴さんはさらに、三菱銀行副頭取→三菱総研社長を経て総研相談役になっていた向井重陽さんに伊勢丹会長として来てもらいます。

伊勢丹は三菱銀行に「足を向けて寝られない」ような時代だったと思うのですが、伊勢丹は三菱グループにならず、やがて三井の源流である三越と統合する（念のために。三代目の小菅丹治さんは1918年生まれで、41年に三井物産に入社しています）。きっとこの展開は、伊勢丹のメインバンクが住友だったらあり得なかった。もちろん、住友銀行は三井銀行と統合されていくので、そうなってもよかったのかもしれませんが。

三越以外の百貨店が企業集団に入りにくい理由

百貨店を例にあげたので、もう少し百貨店で続けてみることにします。日本の大手百貨店を、合併前の屋号でリストアップすると、こうなります。

【専業】三越、伊勢丹、そごう、大丸、松坂屋、松屋、髙島屋
【電鉄系】西武、小田急、京王、東急、東武、名鉄、近鉄、阪神、阪急、京阪

これ以外にも、女子陸上競技で有名な岡山の天満屋、あるいは大分のトキハなど地方に老舗がありますが、重要なのは、

- 百貨店の数が6より多い
- 電鉄系が多い

の2点です。

6は企業集団の数です。つまり、銀行と商社を中心とする企業集団は、というより銀行は、複数の百貨店と取引することになります。そうなると、集団のメンバーとして、特定の百貨店を選びにくい。もちろん三井の三越は例外。

また、西武を除くと電鉄が親で百貨店が子です。だから銀行がきっちり付き合うのはまず電鉄（西武は、堤義明さんのコクド、鉄道系と、清二さんの流通系に分かれていました）。つまり、銀行にとっ

て電鉄系百貨店は営業対象ではないということです。ただし、かといって、電鉄のメインバンクをしている銀行が、専業の百貨店を企業集団に加えるのはやはりまずい。こんな事情なのでしょう。

4　高度経済成長が始まる

さて、朝鮮戦争特需で日本経済は息を吹き返します。もちろん戦争は景気変動の「振れ」を大きくするので、１９５４年は不況でした。そして高度成長期（１９５４－73年）が始まります。**図表12**は、第二次世界大戦後の景気の長期拡大期を比較したものです。実質成長率で２桁になっていました。当時は今と違ってインフレだったので、名目、つまり成長実感のほうはもっと大きかったと思います。

また期間が短いので表には載せていませんが、高度成長の始まりは神武景気。１９５４年12月から57年６月までの31カ月で、平均実質成長率は８％程度でした。このころはまだ日本の神話を国民誰もが知っていたので、神武以来というのは初代天皇以来初めての意味だとわかります。この表現は戦後すぐの日本ではよく使われていて、将棋の加藤一二三さんは「神武以来（このかた）の天才」と呼ばれていました。

図表12　第二次世界大戦後の長期景気拡大期の比較

開始年月	継続期間	名称	GDP成長率（実質年率）
1958年 7月	42カ月	岩戸景気	11.3%
1965年11月	57カ月	いざなぎ景気	11.5%
1986年12月	51カ月	バブル景気	5.3%
2002年 2月	73カ月	いざなみ景気	1.6%
2012年12月	71カ月	？？	1.1%

ところがつぎにもっとスケールの大きい好況がやってきたので、神武よりさかのぼらなければならなくなります。それで天照大神（アマテラスオオミカミ）を連れてきて「岩戸景気」。そのつぎはもっとさかのぼって、日本誕生。これより前はありません。それがいざなぎ景気。その後のいざなみ景気の語はあまり使われていません。

景気循環と政府の役割を経営者が理解した

経済が概ね好調だったので、企業は成長を続けます。景気下降局面で破綻する会社がないこともないのですが、全体としては成長です。加えて重要なのは、戦後の経営者が景気変動や景気循環を概念としてある程度理解していたことでしょう。つまり、たとえ好況であってもどこかで変曲点を迎えて、景気は下降し始めることをみんなが知っている。そして彼らは、もう一つ重要なことを知っていました。それは、景気が大きく下降すると、当局が出動することです。

つまり、環境与件として経済だけでなく当局が認識されている。[30] 何だか、ゲーム理論の入り口に立っているような気がしてきます。そして事実、前回の東京五輪閉会とともに始まった**証券不況**は、

証券不況
（1964–65）
東京五輪後に企業業績が悪化、金融引き締めもあり、サンウェーブ工業等大企業が倒産、山一證券が経営危機に陥った。本文に述べた日銀特融により山一證券を救済、その後いざなぎ景気が始まっている。

山一証券に対する日銀特融で「恐慌化」をぎりぎりのところで防ぎました。当時の大蔵大臣は田中角栄。今もそうかもしれませんが、日銀が政府から独立しているなんて誰も思っていない時代です。

持ち合いが実質的な資本増強を阻害する

このような経済環境と政府の後ろ盾によって、企業は安心して成長戦略を採用することができるようになりました。残る問題は資本の充実です。国が提供した解決策は1950年施行の資産再評価法。会計上の手続きは略しますが、インフレがひどかったので、保有している資産を再評価（もちろん上方へ）しました。これで総資産は大きくなり（今とは違って、資産や資本が大きいほうがよいと思われていた時代です）、減価償却費も資産の現在価値に見合ったものになりました。

ただし、増資しても乗っ取りリスクがあります。それで持ち合いになるのですが、持ち合いで増資しても、自分の会社の事業に使えるお金は増えないんです。

どういうことか。簡単な例を示してみたいと思います。

①A社が銀行から1億円借り入れて、B社の新株1億円を引き受ける

これによって、B社には1億円のキャッシュが入ります。

②B社はこの1億円で、A社の新株を1億円分引き受ける

③A社はその1億円を銀行に返済する

結果として何が起きているかというと、つぎのとおりです。

山一證券

1897年創業。戦後日本の四大証券会社の一つ（ほかに野村、大和、日興）。1997年自主廃業。

④AB両社は1億円ずつ持ち合いをしている
⑤AB両社の資本金はそれぞれ1億円増えた
⑥貸借対照表（B／S）の右側にあるこの1億円は、相手の会社の株式としてB／Sの左側に記載される

では、この2社が手持ちの現金を使い市場で相手の株（新株ではありません）を買って持ち合いをするとどうなるか。現金預金が1億円減少して保有株式が1億円分増えます。2社の持ち合いであれば大したことがないように思うのですが、ではこれが31社になると、余裕資金30億円で他の30社の株を買う。余裕資金がなくなるということです。そのかわり自分の会社の安定株主が増えている。

ポイントは2つです。

- 株主の安定化のために持ち合いを進めていく過程では、事業に使えるお金が、見かけほどには増えない。それで銀行から事業資金を借りる
- 総株数を増やさないほうが安定株主割合を高めやすい。だからお互いに新株発行ではなくて既発株を市場で買う。ただしこの方法だと自社株を買ってもらっても会社に資金は入らないので、相手の株式を買うお金は銀行から借りることになる

もちろん、会社がずっとこんなことをしていたら発展はありません。日本の経済発展の初期に、集中的に見られた現象だと言ってよいでしょう。つまり結論として、企業は銀行借入によって、株主安定化（持ち合い）と事業拡大を実現したのです。だから自己資本比率はあまり高

くならず、銀行の発言権が高まる。中高の教科書にも出てくる「**間接金融**」の国になったということです。メインバンクって、実はそういうものでした。

メインバンクは取引先に合併してほしくない

つぎに、銀行の立場で考えてみることにします。

- 取引先が増える
- その取引先が安定的に成長して、銀行に対しての資金需要も拡大していく

というのが理想です。銀行は事業会社の株式を５％（その事業会社の発行済株式の５％）までしか持てないので、事業会社に資本参加してグループ化するということはありません。

でも、では融資が増えていけばそれでよいのかというと、リスク管理の観点からは、一つの銀行が企業の借り入れをすべてまかなうというのはよくありません。貸出額が大きければなおさらです。だから複数行で協調融資をして、メインバンクが全体を調整するという方式が採用されることになります。

ここで企業の合併の話が持ち上がると何が起きるか。対等合併だと話がややこしいので、実態として買う側と買われる側がはっきりしている場合を考えてみます。買う側の会社のメインバンクにとっては、たぶんそんなにマイナスがありません。これに対して、買われる側のメインバンクは、メインバンクの地位と、ある程度の融資額を失うことになります。おそらく、ベテラン行員の再就職先も失うのでしょう。つまりマイナスがあってプラスがない。

間接金融
銀行などが仲介して資産（個人預金など）を需要者（企業）に貸し付ける。この際、仲介者である銀行等のバランスシートでは受け入れた預金が負債であり、貸し付けが資産になる。対義語は直接金融。証券会社が仲介するが仲介だけであり、投資家が直接需要者の株式や社債等を購入・保有する。

だとすると、買われる側の会社のメインバンクの合理的な行動は、合併を成立させずにその会社を立ち直らせることになるはずです。より日常的には、合併の話が持ち上がる前に、その会社が買われないように支えることになります。「支える」とは、場合によっては経営上の重要な意思決定に口を出すということです。

では、合併しようとする2社のメインバンクが同じなら何が起きるか。たとえば買われる側には内緒で準備を進めるのはさすがにまずい。合併したほうがよかろうという「空気」になるのを待つということでしょうか。それに2社が1社に統合されると、行員の再就職先も一つ減ることになります。だから銀行がはりきって合併を進めるとは考えにくい。買われる側の返済能力に疑問符がつき始めたなど、特段の事情があれば話は別ですが、基本は動かないということでしょう。

企業合併は企業集団間では起きにくい

結果として何が起きるか。メインバンクシステムの下では、企業統合が進みにくいということです。とくに企業集団をまたぐような統合は、昔はあり得なかった。現在は銀行自体が企業集団をまたいで統合されているので、状況が違います。また企業集団のなかでも、融資系列で集団を構成している会社ではなく、旧財閥のメンバー会社であればなおさら「またぐ統合」は難しかったと言えるでしょう。

一応例外を示すと、1964年の大阪商船三井船舶（現在の商船三井）があります。1963

年の**海運再建2法**にもとづき、当時の運輸省（現在の国土交通省）主導で海運会社の全面的な再編・集約が行われた結果です。日本郵船も三菱商事系の三菱海運と合併しています。なお商船三井は三井系社長会（二木会）の構成員ですが、住友広報委員会には加盟していません。

大阪商船は瀬戸内海の海運事業者が競争回避のためにつくった会社で、住友は他の会社と同様に船を現物出資し、広瀬宰平が初代総理（社長）をしていました。つまり住友の会社ではなく「住友財閥と親密な会社」という位置づけだったので、三井船舶との統合に際しても摩擦や軋轢が少なかったのだろうと思います。

海運再建2法
「海運業の再建整備に関する臨時措置法」および「外航船舶建造融資利子補給および損失補償法および日本開発銀行に関する外航船舶建造融資利子補給臨時措置法の一部を改正する法律」。

三菱の面白い行動

旧財閥系の企業どうしではありませんが、1999年に日本石油と三菱石油が合併しています。日本石油のほうが大きい。でも合併会社はその後今日にいたるまで、三菱金曜会の構成員です。三菱石油は1931年に米アソシエーテッド・オイルとの合弁で設立された会社で、三菱側の出資は合資、鉱業、商事でした。また、2016年には日産が三菱自動車の筆頭株主に。三菱自動車はもとは重工の内部組織で、子会社として設立する際クライスラーと折半出資しています。現在は資本系列としては日産系なのですが、やはり金曜会構成員です。

三菱の行動は面白くて、三菱石油にしても自動車にしても、統合・結合の相手はいずれもこの2社より大きい。どう見ても三菱の資本系列から離れていく感じなのですが、気にせず社長会に席を設けています。とくに石油のほうはエビでタイを釣るというと三菱石油に失礼ですが、どう見てもそうです。住友金属が新日鉄と統合した際に白水会を離れたのと比べると、行動原理が正反対に思えるのです。

メインバンクシステムが事業会社の競争と低収益を生んだ

銀行の話に戻るなら、どうも、日本が間接金融で、メインバンクシステムになっていたことによって、銀行も事業会社も、産業（市場）ごとの会社数が減らなかったのではないか。そして限界的な会社が生き残って、激しい価格競争が続く。上位企業も低収益になる。

たとえば日本の自動車メーカーにとって、収益をあげられる地域は北米（米国とカナダ）です。国内ではないんですね。北米が儲かるので、当時のビッグ3（GM、フォード、クライスラー）は欧州や日本向けの小型車をしばらく開発しませんでした。のちにコンパクトカーを投入しますが、日本市場のセンスで言えばとても大きいクルマです。おかげで日本の3ナンバー（米国では小型）がたくさん売れて利益が出ていました。

自動車に限らず、この「激しい競争」とその結果としての低収益が、日本市場の非関税障壁だったのかもしれません。そしてそれは、メインバンクシステムに起因するものだったのだろうということです。

Topics

株主2名の株主総会

三菱自動車の設立（1970年）当初の株主は重工とクライスラー。上場は1988年で、その少し前に株主総会を旧岩崎別邸の一つで開催したことがありました。旧伊藤博文邸で、1万坪以上の敷地に洋館が建てられています。クライスラーからは当時日本でも有名だったリー・アイアコッカ会長。日本は三菱重工業の社長（だったと思います）。アイアコッカは日本側に尋ねたそうです。

「ここはあなたの家ですか？」

石油危機によるトイレットペーパー買い占め騒動（山陽新聞／共同通信イメージズ）

CHAPTER VI

バブル崩壊から企業再編へ

1

事業会社より先に金融機関が壊れた

2

1業種6社は多すぎる？

3

現代の巨大企業

4

能力が移転する時代へ

5

持ち合い解消と資本市場の変容

6

おわりに

日本経済の高度成長は1973年で終わります。やってきたのは石油危機。例によってこのあたりからの展開を簡単な年表で示せば、つぎのとおりです。

1972　日米繊維交渉、対米輸出自主規制
1973　第4次中東戦争→第1次石油危機
1979　イラン革命→第2次石油危機
1985　プラザ合意、ドル安に向けた先進国協調。1ドル235円が2年弱で120円に
1986　前川レポート（内需拡大）
　　　12月、バブル景気（1991年2月まで）
1989　日米構造協議
1997　独占禁止法改正、純粋持株会社解禁
1998　銀行の債務者自己査定
　　　主要銀行に公的資金を一斉注入
1999　株式交換が可能に（商法改正）
2001　上場事業会社の資産時価評価
　　　金庫株（自社株買い）解禁
　　　米国同時多発テロ
2006　固定資産減損処理

石油危機
1970年代に2回生じた、原油供給の急減と価格上昇。第1次石油危機では原油価格は約4倍になり、日本の物価は1年で23％上昇した。第2次石油危機の影響はこれに比べると軽微である。

2008　リーマンブラザース破綻

いくつかポイントを示しておきたいと思います。

◉石油危機では、経済成長率はマイナスになっていません。厳密にいうと、第1次石油危機の影響を通年で受け始めた1974年の実質経済（当時はGNPでした）成長率は「マイナスゼロ%」。名目は15%以上成長しています。第2次石油危機のころは、今から振り返ると羨ましいような安定成長でした。つまり、石油危機によってマクロ経済は高度成長が終了し歴史的な転換点を迎えたのですが、企業経営については必ずしも「危機」ではなかったということです。

◉1970年代、80年代は米国経済が落ち込んだ時期で、年表には72年の繊維交渉だけを記載しましたが、その後（その前もあります）さまざまな製品分野で交渉が持たれ、摩擦を回避するために輸出自粛や工場の対米進出が行われます。日米構造協議では個別品目ではなくて「経済の姿」の議論になって、日本は内需拡大を求められます。これで財政赤字が始まります。

◉1990年代前半にイベントがありません。90年代は経済や産業の「失われた10年」と呼ばれることもあるのですが、こうして整理してみるとあらためて何もないことに気づきます。まあ普通に世の中が動いていましたが、株価と地価が下がって事業会社のなかには身動きのとれないところも多く、銀行は貸し出しの回収可能性の低下に直面します。政府はたぶん、この環境に応じた政策や制度を整備することに忙しかったのでしょう。だから97年の独占禁止法改正（50年ぶりの大改正）以降、会社にかかわる重要な変更が相次いでいます。

1　事業会社より先に金融機関が壊れた

日本の持株会社研究の権威である下谷政弘さんは、1997年の独禁法改正で純粋持株会社が解禁になったのは、銀行に純粋持株会社を認める必要があり、そうすると事業会社にも認めないわけにはいかないからだと説明しています[26]。

銀行だけなら合併で済むと思います。でも証券会社も傷んでいる。だから**金融持株会社**を認めただけでなく、銀証分離もやめて、傷んだ銀行がもっと傷んだ証券会社を救済するという、直視できないような光景が現実のものになります。

金融持株会社　子会社として金融会社を擁する持株会社（純粋持株会社）。

自己査定と公的資金注入

事業会社にとっての問題は、銀行による自己査定でした。意外に知られていない（銀行員でも知らない人が少なくありません）ようなので少し解説してみたいと思います。

【STEP1】不動産を担保にして、銀行から10億円借りる。このときは優良な貸出先
【STEP2】その不動産が値下がりして3億円になる。つまり7億円の担保不足
【STEP3】この会社が返済できない、破綻しそうだと銀行が判断する
【STEP4】銀行は7億円の引当金（厳密にいうと、優良貸出先についても一般貸倒引当金というのを【STEP1】で計上しているため、7億円からその額を除いた金額ですが、ほぼ7億円）を計上する。これは、銀行の損益計算書の費用になる。つまりそのぶん、利益が減ったり赤字が拡大したりする
【STEP5】銀行は損益計算書上の損失を回避するために、返済を求める（いわゆる貸し剝がし）
【STEP6】会社は返済原資を確保するために、この担保不動産やいろいろな資産を「叩き売る」
【STEP7】コスト削減のために従業員にやめてもらう（いわゆるリストラ）

これは不動産の例ですが、いわゆる財テクをしていた会社も、保有株式の値下がりで含み益ではなくて含み損を抱えることになります。その株が担保になっていたとしたら右と同じ展開です。また【STEP3】が「破綻しそうだ」ではなくて「業績が低下した」であっても、銀行の貸倒引当金はある程度増えるので、【STEP5】から先は似たようなことになります。

土地と株が値上がりするという前提の時代には、企業業績が少し悪くなっても、銀行は融資を引きあげるなんていうことはそんなにありませんでした。でもたくさんの会社の業績が落ち込むと、引当金で銀行の業績も落ちることになります。そのうちいくつかの貸出先が破綻します。銀行の貸出先が破綻するのは一定の確率で起きることですが、企業はバブル崩壊という同じ環境変化にさらされていて、ゆえに銀行は融資についてリスク分散のできない状態で、結果として健全に経営されていた銀行も公的資金の注入を受けることになります。

大手行は業界再編のために自らを再編した

当局側は、公的資金で銀行の自己資本が充実することと、それによって貸出が円滑化することを期待します。そのとおりになる銀行と、ならない、なれない銀行がありました。

ならないほうの銀行は、そんなに数が多くありません。でも、ある程度ちゃんとした銀行でも公的資金注入を受け、統合していかざるを得ない。そして時には、破綻が懸念される金融機関を引き受けて統合する。その結果として出来上がったのがメガバンクだと考えればよいと思います。みずほホールディングスが２０００年に設立、三井住友銀行は２００１年（フィナンシャルグループ設立は２００２年）、三菱東京ＵＦＪ銀行は２００６年でした（ＵＦＪは２００２年に単独で三和と東海を統合して誕生しています）。

意図的に少しキレイな表現をするなら、たとえば三菱銀行は東京銀行あるいはＵＦＪ銀行と統合する必要はなかったのかもしれません。でも当局は何とかしたいと思っていて、それででたとえば東銀と統合してみると、バンク・オブ・トーキョーの強みで他の当時の都銀より有利になります。

その後みずほが生まれると、さくら（三井）、住友、三菱は規模の劣位を感じることになります。統合に意義が生まれたということです。そして最終的に3メガが「出来上がり」のかたちになりました。すべての銀行が不良債権で統合を余儀なくされたのかというと、そうでもないという認識が必要です。

金融が絡むと景気後退が大きくなる

一般的には、景気後退は設備過剰、供給過剰で起きます。反対側で起きているのは需要不足。財とサービスの世界では確かにそうなのですが、大きな景気後退、恐慌、そういったものについては進み方が違っています。１９２９年の世界恐慌はニューヨーク株式の暴落からです。１９７０年代の石油危機は金融が絡まないので経済と企業が立ち直っている。

最近の例では、サブプライムローンに投資した欧州の金融機関はバランスシートが傷んだので、新興国に資金提供できなくなって新興国が不況になりました。**図表13**はリーマンショック直前の先進国の銀行の新興国向け融資残高ですが、驚くほど欧州からの貸し出しが多い。理由は、もと植民地または「同胞」だから。東欧は植民地ではありませんが、たとえばハンガリーは

図表13　日米欧の対外銀行貸出残高（2008年6月末）

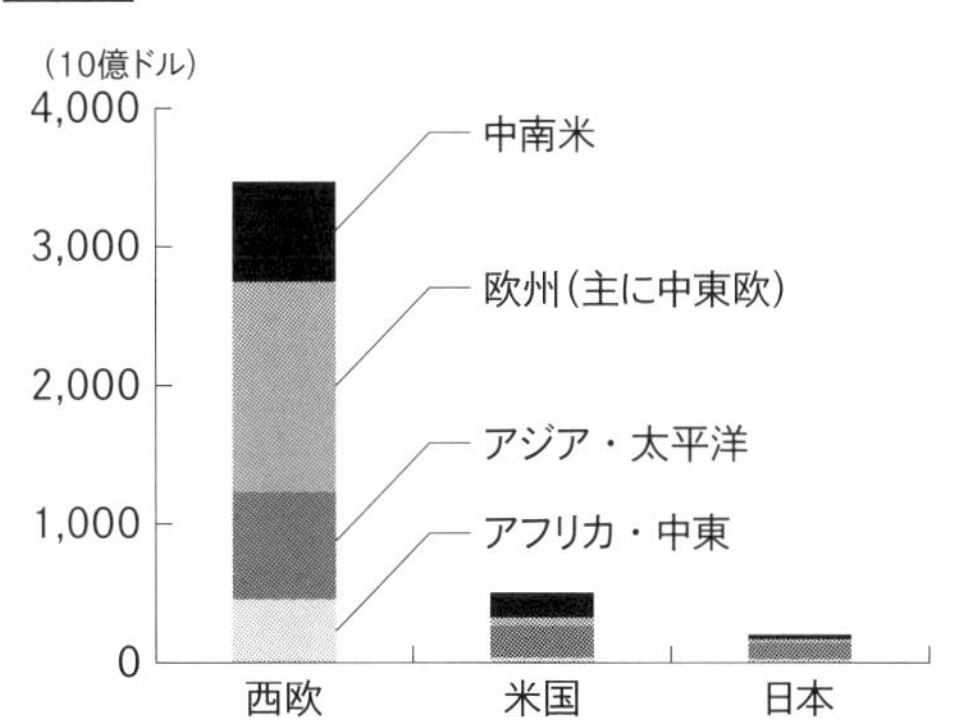

出所：国際決済銀行（BIS）

オーストリアと一体でした。ポーランドの一部は、かつてのドイツ帝国です。つまり、つながりの歴史がある。南アフリカ鉄道の社債を英国人が普通に持っている、そんな光景です。

リーマンショック時に新興国経済が比較的短期間で立ち直ったのは、旧宗主国から資金は入ってこなくなったものの、経済実態には問題がなかったからなのでしょう。逆に、銀行が傷んだ欧州の回復が遅れました。

日本の銀行の収益変動が小さかったのは世界の例外

あるいは、GEのCEOのジャック・ウェルチさんが退任し、後任のジェフリー・イメルトさんになった直後のことですが、GEの株価が下がったことがあります。そのときの株式市場関係者の説明は、

- GEは金融業に参入した
- 金融業は収益変動が大きい
- だからGEの株価は上がりにくくなっている

というものでした。

日本にいると、金融業というのはなくて、あるのは銀行と証券会社。そして銀行は製造業と比べて収益変動の小さい業種でした。それがバブル崩壊で安定感がなくなり、金融持株会社で証券会社を持つようになって業態そのものが収益変動の大きいほうへシフトしています。

2 1業種6社は多すぎる？

さて、こうして銀行は3行になり、でも企業集団は6つのままです。つまり、主要銀行の数と比べて、企業集団の数のほうが多い。そしてこれは、バブル崩壊・公的資金の流れで半ば統合を余儀なくされた銀行に固有のことかというと、そうでもありません。石油、鉄鋼、セメント、海運、紙パルプなどの産業で、大手企業の数は6より少なくなっています。**J・アベグレン**はつぎのように書いています[31]。

「外資の買収がなければ、日本の自動車産業は当然の道筋をたどって2社か3社に集約されていただろう。トヨタとホンダが力をもち、弱いメーカーは消えていったはずだ。外資によって負け組が生き残ったわけだが、投資が成功したとはとても言えない」

負け組にされてしまった会社の方には申し訳ないしアベグレンに全面的に賛成ということで

J・アベグレン
James C. Abegglen (1926-2007)
米国の経営学者。フォード財団研究員として来日、1958年にベストセラー『日本の経営』を刊行。ボストン・コンサルティング・グループ共同設立者（1965年）。66年に初代日本支社長。のち上智大学教授。

（東洋経済／アフロ）

もないのですが、ストレートな言い方はわかりやすい。この本は２００４年に出版されています。その後自動車も系列化が進んでいるように思いますが、他の産業も含め、日本の会社は日本の会社どうしで統合することを志向していると言ってよいでしょう。だから純粋持株会社や株式交換といった企業再編の制度が整備されたことに意味があります。

つまり、六大企業集団というのは、一つの業界で多くの企業が存在できる時代だから形成できたものです。企業数が多すぎて集団に入ることができない業界もありました。でも今は違います。

企業集団の未来

またこのように、会社の数が減ったことによって、

- 企業集団ごとに属している会社の業種が異なるようになっていく
- 統合企業が、統合前の集団に重複して所属することでとりあえず摩擦を回避する

という現象が見られるようになります。３つの企業集団に所属している会社もあります。

おそらく、所属する企業集団を一つに絞ることの合理性を、誰も説明できません。そもそもが、経営の合理性を追求して形成された集団ではないからです。それに、一つに絞ったとしても、残る1つか2つを捨てることの理由を説明できない。

おそらく現在の企業集団は、過渡期の姿なのでしょう。とはいえ、なかなか将来像を想像できません。ただ、三井、三菱、住友の、旧財閥をルーツとする社長会はしばらく存続するので

はないかと思います。

理由は2つあって、第一は親睦に意味があるから。銀行系列とは違い、旧財閥企業には、歴史を同じくするという、親睦の根拠があります。そして第二は、外部の力で財閥本社が解体されたからです。これが求心力の原点。求心力は親睦に到達します。

この求心力は、さまざまなかたちであらわれます。たとえば「場所に対する愛着[32]」。日銀の近くに三井本館や三越本店があったり、山手線をはさんで反対側に三菱村があったり。あるいはグループ共同のゴルフ場、旧財閥の施設（アイアコッカがやってきた開東閣もその一つです）。これらは各社で偉くならないと使わせてもらえないのですが、そうであることにより、偉くなった人は財閥史を理解することを求められるという仕組みができています。そして資料館。

これと比べると、銀行系列に由来する企業集団は、解体に抗する求心力という動機を持ちません。ただ、経営者どうしの親睦には、計り知れないほどのあなどれない価値があるとすると、意外に長続きするかもしれません。そしてこのあたりは、企業集団をまたぐ統合が今後どれだけ進むかによって変わる、そして決まる性格のものなのだろうと思います。

3　現代の巨大企業

さて、では現在の日本の大企業のなかで、企業集団はどのようなプレゼンスを持っているのでしょうか。あるいはプレゼンスを失っているのか。わかりやすい指標として、売上高上位50社（金融を除く）を取り上げてみました（図表14）。

この50社を、六大企業集団系、他の旧財閥系、公益系、そして独立系に分けてみます。公益は郵便、電気通信、鉄道、そして電力、鉄鋼としました。ソフトバンクの業種はＮＴＴやＫＤＤＩと同じで通信つまり公益的ですが、国策会社の歴史を持たないので独立系、そんな分類基準です。

トヨタ、三菱、総合商社

面白いことがいろいろわかります。

図表14　日本の大企業の所属グループ

	売上高（10億円）	独立	公益	三井	三菱	住友	芙蓉	三和	一勧	その他旧財閥
トヨタ	29,929	○								
ホンダ	14,931	○								
三菱商	14,779				○					
日本郵政	11,950		○							
NTT	11,899		○							
伊藤忠	10,982								○	
ENEOS	10,011									○
日産自	9,878									○
日立	8,767						○	○	○	○
イオン	8,604	○								
ソニーG	8,259	○								
パナソニック	7,490	○								
三井物	6,885			○						
丸紅	6,827						○			
豊田通商	6,694	○								
セブン＆アイ	6,644	○								
東電HD	6,241		○							
ソフトバンクグループ	6,185	○								
出光興産	6,045	○								
日本製鉄	5,921		○							
住友商	5,299					○				
KDDI	5,237		○							
デンソー	5,153	○トヨタ								
ソフトバンク	4,861	○								
三菱電	4,462				○					
大和ハウス	4,380	○								
三菱重	4,041				○					
富士通	3,857								○	
アイシン	3,784	○トヨタ								
JFE	3,729						○			
キヤノン	3,593	○								
三菱ケミHD	3,580				○					
ブリヂストン	3,507	○								
スズキ	3,488	○								
マツダ	3,430	○								
東芝	3,389			○						
SUBARU	3,344	○トヨタ								
武田	3,291	○								
メディパル	3,253	○								
関西電	3,184		○							
住友電	3,107					○				
NEC	3,095					○				
中部電	3,065		○							
JR東日本	2,946		○							
コスモHD	2,738	○								
アルフレッサ	2,698	○								
三菱食品	2,654				○					
ダイキン	2,550	○								
日鉄物産	2,480		○							
コマツ	2,444	○								
		24	9	2	5	3	3	1	3	3

注：2020年の決算期の連結売上高。3月決算なら20年3月、12月なら20年12月である

- 50社中24社が独立系です。トヨタは三井系にカウントすべきでしょうか？　おそらく実態として分けておいたほうがよいと考えました。
- この24社のなかに、トヨタ、豊田通商、デンソー、アイシン、SUBARUの5社があります。大財閥のなかで社数が最も多いのは三菱で5社、トヨタも5社です。20世紀半ばから、世界は自動車産業の時代になって、そして日本ではトヨタが劇的な成功を収めていることがわかります。
- 三菱以外の企業集団では、このランキングに2～3社が入っています。六大企業集団を合計すると重複を除いて14社程度（日立は鮎川でカウント）。少ないと言ってよいでしょう。
- その14社のうち6社が総合商社とそのグループ会社（三菱食品）です。総合商社は日本固有の産業ですが、経営危機（最大はGHQによる三井・三菱の商社解体）とビジネスモデル変革を繰り返しながらも、みごとにその位置を確保しているように思われます。
この業種は、あまり企業数が減りません。安宅産業が伊藤忠に吸収合併（1977年）、ニチメンと日商岩井が統合（2003年→双日）、トーメンが豊田通商に吸収（2006年）と、一応企業再編はありますが、上位の三井、三菱、住友、伊藤忠、丸紅はそのままです。そしておそらくその理由は、外国に同業がないことなのではないかと思います。
- GAFAがいません。つまり、時代を象徴・牽引する会社が見られない。これは米国以外の先進国でもほぼ同じなので、日本固有の問題ではないかもしれません。

大企業は企業・事業再編を進めている

◉企業再編・統合に成功して巨大化した会社が多いと言えるでしょう。具体的には、

独立系：ＥＮＥＯＳ、イオン、セブン＆アイ、武田薬品、メディパル、アルフレッサ、ブリヂストン

公益系：日本製鉄

旧財閥系：三菱食品、ＪＦＥ、三菱ケミカル

このうち武田薬品とブリヂストンは、外国の会社を買収して大きくなっているので一種例外に属します。イオンはＭ＆Ａ、セブン＆アイはグループ再編なので、経営戦略・方針が違います。つまり、同業の会社は同じ環境の下で同じような行動をとるかというとそうでもありません。とはいえ、再編を進めたというところは同じです。

ＥＮＥＯＳ、ＪＦＥそして日本製鉄は、国際競争力のために統合を繰り返しました。三菱食品は三菱商事食品

Topics

イトーヨーカ堂を買うとセブン-イレブンが手に入る?

現在のセブン&アイ・ホールディングスは、2005年設立の純粋持株会社で、イトーヨーカ堂、セブン-イレブン・ジャパン、デニーズジャパンの3社を統合したものです。それ以前は、イトーヨーカ堂がいわば親会社で、セブン-イレブンの株式を、イトーヨーカ堂（創業者等含む）が50%超保有していました。

セブン-イレブンは高収益で、昔ふうの言い方をするなら、イトーヨーカ堂の「孝行息子」です。そして株式時価総額は増えていき、親であるイトーヨーカ堂より大きくなりました。

そうすると困ることが起きます。それは「イトーヨーカ堂を買収すると、セブン-イレブンの筆頭株主になれる」というところです。M&Aを検討するファンドから見ると、こんなに「おいしい」話はありません。だからイトーヨーカ堂とセブン-イレブンは統合され、買収されにくい会社になりました。

後日譚が一つあります。百貨店のそごうは2000年に破綻し、西武百貨店と統合されていたのですが（持株会社はミレニアムリテイリング）、セブン&アイ・ホールディングスは2006年にミレニアム社を子会社にします。ミレニアム側の目的は買収防衛でした。

部門のグループ企業再編（菱食、明治屋商事等）、三菱ケミカルは三菱系化学3社を束ねたものです。

グループ内部の再編

以上からはわからない重要な点として、大企業がグループ内部を再編してきたことがあげられます。パナソニック（旧松下電器産業）の事例を見てみましょう。

2001　松下電子工業を吸収合併
2002　松下通信工業、九州松下電器、松下精工、松下寿電子工業、松下電送システムを完全子会社化（株式交換）
2004　松下電工を再子会社化（2011年完全子会社）
2009　三洋電機を連結子会社化（2011年完全子会社）
2012　パナソニック電工（旧松下電工）を吸収合併
2015　パナソニック インフォメーションシステムズを株式交換により完全子会社化
2017　パナソニック デバイスSUNXを株式交換で完全子会社化
　　　パナホーム（→パナソニック ホームズ）を株式併合により完全子会社化

パナソニックは松下電産時代の1920年代に事業部制を採用した会社です。世界的にはデュポンが最初だと言われていますが、ほぼ同時期。組織編成の特徴として知られるのは分社で、現代で言えば社内カンパニーになるでしょう。

でも松下電産に複数の会社があった理由は、このような組織方針に加えて戦後のＧＨＱの方針もあったようです。松下電産は軍需産業かつ財閥とされ、松下幸之助さんは公職追放の対象になりました。もちろんこれはＧＨＱが実態をよく知らなかったからで、労働組合員である社員が追放除外嘆願運動をするという、ＧＨＱにとっては信じられないような美談もあって復帰します。でも会社は分かれたままのところが多かった。

21世紀に入ってからの数多くの統合は、三洋電機のような救済型もありますが、多くの場合目的は事業再編、そして買収予防だと言ってよいでしょう。グループ会社の自律性が高いと事業の重複が起きやすくなります。

たとえば、１９９０年代には、松下電産本体のほか、松下通信工業、九州松下電器もワープロをつくっていました。互換性はありません（というより、ウェブの時代になる前なので互換性がなくてもよかったのです）。

昔の日本の家電メーカーでは、工場が稼働率を上げて工員を養うために独自に新製品をつくるということが普通に行われていました。

有名なのは三菱電機群馬製作所のふとん乾燥機（1977年）。これは群馬製作所が開発した日本初の製品なのですが、各工場がオリジナル開発ではなく、同じような人気商品、売れ筋をつくり始めると製品が重複します。事業の整理がどこかで必要になるということです。松下電

松下幸之助
(1894-1989)
松下電器を一代で築き上げた日本を代表する経営者。

（共同）

産の年表では吸収合併や子会社化を取り上げましたが、並行して、事業をやめる、手放すことも少なからず行われています。

各社の事業再編が21世紀初頭に集中しているのは、そのころまでに関連法制の整備が終わっていたからです。そのおかげで日本企業は、

- 日々努力して能力を高める

に加えて、

- 買収で事業を拡大する
- 事業を売却する
- グループ企業を再編して事業を整理する

ことが容易になりました。現在は制度改正直後のような大きなM&Aブーム、再編ブームはありませんが、おそらくそれが日常化していると言うことができるでしょう。

Topics

事業再編で本業が小さくなる

日本で事業再編というと、本業に集中し、低収益の多角化事業を整理していくというイメージがあると思います。確かにそれを目的にすることが多いはずですが、大坪稔(33)は、事業再編型の持株会社化の実証分析の結果として、「主要事業の縮小をもたらし、それで収益が改善する」という傾向が見られることを明らかにしています。

意外な事実ですが、その理由は、主要事業を他の事業も含め横並びで評価するようになるためではないかと思います。親会社の本業にも、厳しい目が向けられるということです。

4 能力が移転する時代へ

これまで、日本企業の強みは能力構築であると考えられてきました。典型は自動車産業です[34]。そしてそのインフラは、長期雇用、従業員教育、年功序列型賃金。さきに紹介したアベグレンの１９５８年の著書での指摘[35]と似ています（アベグレンが指摘した3点には、従業員教育がなくて企業内労働組合があります）。

あるいは野中郁次郎は竹内弘高との『知識創造企業[36]』のなかで、西洋の形式知に対して東洋の暗黙知を置き、日本ではたとえば合宿や飲み会で暗黙知が共有されると説きました。暗黙知は、移転できません。だから強みになるという論理なのでしょう。

このような指摘は、日本企業の「日々努力して能力を高める」という基本的なスタイルを肯定するものだと言ってよいでしょう。野中さんの著作が日本語で刊行（英語版が先でした）されたのは１９９６年。純粋持株会社解禁が97年、銀行の自己査定が98年です。つまりこの本は、改革の大波が来る直前に、日本企業を不用意に安心させたのではないかと私は思っています。

加えて、能力構築や暗黙知形成のできる企業は日本でもそんなに多くないはずです。しかし、不安な状況だったからかもしれません。安心してはいけない会社まで安心させてしまったような気がします。このあたり、第一次世界大戦が終わった直後に2度目の好況が来て、経営者たちが夢を見続けようとしたのと似ているように思うのです。

企業再編と能力移転

能力移転の典型的な事例を一つ紹介したいと思います。1934年に東邦人造繊維という会社が設立されます。1950年設立の東邦レーヨンの源流です。この会社は工業技術院で開発されたPAN系炭素繊維を生産していて、東レについで世界2位（ちなみに3位は三菱レイヨン。日本発の技術なので上位3社が日系）でした。2000年にTOBで帝人の子会社になり、社名は東邦テナックス。2018年に吸収合併。現在は帝人の重要な収益部門です。

おそらくこの例の場合、東邦レーヨンの事業も雇用者も、知識も技術も、形式知も暗黙知もまとめて帝人グループの資産になっているはずです。つまり、移転されている。換言すれば、

- 能力や知識が競争力の源泉の一つである

は、確かにそのとおりなのですが、

- 能力や知識は移転されない（だから真似されないので競争力を保つことができる）

は、野中先生が右の著作を書いたころまでは真実で、その後の日本企業の本格的な再編で大き

く変わったと考えなければならないということなんです。

トヨタの副社長だった大野耐一さんは『トヨタ生産方式』という本を書いています[37]。考えてみるとちょっと不思議な本で、トヨタ生産方式はトヨタの強みの源泉なので、そうであれば企業秘密にするはずです。そうしていないのは、本を読んだくらいでは真似できるはずがないという自信があるからなのでしょう。もちろん、国内主力工場の一つを売却するとなると知識はかなり移転されることになるはずですが、おそらく誰もそんな未来を想定していません。

トヨタは日本を代表する企業です。でも、というよりだから、トヨタの行動は、日本企業の典型的なものではありません。世界一の製造業という希少な存在なので、他の会社と異なるところが多いんです。典型的な企業は、知識がM&Aや人材の移動によって移転する世界にいます。トヨタについては、その生産方式が外部に移転されることはないと思います。ただし、外部に存在する知見を移入することはある、というより、日常的にしているはずです。

ついでに言うと、日本型のコア・コンピタンスはGEとは違って「本業回帰」型なのですが、周辺の不採算事業を整理し、本業だけを続けるということでもないのだろうということがわかります。パナソニックを見ていてわかるのは、本業を強くしたということです。これが日本のコア・コンピタンスでした。

Topics

トヨタ生産方式のコンサルタント

F・テイラーが科学的管理を米国の製造業に導入し始めたのは20世紀初頭でした。この例で画期的なのは「科学的管理」そのものに加えて、テイラーが特定の企業に所属しない、いわゆるコンサルタントで、多くの企業の工場管理を近代化していったことなんです。

日本には、トヨタ生産方式のコンサルタントという人がいます。つまりこの方式は別の会社（自動車ではないと思いますが）にも導入されています。移転されていると言ってもよいでしょう。ついでに言うと、京セラのアメーバ方式を導入させてくれるコンサルタントも存在します。

5 持ち合い解消と資本市場の変容

第V章で解説したように、株式の持ち合いは銀行からの借り入れを増やすことになります。ここで、

- 取引銀行は融資を増やしたいと思っていない。むしろ減らしたい
- 企業が持ち合っている株式は価格が低下して含み損を抱えている
- 株式時価評価が始まるので、いろいろな会社が保有株式を一斉に売り始めるだろう。持ち合い株だけでなく片持ち株、典型的には相互会社である生保が投資として持ってくれている株も売られる。つまり、どんどん株価が下がる
- 外国人株主が増えて、彼らは持ち合いは非合理的だと考えている

（外国人株主の急増は1997年からです〔**図表15**〕。なおこの急増は同年のアジ

図表15　**投資部門別株式保有金額の推移**

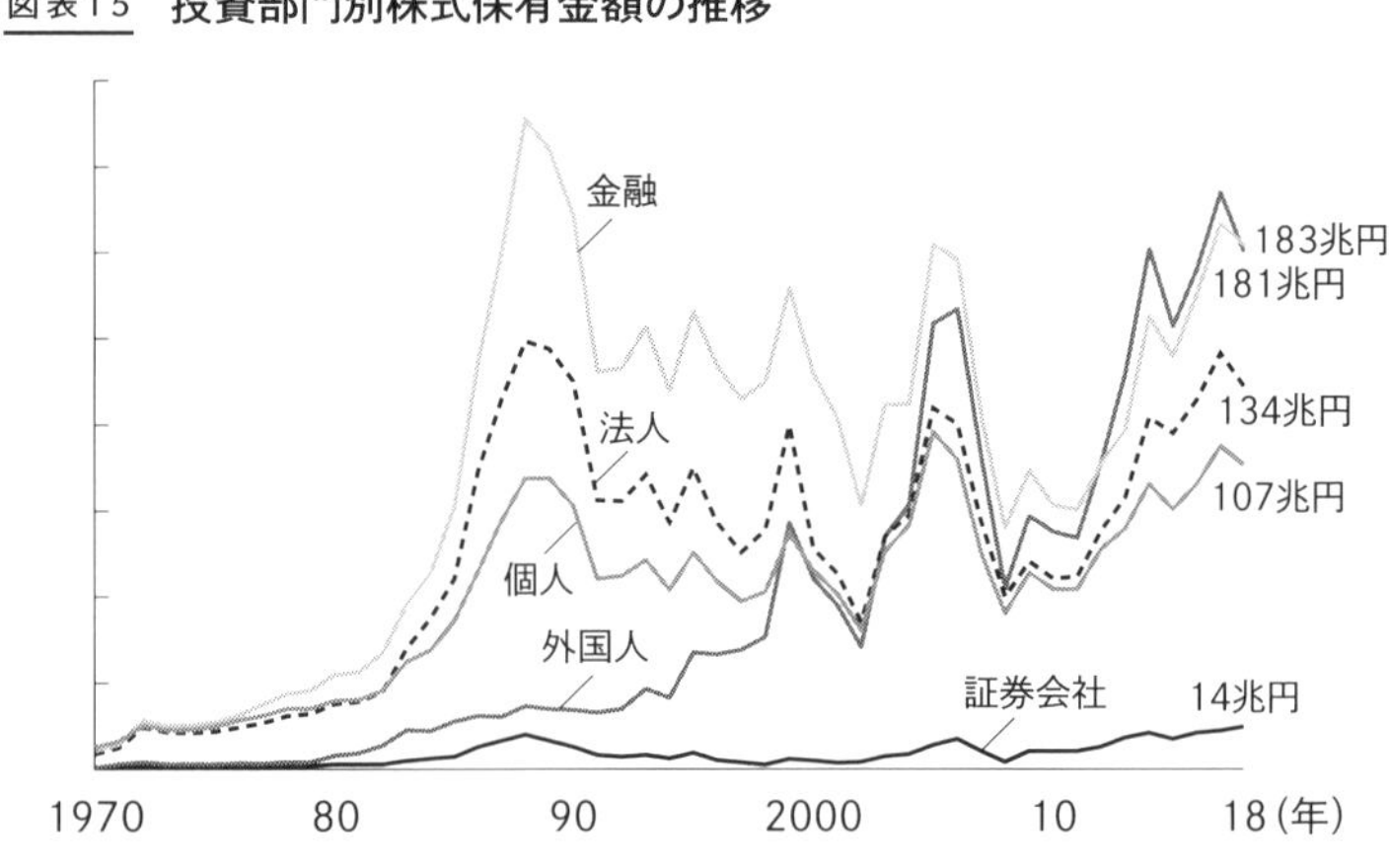

出所：日本取引所グループ

ア通貨危機の影響を受けて日本株が下がったからだと当初は解説されていたのですが、その後、日本の企業関連制度整備によるものだという評価が定着しています。会計制度や商法改正などです）

といった流れで、持ち合いの解消が進みます。

持ち合い株式は減っているが持ち合い企業はそれほど減っていない

図表16を見ると、バブルのピークに18・1％が持ち合い株だったのですが、今世紀に入って半分以下になっていることがわかります。ただ、持ち合いをしている企業は減っているとはいえ結構多いんです。これが示すのは、日本の企業は持ち合いという関係をやめていないのだけれど、保有株式を減らしたということです。

ここで何が起きているのかというと、

●企業は持ち合い株式を減らすことによって投資家の批判をかわしたい

●でも持ち合っている企業との関係を壊したくない

ということなのでしょう。

図表16　バブル崩壊後の持ち合い解消

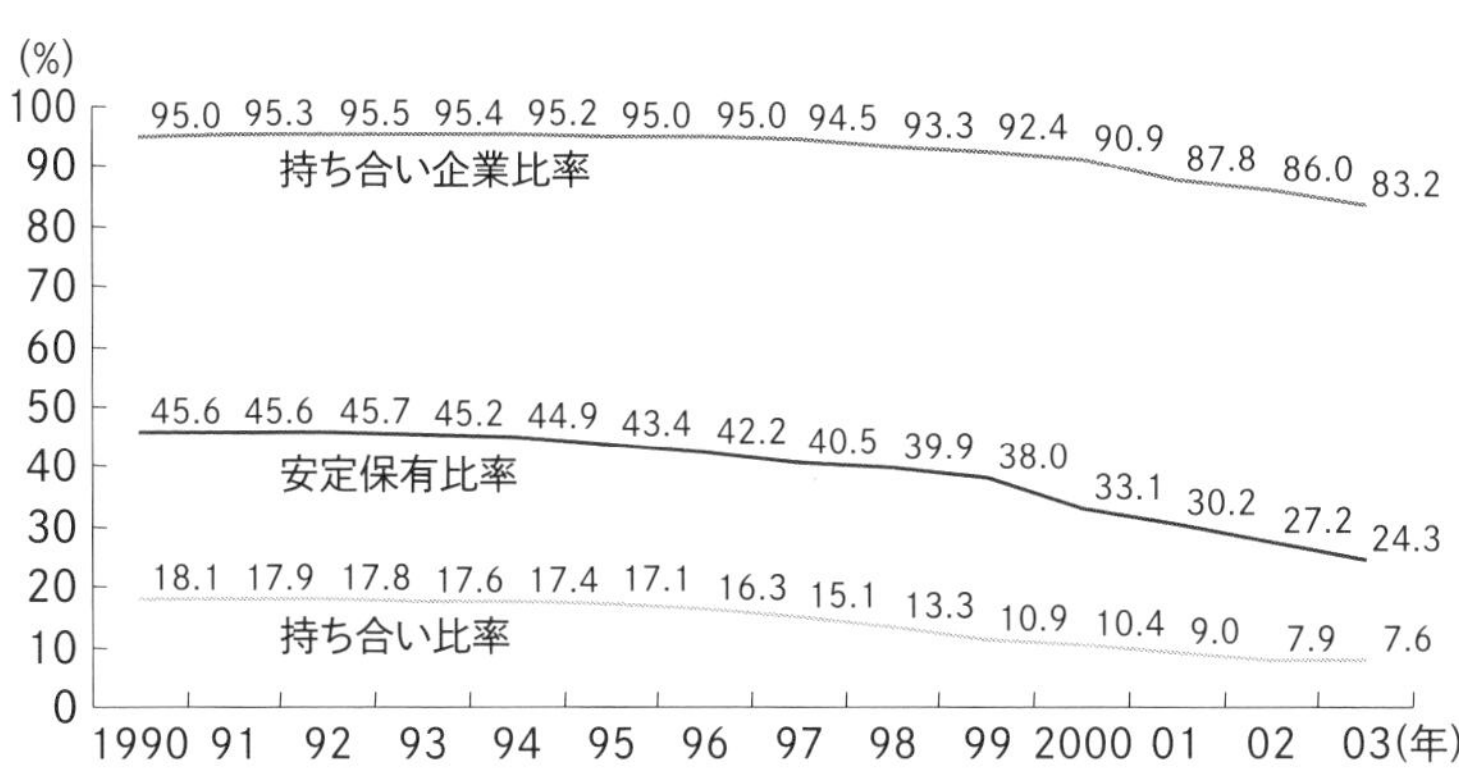

資料：ニッセイ基礎研究所

持ち合い解消と自社株買い

さて、持ち合いの解消を進めると何が起きるか。第一に、他社株を売却するのでお金が入ります。株価が下がっているとすると含み損が顕在化するのですが、まあなにがしかのキャッシュが入ってきます。

一方、自分の会社の株も売られます。安定株主比率は下がるのでしょう。持ち合いをしていた相手の会社と同じくらい株価が低下していたとすると、お買い得な金額です。

ここで、持ち合い形成の際のプロセスが、映画のフィルムを逆回しするように進んでいくというイメージを持ってみてください。つまり企業は、他社株を売却して得たキャッシュで、自社株を買います。解禁は2001年でした。

1990年に持ち合い株式が18・1%あったということは、企業が発行している株式の最大18・1%が、事業に必要な資本ではないということです。そうであれば持ち合いをしている企業は、お互いの株式を時間をかけて売却して（そうしないと暴落するかもしれません）、得たお金で自社株を買うのが合理的な行動だということになるでしょう。

日本企業の自社株買いは株主のことを考えていない？

そしてこの自社株買いは、現代にいたるまで続きます。**図表17**はリーマンショック以降の企業の資金調達の推移ですが、「増資」はずっとマイナスです。つまり、日本企業全体としては、自社株を買うことによって、投資家（株主）にお金を渡しています。もちろん、個別に見れば増資している会社もあるのですが、自社株買いを進める会社が多いので、合計するとマイナスになるということです。

なぜ自社株買いをするのか。おそらく論理は次のようなものです。

- 順調に利益が出ている
- 結果として自己資本（純資産）が増えている
- ＲＯＥが下がるのは困るから、自己資本を減らしたい
- 配当を増やすより自社株を買って、安定株主比率を高めるほうが得策である

つまり、株主にメリットを与えて株価を高めることは考えていません。米国企業のＣＥＯなら、そう考えるでしょう。日本の経営者は、株価と買収防衛の二兎を追っています。もちろん、株価が高いことは買収防衛に直結しますが、それより確実なのは安定株主で固めておくことです。自社株買いで株価が上がれば、安定株主は喜びます。

こう考えてみると、どうも日本の上場会社というのは、株式が売買されることをあまり好まないということになります。上場制度と正面からぶつかるような論理だと思うのですが、現実を見ると、たとえば親会社が株式の過半を持っているサントリー食品インターナショナルが上場会社です。つまり他の株主は

図表17　企業の資金調達の推移（千億円）

年度	2009	2010	2011	2012	2013	2014	2015	2016	2017	2018	2019	2020
計	443	442	550	614	753	835	641	484	1,125	929	884	1,389
外部調達	－65	－179	－64	2	－18	－33	－42	－371	116	173	256	581
増資	－36	－78	－67	－38	－36	－70	－78	－566	－37	－15	－38	－59
社債	15	6	－28	－19	3	4	1	94	64	56	94	142
借入	－44	－108	31	60	15	33	34	99	89	101	199	497
内部調達	508	622	615	612	771	869	683	856	1,009	755	628	808
内部留保	103	231	239	258	417	492	286	476	627	375	238	420
減価償却	405	390	376	353	354	376	397	380	381	380	389	387

資料：法人企業統計

この会社の普通決議に実質的に権利行使できません。

この場合株主は、親会社であるサントリーホールディングスの経営能力を肯定・信頼する、あるいは純然たる金融投資としてこの会社の株式を持つ、のいずれか（両方でも構いませんが）の理由で投資します。わかったうえでしているなら、それでよいということなんです。

米国の経営者は、自分のことを考えている

日本の経営者が株主のことをあまり考えていないとして、では米国の経営者は考えているかというと、やはり考えていない。自分のことを考えています。

つまり、高い年俸を一年でも長く受け取るために、機関投資家が評価してくれる行動に徹します。彼ら彼女らは平均的なサラリーマンの生涯賃金の何倍かの年俸を一年で受け取る。そんなにもらえるなら、四半期利益以外の何かを深く考える必要はないし、徳とか愛に依拠しなくてもよいでしょう。

運よく私たちは、労働組合が「経営者（松下幸之助さんです）は無実だから助けてくれ」と当局（占領軍）に嘆願するような国にいます。みんながこんな経営者になれるかというと無理、難しいと思いますが、この国に住んでいるおかげで経営学者は徳や善や愛を会社の問題として議論することができます。会社のほうも、たとえばＳＤＧｓ（持続可能な開発目標）に対する違和感が少ないかもしれません。

6　おわりに

さて、いずれにせよ、自社株買いが解禁されたおかげで持ち合い解消が円滑に進みました。過去形で書きましたが、まだ現在進行形の会社があるかもしれません。でも全体としては株数が減り続けていて、株価（会社の株価と日経平均などの指標）が上向く条件が最近やっと整ったということです。

ここまでに述べてきたように、日本の会社は日々能力構築にいそしみます。そしてその能力は、どうやら他社に移転可能だということがわかってきた。つまり、M&A、企業再編、事業再編で会社が強くなれる時代になりました。1990年代後半の制度整備のおかげです。この制度整備をした人々は、日本企業をバブル崩壊から復活させたヒーローだと私は思っています。

残る問題は、イノベーションです。イノベーションだけではなくて、会社の日常的な進化・進歩を加えるべきかもしれません。具体的なわかりやすい論理を示すなら、

- 帝人は東邦レーヨンを子会社化することによって、炭素繊維事業を発展させた
- では東邦レーヨンはなぜ存在したの？

ということです。

金融投資家しかいない世界では、産業のイノベーションや進化は生まれません。会社と会社、事業と事業をくっつけたり離したりするだけです。

私は前著で、日本企業はイノベーションを起こそうとする、つまり技術力と技術評価能力があり、お金もあるので、ベンチャーキャピタルになれると書きました。この考えに変わりはないのですが、問題が一つあったことに気づいたんです。誰かがイノベーションを起こしてくれなければ、誰も投資できません。企業再編もできないんです。

企業はそもそも、あるいは本質的に、新しいものを生み出そうとするのでしょうか。おそらく、それができる企業は、そんなに多くないはずです。つまりイノベーションは企業の本質ではありません。でも新しいものを生み出す企業があって、そのうちの何パーセントかが成功する。そうであれば、未来について、ある程度安心してよいのでしょう。

最後に、この章の主題の一つは、

- 能力の移転は難しいので、能力形成を果たした企業は優位性を保てると考えられてきた
- でも20世紀末からの日本の大企業は、能力を移転（集約）する、つまり企業再編・事業再編を行うことで強くなった

というものです。これを説明するために、私は野中郁次郎先生を半ば否定するという、とんで

もなく無謀なことをしてしまいました。でも自分で書きながら、この結論（能力は移転される）に驚き、もっとちゃんと検証せねばと思っています。

では、この移転を誰が担うのか。担い手は不要で、当事者の企業と手続きを進める証券会社があればそれで事足りるのか。

おそらく、企業集団が持つ親睦機能が、能力移転と事業再編を促進する、あるいは円滑に進めるのではないかと私は考えています。

パナソニックの事業再編は、少し情緒的な言い方かもしれませんが、松下幸之助さんの手のひらの上で行われました。親睦以前に親戚です。これとは逆に、ふだん交流のない会社どうしが結合するための相互信頼や、経験にもとづくノウハウの提供、時には必要な人材の供給（大手から一時出向で合併事務経験のある担当者に来てもらう等）など、企業集団が貢献できる場面は少なくないように思います。

事業再編に関連する仕事は、日常的なオペレーションではありません。だから経験した人が少ないので、一度経験したことのある人が貴重な存在です。会社が大きければそういう貴重な人が多い。そういう会社が集まれば人材供給力は高まります。

もはやそんなことが必要な時代ではないのではないか。そう自分で反論してみることも重要だと思います。ただ、観察できる事実は、

- 企業集団は存在していて、今のところなくなる気配がないということ
- 巨大企業（売上高上位50社。銀行を除く）の4分の1程度が企業集団に属する企業であること

なので、日本の産業社会の未来には、しばらく企業集団が存在し続けます。ではどんな役割を果たしているのか、いくのか。本書は歴史を取り扱ってきましたが、ここから先は未来予測の領分になります。歴史分析によって未来予測や展望は豊かなものになるでしょうか。そうであってほしいと思ってこの本を書きました。

参考文献

1　H・ミンツバーグ他『戦略サファリ（第2版）』東洋経済新報社、2012（原著は2009）
2　C・レヴィ＝ストロース『悲しき熱帯（I、II）』中公クラシックス、2001（原著は1955）
3　V・ゴビンダラジャン他『リバース・イノベーション』ダイヤモンド社、2012（原著とも）
4　W・C・キム、R・モボルニュ『ブルー・オーシャン戦略』ランダムハウス講談社、2005（原著とも）
5　武藤泰明『マネジメントの文明史』日本経済新聞出版、2020
6　村上泰亮他『文明としてのイエ社会』中央公論社、1979
7　尾脇秀和『壱人両名』NHKブックス、2019
8　山本潔『日本における職場の技術・労働史　1854－1990年』東京大学出版会、1994
9　笠谷和比古『士（サムライ）の思想』日本経済新聞社、1993
10　北岡伸一『明治維新の意味』新潮選書、2020
11　芳賀徹『外交官の文章』筑摩書房、2020
12　山口昌男『経営者の精神史』ダイヤモンド社、2004
13　尾佐竹猛『幕末遣外使節物語』岩波文庫、2016（原著は同『夷狄の国へ』万里閣書房、1929）
14　武田晴人『財閥の時代』角川ソフィア文庫、2020
15　橘川武郎他『外資の経営史』文眞堂、2016
16　三井文庫（編・発行）『史料が語る三井のあゆみ』吉川弘文館（発売）、2015
17　武田晴人、関口かをり『三菱財閥形成史』東京大学出版会、2020
18　小林正彬『日本の工業化と官業払下げ』東洋経済新報社、1977
19　三島康雄『三菱財閥史』教育社歴史新書、（明治編）1979、（大正・昭和編）1980
20　下谷政弘（監修）住友資料館（編）『住友近代史の研究』ミネルヴァ書房、2020

21 粕谷誠『戦前日本のユニバーサルバンク』名古屋大学出版会、2020
22 武田晴人『日本経済の発展と財閥本社』東京大学出版会、2020
23 武藤泰明『グループ経営7つの新常識』中央経済社、2002
24 有沢広巳（監修）『昭和経済史（上、中）』日経文庫、1994（原著は1976）
25 B・アマーブル『五つの資本主義』藤原書店、2005（原著は2003）
26 下谷政弘『持株会社の時代』有斐閣、2006
27 由井常彦「食品企業における成長と革新」由井常彦・橋本寿朗（編）『革新の経営史』有斐閣、1995
28 R・ベネディクト『菊と刀』社会思想社、1967（原著は1946）
29 小池和男『強い現場の誕生』日本経済新聞出版社、2013
30 篠原三代平『戦後50年の景気循環』日本経済新聞社、1994
31 J・C・アベグレン『新・日本の経営』日本経済新聞社、2004
32 イーフー・トゥアン『トポフィリア——人間と環境』せりか書房、1992（原著は1974）
33 大坪稔「持株会社は企業をどう変化させたのか」下谷政弘・川本真哉（編）『日本の持株会社』有斐閣、2020
34 藤本隆宏『能力構築競争』中公新書、2003
35 J・C・アベグレン『日本の経営』ダイヤモンド社、1958
36 野中郁次郎・竹内弘高『知識創造企業』東洋経済新報社、1996
37 大野耐一『トヨタ生産方式』ダイヤモンド社、1978

武藤泰明

Yasuaki Muto

1955年広島県生まれ。
東京大学大学院（修士）修了後三菱総合研究所を経て現在早稲田大学教授。
日経ビジネススクールでは会社役員・経営幹部向けシリーズの
代表を務めている。専門はマネジメント。
公職は（特非）日本ファイナンシャル・プランナーズ協会常務理事、
（公財）笹川スポーツ財団理事、（独）鉄道・運輸機構特別顧問ほか。
主な著書に『ビジュアル経営の基本』『すぐわかる持ち株会社のすべて』
『マネジメントの文明史』（以上、日本経済新聞出版）
『ファンド資本主義とは何か』『大相撲のマネジメント』（以上、東洋経済新報社）
『未来予測の技法』（PHP研究所）などがある。

財閥のマネジメント史

誕生からバブル崩壊、令和まで

2022年3月15日　1版1刷
2022年4月8日　2刷

著者
武藤泰明

発行者
國分正哉

発行
株式会社日経BP
日本経済新聞出版

発行
株式会社日経BPマーケティング
〒105-8308　東京都港区虎ノ門4-3-12

ブックデザイン
新井大輔

印刷・製本
中央精版印刷

ISBN978-4-532-32451-3　Printed in Japan